Eckhard Lisec
Die Türkische Armee –
Von Mete Han (209 v. Chr.)
über Atatürk zur Gegenwart

Eckhard Lisec

Die Türkische Armee

–

Von Mete Han (209 v. Chr.)

über Atatürk zur Gegenwart

2018

Carola Hartmann Miles-Verlag

CIP-Kurztitelaufnahme der Deutschen Nationalbibliothek
Eckhard Lisec, Die Türkische Armee. Von Mete Han (209 v. Chr.)
über Atatürk zur Gegenwart, Berlin 2018

© Carola Hartmann Miles-Verlag,
George-Caylay-Str. 38, 14089 Berlin
email: miles-verlag@t-online.de
www.miles-verlag.jimdo.com

Titelbild:
Unter der Türkischen Nationalflagge das Wappen des Türkischen
Generalstabes mit den Symbolen für die drei Teilstreitkräfte: Heer
(gekreuzte Klingen), Marine (Anker) und Luftstreitkräfte (Schwingen).
(Quelle: vikipedi/ wikipedia.org - Home Page Türkischer Generalstab)

Herstellung: Books on Demand, Norderstedt

Printed in Germany

ISBN 978-3-945861-68-4

Danksagung

Mein besonderer Dank gilt Herrn Prof. Dr. Udo Steinbach für das Geleitwort sowie wertvolle Anregungen und Herrn Dr. Heinz Ulrich Brinkmann für die Durchsicht des Manuskriptes aus allgemein-wissenschaftlicher Sicht und für weitere zahlreiche wichtige Anmerkungen.

Geleitwort

Es ist noch nicht lange her, da war die Armee der Stolz der türkischen Nation. Ihr wurde das Vertrauen entgegengebracht, das den Politikern in den Augen einer breiten Öffentlichkeit abging. Sie stand für Verlässlichkeit und Stabilität.

Selbst der türkische Staatspräsident Recep Tayyip Erdoğan, der den Einfluss der Armee zurückgedrängt und gegen den ein Teil der Armee im Juli 2016 einen Putschversuch unternahm, schmückt sich gern mit Soldaten. Nicht freilich in modernen Uniformen, sondern in den malerischen Trachten osmanischer Janitscharen, die den roten Teppich säumen, der vorm Vorplatz in das Treppenhaus seines seldschukischen Bauformen nachgebildeten gigantischen Palastes führt.

Eckhard Lisecs Studie umfasst diese lange Tradition der türkischen Armee. Wenn auch die Gründer der Türkischen Republik um Mustafa Kemal Pascha, später: Mustafa Kemal Atatürk, die Geschichte der Türkei gern im Jahr 1923 beginnen ließen, so war das doch eine verkürzte Sicht der Dinge. Die Türkische Republik kann ohne ihren großen geschichtlichen Vorläufer nicht gedacht werden. Fast hundert Jahre nach der Gründung des neuen türkischen Staates ist dieses Bewusstsein in einer breiten Öffentlichkeit gegenwärtig. Das Osmanische Reich beruhte wesentlich auf der Armee. Aus dem nomadischen Raum Zentralasiens kommend war die Schaffung des Reiches durch die seldschukischen Türken eine weltgeschichtliche Leistung. Die militärischen Befehlshaber auf der europäischen und asiatischen Seite des Reiches nahmen nach dem Sultan die höchsten Ränge der Herrschaftspyramide ein. Solange die Armee intakt war, war das Reich eine Großmacht; sein Niedergang seit dem 17. Jahrhundert war nicht zuletzt dem Verfall der militärischen Disziplin geschuldet.

Das Ende des Reiches war mit der militärischen Niederlage an der Seite Deutschlands 1918 gekommen. Die türkisch-deutsche Waffenbrüderschaft ist eine Tatsache; aus guten Gründen berichtet Lisec weitläufiger und mit spürbarer Sympathie darüber. Sie wirkt auf türkischer Seite bis in die Gegenwart nach. Als Offizier der Bundeswehr, der mehrere Jahre in der Türkei stationiert war und eng mit türkischen Kameraden zusammengearbeitet hat, hat der Autor das persönlich erfahren.

„Pascha" (paşa) ist der Titel für eine hochgestellte türkische zivile oder militärische Persönlichkeit. Unter den Soldaten, die sich im Krieg an den Fronten zwischen den Dardanellen und Syrien ausgezeichnet hatten, war auch Mustafa Kemal Pascha. „Der Pascha", wie er in der Wahrnehmung der Türken bewundernd, respektvoll und zugleich dankbar genannt wird, hat die Ruinen des Osmanischen Reiches aus den Fängen des europäischen Imperialismus gerettet. Was den anderen Völkern des untergegangenen Reiches - unter ihnen die Araber - nicht gelungen ist, haben er, die Reste der Armee und das bewaffnete Volk geschafft: Einen unabhängigen Staat zu gründen. Nach getaner Arbeit, d.h. nach der Abschaffung des Sultanats (1922) und der Ausrufung der Türkischen Republik (1923) zogen die Offiziere, die nun Politiker geworden waren, ihre Uniform aus. In den Verfassungen seit 1924 ist die türkische Armee - im Prinzip - dem Parlament unterstellt; es hat über ihren Einsatz zu beschließen.

Gleichwohl haben die „Paschas" das Ansehen, das sie als Soldaten gewannen, auch in ihrer zivilen politischen Karriere behalten: Kemal Pascha (Atatürk; als „Vater der Türken"), Ismet Pascha (Inönü; nach dem Ort einer gewonnenen Schlacht). Und es ist nachvollziehbar, dass sich die Armee stets als Sachwalter des Erbes seiner herausragenden Generäle gesehen hat. Zusammenfassend wurde dieses als „Kemalismus" bezeichnet; damit waren vor allem der - türkische - Nationalismus (milliyetçilik) und der Laizismus (layiklik) gemeint, d.h. die Trennung von Staat und Religion. Eckhard Lisecs Studie gilt der türkischen Armee als Institution. Die politischen Koordinaten, innerhalb derer diese Armee „funktioniert", werden bewusst ausgeblendet. Das gilt u.a. für die Kurdenfrage: Solange sie politisch nicht gelöst ist, bleibt die Armee ein Instrument der gewalthaften Durchsetzung eines „kemalistischen" Verständnisses der türkischen Nation. Das gilt auch für die diversen Putsche: Wenn die Politiker nicht in der Lage zu sein schienen, Lösungen für politische, soziale und wirtschaftliche Probleme zu finden, fühlte sich die Armee in der Verantwortung, die Türkei, das „Erbe Atatürks", zu retten. Eckhard Lisec verschweigt nicht das beträchtliche Potential an Gewalt und Opfern, das sich bei militärischen Operationen auf diesen Politikfeldern ergab.

In den Zeiten der globalen Ost-West-Konfrontation nach dem Ende des Zweiten Weltkriegs und danach war die türkische Armee stets auch eine Manifestation der Zugehörigkeit des Landes zum westlichen Bündnis, ja zu Europa. Die Darstellung der Auslandseinsätze über die Jahrzehnte - von Korea in den frühen fünfziger Jahren über Afghanistan bis zum Balkan in der Gegenwart – sind unerlässliche Ergänzungen der Darstellung einer Armee, die sich als „westlich" versteht. Was aber bringt die Zukunft? Der gescheiterte Putsch vom 15./16. Juli 2016 wirkt wie die Bestätigung einer Politik, die mit unklarer Orientierung zwischen Europa und dem Nahen Osten schwankt. Der „Pascha" hätte die Einsätze seiner Armee in der „osmanischen" Nachbarschaft nicht gebilligt. Für ihn galt das Gebot: „Yurtta sulh cihanda sulh" –„ Friede daheim, Friede in der Welt".

Es ist anrührend, dass ein Offizier der Bundeswehr mit jahrelanger militärischer Erfahrung in der Türkei über die türkische Armee schreibt. In gewisser Weise steht er damit in der Tradition zahlreicher Offiziere, die insbesondere nach dem Ersten Weltkrieg ihre Eindrücke und Erfahrungen zu Papier gebracht haben. Der bekannteste unter ihnen ist Liman von Sanders Pascha. Eckhard Lisec schreibt nicht seine Memoiren nieder, sondern stellt dem Leser die türkische Armee in ihrer ganzen langen Tradition vor. Wie seine schreibenden Vorgänger-Kameraden aber tut er es in positivem Geist.

Berlin, im November 2017   Professor Dr. Udo Steinbach

Inhalt

I   Vorwort des Verfassers

Die jüngsten Ereignisse in der Türkei haben nicht nur für die Türkei, sondern auch für die türkische Armee die Frage aufgeworfen „Quo Vadis?"[1]. Natürlich ist die Beantwortung dieser Frage eng verbunden mit der Frage nach der weiteren politischen Entwicklung der Türkei. Diese ist derzeit - zum Jahreswechsel 2017/2018 - besonders ungewiss.

Wer die Tradition der Armee - hier gemeint der Streitkräfte[2] - das Denken und die Absichten ihres bisher kemalistisch geprägten Generalstabes[3] verstehen will, muss weit in die Geschichte eintauchen - die vorosmanische, die osmanische und die türkische. Aufschlussreich hierbei sind über die Jahrhunderte die Antworten zu den immer wiederkehrenden Fragen:

- Welchen Auftrag hat die Armee?

- Wie ist das Verhältnis zwischen Armee und Politik?

- Wie ist das Verhältnis zwischen Armee und Religion?

- Kann die Armee mit den erforderlichen Erneuerungen Schritt halten?

Während heute der Generalstab und das ältere Offizierkorps - wie in anderen Armeen - noch weitgehend konservativ orientiert sind, gilt dies nicht gleichermaßen für die jüngeren Soldaten, vor allem die Wehrpflichtigen. Sie bilden letztlich auch einen Teil der Anhängerschaft des Staatspräsidenten Erdoğan; ohne sie wären die Wahlsiege der Regierungspartei AKP[4] nicht denkbar gewesen. Einflüsse aus der UNO, NATO oder EU, aus anderen Staaten, besonders im Rahmen der Auslandseinsätze, traten prägend hinzu. Sie haben das türkische

---

[1] Lateinisch „Wohin gehst Du?" Nach dem Johannesevangelium 13,36 hatte Simon Petrus Jesus gefragt „Herr, wohin gehst Du?" Dies soll im Ersten Jahrhundert auf der Via Appia in Rom stattgefunden haben. https://de.wikipedia.org. – Quo Vadis?
[2] TSK = Türk Silahlı Kuvvetleri.
[3] Genelkurmay; Generalstabschef = Genelkurmay Başkanı.
[4] Adalet ve Kalkınma Partisi = Partei der Gerechtigkeit und des Aufschwungs/ Fortschritts.

Führer- und Unterführerkorps der Armee, ihren Korpsgeist beeinflusst. Die Ergenekon/Balyoz[5] Prozesse und der versuchte Putsch 2016 zeigten, dass selbst die Homogenität in den Generals-/Admiralsrängen fragil wurde, indem aktive wie pensionierte Personen einander belasteten, was zunächst zu erheblichen Haftstrafen führte. Inwieweit darüber hinaus die Gülen-Bewegung, das Wiedererstarken des Islams und der Putschversuch von 2016 die Armee noch geprägt haben, muss einer zukünftigen Analyse überlassen bleiben. Der Verfasser möchte sich auch bei Aussagen zum politischen Umfeld bewusst zurückhalten, möchte sich weitgehend auf seine militärische Kompetenz beschränken.

Es wird im Rückblick deutlich, dass die türkische Armee - wie übrigens auch die osmanische - nicht als homogen anzusehen war und ist. Ein erfolgreicher klassischer Putsch, getragen von der Armeespitze und der Masse der Armee, ist seit 2002, dem Jahr der Regierungsübernahme der AKP, gegen große Teile der Bevölkerung nur schwer vorstellbar. Das wird wohl so bleiben, wenn die politischen Verhältnisse sich nicht deutlich ändern, z. B. verursacht durch eine schwere andauernde Wirtschaftskrise.

Der Autor maßt sich nicht an, als Außenbetrachter das Herz und die Seele der stolzen türkischen Armee komplett erfühlen, ihr Denken komplett verstehen zu können, auch wenn er während seiner langen Dienstzeit in drei NATO-Dienststellen und zusätzlich als Abteilungsleiter in einem türkisch geprägten NATO-Stab in Istanbul[6] wichtige Eindrücke sammeln konnte. Erkenntnisse von deutschen Kameraden, die z. B. eine türkische Ausbildung absolvierten, in der türkischen Armee vorübergehend als Austauschoffizier dienten, als Verteidigungsattaché Einblick hatten oder auch nur privaten/dienstlichen Umgang mit türkischen Soldaten hatten, vervollständigen das Bild.

---

[5] Prozessserie in den Jahren 2007-2016 gegen Hunderte von aktiven/pensionierten Soldaten und Zivilpersonen, die weitgehend mit Freisprüchen endete.

[6] NRDC-T = NATO Rapid Deployable Corps - Turkey. Schon im Frieden bestehend aus einem großen Stab einschließlich eines Stabselements der Luftstreitkräfte, zusätzlich mit einem IT-Regiment und einem Logistikregiment mit insgesamt ca. 2.500 Mann. Im Einsatzfall würden NATO Divisionen unterstellt werden. Teile des Korpsstabes haben bereits zwei Einsätze in Afghanistan absolviert, unter nationaltürkischer Führung oder NATO-Kommando (ISAF).

Hinzu kommen zahlreiche Berichte deutscher Offiziere, speziell aus dem 1. Weltkrieg, die das mitunter schwierige Verhältnis zwischen beiden Kulturen aufzeigten. Hier reicht die Spannweite auf beiden Seiten von Ablehnung bis Anpassung oder gar Bewunderung. Der „angepasste" deutsche Soldat wurde damals in der Heimat mit negativem Unterton als „vertürkt" hingestellt, während andererseits der turkophile deutsche Marschall von der Goltz noch heute von historisch orientierten Türken hoch geschätzt wird.

Der Autor maßt sich auch nicht an, die Geschichte des türkischen Militärs komplett zu kennen, wenngleich er umfangreiches Literaturstudium betrieben hat, einschließlich türkischer Texte. Das Literaturverzeichnis am Ende stellt somit nur einen Ausschnitt dar, listet auch nicht die vielen Hundert einschlägigen INTERNET-Dateien aus dem türkisch beeinflussten VIKIPEDI bzw. neuerdings WIKIPEDIA.tr. Alle Texte sind naturgemäß stets kritisch zu hinterfragen. Ein einigermaßen objektives Bild ergibt sich erst aus dem Erschließen aller Informationen unter Einbeziehung persönlicher Erfahrungen.

Sinn dieses Buches soll ebenso nicht sein, auch nur annähernd vollständig die türkische Militärgeschichte darzustellen, etwa die vielen Schlachten über die Jahrhunderte. Sie liefern zwar Antworten zu den o. a. Fragen, bestätigen aber zumeist nur weitgehend zeitlose militärische Erkenntnisse, wie schon von Clausewitz (1780-1831) formuliert.[7] Aufschlussreicher hingegen sind bestimmte Phasen der Geschichte, wenn sie das Verhältnis von der Armee zu ihrem Umfeld beleuchten.

---

[7] Vgl. Clausewitz „Vom Kriege".

II Die Ursprünge der Armee vor der Gründung des Osmanischen Reiches 1299

„Kara Kuvvetleri kuruluş tarihi olarak, Büyük Hun Imperatoru Mete Han'ın tahta çikiş tarihi olan M.Ö. 209 yılı esas alınmıştır." („Als hauptsächliches Gründungsdatum für das Heer wird die Thronbesteigung des Großen Herrschers der Hunnen Mete Han im Jahr 209 v. Chr. angenommen." Übersetzung aus der Homepage des Türkischen Generalstabes vom Verfasser).

Dies kommt im Wappen des türkischen Heeres zum Ausdruck, also nicht der Streitkräfte. Damals gab es ja nur das Heer. Allerdings wird sowohl beim Heer als auch bei den Streitkräften erläutert, dass das Gründungsdatum symbolisch (*sembolik*) zu verstehen sei.

Wappen des Heeres

Hunnenkönig Mete = Mao Tun 209 v. Chr.

(Quelle: wikipedia.org – Homepage Generalstab)

16

Das Heer ist die erste und noch immer wichtigste Teilstreitkraft der türkischen Armee.[8] Sein Wappen ist eine Komposition aus verschiedenen zeitlich unterschiedlichen Elementen. In den gekreuzten Klingen stehend Mustafa Kemal Atatürk, der Gründer der modernen türkischen Armee. Damit kann das Wappen erst im 20. Jhd. entstanden sein. Der Stern im Halbmond ist auch erst deutlich nach 1453 in die osmanische Flagge eingefügt worden. Die vier Sterne könnten die Anzahl zweier Landmassen in Europa sowie in Asien und zweier Meere (Schwarzes Meer, Marmara Meer) darstellen in Übereinstimmung mit der osmanischen Inschrift am ersten Tor des Topkapı Palastes, erbaut von Mehmet II. dem Eroberer: *„Herrscher der beiden Kontinente, Fürst der beiden Meere."* Man könnte auch einer etwas mystischen Darstellung von Babinger[9] folgen: Auf einer Gedenkmünze von 1480 werden drei eroberte Damen (Weltreiche) auf einem Streitwagen stehend, vor ihnen Mehmed dem Eroberer, bezeichnet mit „Gretie, Thapesynt, Asie" - in unsere Sprache übersetzt also „Teile des Balkans mit Teilen Griechenlands, das Kaiserreich Trapezunt und Anatolien". Der vierte Stern (Reich) wäre demnach ein „leerer Thronsessel", auf der Seitenwand dargestellt, nach dem der Eroberer greift. Was soll der bedeuten? Gar die Ahnung auf die spätere Eroberung des Reichs der Mameluken 1517?[10] Allerdings tauchen die vier Sterne schon auf im u. a. Wappen der Marine mit der Jahreszahl 1081, noch vor Gründung des Osmanischen Reiches.

Das M.Ö. bedeutet „Milâttan Önce", also vor Christi Geburt. Zu der Zeit 209-174 v. Chr. war ein Herrscher der Xiongnu in der heutigen Mongolei und dem Grenzgebiet zum Altaigebirge an der Macht mit Namen Mete oder Mao Tun oder Maodun. Die türkische Militärgeschichtsschreibung geht also davon aus, dass die Xiongnu mit den Hunnen identisch seien, was wiederum von einigen modernen For-

---

[8] Der türkische Generalstabschef musste bisher vor Ernennung das Heer geführt haben, und sei es auch nur für zwei Tage.

[9] Vgl.Babinger „Mehmed der Eroberer und seine Zeit" S. 427 .

[10] Vgl. Mantran „Osmanlı İmparatorluğu tarihi" S. 178. Der Autor des Kapitels 5 Bacque-Grammont spricht nämlich hier vom Staat/dem Bereich der Mameluken als dem dritten Kontinent, „üç kıta", bei Fortsetzung der o. a. Zählweise jedoch dann der vierte. Autoren nutzen verschiedene unscharfe Begriffe und sprechen einmal von Kontinenten und Meeren, andererseits von Reichen.

schern bestritten wird.[11] Diese Hunnen wurden Teil der türkischen Tradition. Tatsache ist, dass Mete eine Heeresreform durchgeführt hat, die Xiongnu danach mit einem straff geführten Reitervolk den Han-Chinesen sehr zugesetzt haben. Dies lag nicht nur an ihrer überlegenen Pferdezucht, sondern auch an ihrer Reit- und Bogenschießkunst, damit verbunden der Herstellung von Kompositbögen. Auch die Erfindung des Steigbügels hat damals die Reitkunst deutlich beeinflusst.[12]

Unter Mete soll der türkische Begriff Ordu[13], d. h. das Heer/die Armee, entstanden sein, ebenso die Heeresstruktur nach dem Zehner-System,[14] welches die Türkei in der Benennung ihrer unteren Dienstgrade beibehalten hat. Genetische Studien und Sprachstudien weisen auch darauf hin, dass Türken und Chinesen einige Gemeinsamkeiten haben. Selbst der Begriff Türke scheint eine chinesische Bezeichnung für einen Clan aus dem sechsten Jhd. zu sein: Tu-kue oder Tujué.

Die Türken haben also offensichtlich keine Berührungsängste mit den Hunnen, auch wenn diese noch im Ersten Weltkrieg namentlich bei der Beschimpfung der Deutschen durch die Briten herhalten mussten: „The Huns". Dies ging allerdings zurück auf die berüchtigte Hunnenrede von Wilhelm II, der am 27.07.1900 das deutsche Expeditionskorps nach China zur Niederschlagung des Boxeraufstandes verabschiedete. Er bezog sich auf den legendären Hunnenkönig Etzel[15] und verlangte „kein Pardon zu gewähren", was schon damals den Grundsätzen der Humanität widersprach.

---

[11] Z. B. von Schmaucher, Stickler oder Scharlipp, weil eine nachweisbare durchgehende Verbindung der altaischen Hunnen aus dieser Zeit mit den europäischen im 4.-5. Jhdt, darunter der bekannte Herrscher Attila, nicht besteht. https://tr.wikipedia.org. – Türk tarihi.

[12] Vgl.Scharlipp „Die frühen Türken in Zentralasien" S. 6.

[13] Der Begriff „ordu" wird nach Schmauder „Die Hunnen" S. 22 den Awaren zugeordnet, die im 8. Jhd. ihre kreisförmige Palastanlage mit Zelten und Holzbauten als „Ring" bezeichneten.

[14] Also Onbaşı = der Führer von 10, ein Unteroffizierdienstgrad, oder Yüzbaşı = der Führer von 100, ein Offizierdienstgrad, oder Binbaşı = der Führer von 1.000, also ein Regimentskommandeur.

[15] Die Sagengestalt Etzel geht wohl zurück auf den historischen Hunnenkönig Attila, der im fünften. Jhd. im Gebiet des heutigen Ungarn herrschte und durch seine unbarmherzige Kriegsführung bekannt wurde.

Bezeichnend ist, dass das türkische Heer seine Wurzeln lange vor der Entstehung des İslam um 622 n. Chr.[16] sieht, wobei nach Auffassung einiger türkischer Wissenschaftler ihre Vorfahren schon dem Monotheismus folgten.[17] Bekanntlich hat Atatürk intensive Geschichts- und Sprachstudien in Auftrag gegeben, die die türkische Sprache als Ursprungssprache hätten belegen sollen.[18] Darüber hinaus sollte der lückenlose historische Nachweis der erfolgreichen Entwicklung und Ausbreitung des türkischen Volkes erbracht werden, also die türkische Geschichtsthese[19]. Beide nicht belegbaren Ansätze verliefen letztlich im Sande.

Das Herkunftsdatum 209 v. Chr. lange vor Entstehung des İslam untermauert zumindest Atatürks Prinzip des Laizismus[20], der Trennung von Religion und Staat, was auch für die Armee gelten sollte. Auf diesen überaus wichtigen Punkt wird aber in anderen Zusammenhängen noch mehrfach zurückzukommen sein.

Die türkische Militärgeschichte springt dann wohl mangels konkreter Zwischenbelege auf das elfte Jhd. mit dem spektakulären Sieg des Turk- Stammes der Seldschuken bei Manzikert/Malazgirt 1071 nördlich des Van Sees gegen die zahlenmäßig überlegenen Byzantiner unter dem Kaiser/Basileus Romanos IV. Zuvor hatte der Seldschuke

---

[16] Das Jahr der Hedschra/Hidschra, des Umzugs Mohammeds von Mekka nach Medina und Beginn der islamischen Zeitrechnung.

[17] Andere Wissenschaftler jedoch vertreten eher die These der Naturreligionen/des Schamanismus und Totemismus. Vgl. Scharlipp „Die frühen Türken in Zentralasien" S. 56.

[18] Bekannt als Sonnensprach-Theorie. (*Güneş Dil Teorisi*). Das frühe Türkische des Urmenschen sei der Ursprung aller Sprachen. Diese türkische Staatsdoktrin (1936-1938) wurde nach dem Tod Atatürks zu Grabe getragen, hatte aber noch Folgen für die Sprachreformen, die bis heute in der Türkei nicht abgeschlossen sind.
Nach der abstrusen Theorie hätten arabische und persische Wörter ja nicht getilgt zu werden brauchen, da sie ohnehin auf das „Protürkische" zurückzuführen gewesen seien. Es bleibt unklar, ob Atatürk selbst an die Theorie glaubte oder einen anderen Zweck verfolgte.

[19] *Türk Tarih Tezi*. Beide Theorien sollten wohl eine gewisse Überlegenheit des türkischen Volkes belegen, was an Behauptungen auch anderer Völker erinnert, das „Auserwählte Volk" zu sein.

[20] Nach Auffassung Vieler wäre wohl für die Türkei statt des Begriffes „Laizismus", geprägt durch Frankreich, eher der angelsächsisch geprägte Begriff des „Säkularismus" zutreffend.

Alp Arslan schon die christlichen Armenier besiegt und deren Hauptstadt Ani/Anı eingenommen. Der westlichen Welt wurde hier schlagartig bewusst, dass sich eine türkische Macht in Ostanatolien etablierte und das Byzantinische Reich im Niedergang begriffen war. In der westlichen Literatur tauchte im Rahmen des Kreuzzuges 1190 von Barbarossa der Begriff „Turchia" erstmals auf.

Wie für alle Großreiche, auch für das nachfolgend behandelte osmanische, stellte sich später das Problem der Befriedung der Gruppen an den von Byzanz/Konstantinopel/İstanbul weit entfernten Reichsgrenzen, politisch bzw. militärisch. Die aufzubringenden Mittel dazu waren enorm und nur bei starker Wirtschaftskraft zu erzielen. Hinzu kam der Ausbreitungsdruck gegnerischer Völker/Staaten, im Fall der Byzantiner z. B. der der muslimischen Araber.

Die Seldschuken wiederum wurden 1243 von den Mongolen[21] in der Schlacht beim Köse Dağ ostwärts Sivas besiegt, was deren Niedergang und die Entstehung des Osmanischen Reiches um 1299 einleitete, zunächst in Westanatolien. Die Mongolen hatten sich dann nach der Eroberung von Bagdad 1258 ab ca. 1336 wieder zurückgezogen, auch geschwächt durch Kämpfe gegen die Mameluken.[22]

Ab dem neunten Jhd. traten diese türkischen Söldner, bekannt für ihre militärische Tüchtigkeit als Leibgardisten oder als Korsettstangen in der Truppe, in verschiedene Herrscherdienste ein, so auch in die Dienste der Abbasiden. Später machten sich Mamelukengenerale selbständig und gründeten eigene Sultanate, von Indien bis Nordafrika. In Ägypten lösten sie die ismailitisch/schiitischen Fatimiden[23] ab. Um 1250 gründete der türkisch- stämmige Mamelukenherrscher Aybak[24] ein Sultanat am Nil. Da die Mameluken angeblich einen Überle-

---

[21] Auch İlhane oder İlkhane genannt. Diese haben einen Staat mit der Hauptstadt Täbriz gegründet (1256 - 1336).

[22] Im Unterschied zu Söldnern, die zeitlich begrenzt dienten, mussten die Mameluken lebenslänglich dienen, hatten damit eher den Status von „gekauften Sklavensoldaten". Arab. „mamluk" = „in Besitz genommen".

[23] Sogenannte Siebener-Schiiten, die dort in der Zeit 909-1171 regierten. Diese beriefen sich im Gegensatz zu den Zwölfer-Schiiten nur auf sieben Imame.

[24] Türkisch: „Der zum Mond Schauende". Auch Aybeg genannt. Er regierte 1250-1257.

20

benden der Abbasiden[25] aufgenommen hatten, hätten sie damit auch das Kalifat übernommen. Die Blütezeit des İslam unter den Abbasiden war jedoch erst einmal beendet.

Die Schlacht von Manzikert/Malazgirt 1071

(Quelle: wikimedia.org – Malazkirt)

1517 besiegte der osmanische Sultan Selim I. die Mameluken bei Kairo und übernahm sie nach kurzer Verfolgung in eigene Dienste. Nun herrschte er über die den Muslimen heilige Stätten in Mekka und Medina, weshalb er neben dem weltlichen Sultanat nun seinerseits das geistliche Kalifat übernahm. Es sollte bis 1924 im Osmanischen Reich verbleiben.

Der osmanische Sultan und zgl. Kalif, der sich als Nichtverwandter Mohammeds dennoch als dessen Nachfolger sah oder gar als „Allah's Schatten auf Erden",[26] vereinigte als Herrscher nun weltliche und religiöse Macht, wie auch der Religionsstifter selbst. Diese zentrale Vorstellung von einem „Gottesstaat" widerspricht natürlich den

---

25 Bagdad, die Hauptstadt der Abbasiden, wurde 1258 von den Mongolen zerstört, die Herrscherfamilie angeblich nicht ganz ausgerottet.
26 Der Streit über den Status des Kalifen hatte die muslimische Welt schon lange bewegt, vor allem die Abbasiden. Er endete für die Türkei mit einer Entscheidung Atatürks, welche genaue Bezeichnung der letzte osmanische Kalif bis 1924 noch tragen durfte.

Grundgedanken der Demokratie, der „Herrschaft des Volkes". Jedoch verlieh die Bündelung der Macht dem Herrscher - zumindest scheinbar - uneingeschränkte Handlungsfreiheit, die jedoch bei genauerem Hinsehen begrenzt wurde: Theologisch durch den später etablierten Şeyh-ül İslam, der als İslamkenner Fetvas[27] ausstellen durfte, weltlich durch das Militär und den Hofstaat. Einen ähnlich beschränkten Status hatten die byzantinischen Kaiser, bei denen das Militär eine Kontrollfunktion ausübte, ja auch die römischen Kaiser, die vom Militär auf den Schild gehoben wurden.

In der Zeit des Seldschuken Alparslan formierte sich die zweite Teilstreitkraft, die Marine. Das Wappen[28] weist auf das Gründungsjahr 1081 hin. Es galt, kurzfristig die Küsten des Schwarzen Meers und des Mittelmeers zu sichern, später auch die Seemacht im Mittelmeer zu werden. Çaka Bey gilt als der Gründer, der in İzmir die notwendige Infrastruktur schuf und Schiffe bauen ließ.

Die Chronik der Marineführung[29] berichtet, dass bereits 1090 Çaka Bey bei der Insel Chios/Sakız[30] die Byzantiner mit 17 Ruderbooten und 33 Seglern in die Flucht geschlagen hatte.

„*Bizans Donanması ağır kayıplarla geri çekilmek zorunda kalmıştır.*" („Nach schweren Verlusten wurde die byzantinische Flotte zum Rückzug gezwungen." Übersetzung des Verfassers).

Im 14. Jhd. hat man in der Ägäis nicht nur den Byzantinern Paroli geboten, sondern sogar den Genuesern.[31] Eine deutliche Erstarkung der Marine, auch rüstungstechnisch, erfolgte jedoch erst im Osmanischen Reich unter dem Eroberer Mehmet II. (1451-1481).

---

[27] Auch arabisch Fatwa: Die Rechtsauskunft eines muslimischen Muftis.
[28] Wappen des Marinekommandos - *Deniz Kuvvetleri Komutanlığı Tanıtım Klibi.*
[29] https://www.dzkk.tsk.tr/icerik - *Türk Deniz Kuvvetleri Komutanlığı Tarihçesi.*
[30] Westlich von İzmir.
[31] Die Republik Genua stellte im Zeitraum vom 13. Jhd. bis 1797 eine Seemacht im Mittelmeer dar, u.a. mit Besitzungen in Konstantinopel (Pera, Galata), in Trabzon und auf der Krim. Mit Genua konkurrierte die Republik und Seemacht Venedig bis 1797, die ebenfalls eine Niederlassung in Konstantinopel und Handelswege in das Schwarze Meer unterhielt.

Das Wappen der Marine

(Quelle: wikimedia.org – Seal of the Turkish Navy)

In der Zwischenzeit waren auch die Turkstämme in Anatolien zum muslimischen, zumeist sunnitisch-hanefitischen, Glauben übergetreten. Dieser war wohl wegen langer Glaubenskämpfe in beiden anderen großen monotheistischen Religionen schon damals deutlich attraktiver als z. B. der christliche, der u. a. ein schwer verständliches Bild der Dreifaltigkeit beinhaltete. Für Muslime stellte dies eine unzulässige „Beigesellung weiterer Götter" dar, was an verschiedenen Stellen im Koran angeprangert wird, aber auch an einer Stelle zu Meinungsverschiedenheiten bei İslamwissenschaftlern führte.[32] Die nachfolgende Ausbreitung der Turkstämme nach Westen war somit nicht nur die einer weltlichen Macht, sondern auch eine des İslam. Den Grenzbauern und an der Front kämpfenden Glaubenskämpfern, den Gazi, winkte Land und Wohlstand im Westen, wo sie zugleich in den eroberten Gebieten kulturell stabilisierend wirken sollten.

---

[32] S. auch die Verfolgung von Salman Rushdie und seiner Übersetzer/Verleger wegen des Buches „Satanische Verse" (1988) in Interpretation von Sure 53,19/20.

23

III Die Janitscharen, die Kavallerie, die Artillerie und die Eroberung Konstantinopels 1453

Um 1299 gründete der Herrscher/Beğ/Emir[33] Osman I. (Gazi), Führer eines türkisch-oghusischen Stammes - aus einem Regionalfürstentum/Beylik heraus - das Osmanische Reich mit der ersten provisorischen Hauptstadt Söğüt und erklärte sich unabhängig von den Seldschuken. Zuvor hatte er sich erfolgreich gegen die Byzantiner und benachbarte türkische Fürstentümer durchgesetzt. Sein Sohn Orhan Gazi (1324-1362) verlegte 1326 nach zehnjähriger erfolgreicher Belagerung die Hauptstadt nach Bursa. Das Bild zeigt die geografische Ausdehnung um diese Zeit in Braun.

Die Situation um 1326

(Quelle: Tarih Lise 2 S. 5 - Türkisches Geschichtsbuch mit roten Hervorhebungen des Autors)

Mit dem Sieg von Orhan über die Byzantiner 1329 bei Maltepe auf der Halbinsel Kocaeli gelangte selbst die Eroberung von Konstantin-

---

[33] Bayezit I (1389-1402) ersetzte erstmals den Begriff „Emir" durch den Begriff „Sultan". Ab 1517 trat die Bezeichnung „Kalif" hinzu.

opel in realistische Reichweite. Es sollte aber noch bis 1453 dauern, nachdem bereits ca. 100 Jahre früher Teile des Balkans in osmanischen Besitz genommen worden waren.

Schon in früheren Schlachten hatte neben der Reiterei für die in Anatolien kriegführenden Parteien die Infanterie eine zunehmend wichtige Rolle gespielt. Beim Übergang von Bewegungsgefechten in eher statische Gefechte oder gar bei Belagerungen von Städten lag die Last des Kampfes bei der Infanterie, entweder in Begleitung der Kavallerie oder als eigenständige Truppe. Orhan vergab nicht vererbbare Lehen an Bauern, die wiederum zum Kriegsdienst Reiter (genannt *Müsellem*) und Fußsoldaten (genannt *Yaya*) stellen mussten.

Orhans Nachfolger Murat I. (1362-1389) setzte das Lehenssystem fort, wobei ein Lehen mit „*Timar*" (persisch) oder „*Dirlik*" (türkisch) bezeichnet wurde, was soviel wie „Lebensunterhalt" bedeutete.

Er schuf jedoch neben diesen Provinztruppen zusätzlich zentrale. Dies war die Geburtsstunde der zentralen Kavallerie und der Janitscharen[34], der stehenden Elite-Infanterie der Osmanen, gekennzeichnet durch einen überragenden Korpsgeist.[35] Mit einer privilegierten direkten Unterstellung unter den Führer bzw. Sultan und regelmäßige Bezahlung sollte diese Quasi-Palasttruppe unbestechlich bleiben im Gegensatz zu den üblichen Söldnertruppen. Sie bildete jedoch mit der Zeit einen „Staat im Staate".[36] Bei ihrem Aufstieg, ihrer Blütezeit und ihrem Niedergang kann man die drei klassischen Phasen unterscheiden, die für so viele Organisationen gelten. Bis zum Jahre 1826, ihrer gewalttätigen Vernichtung,[37] gestalteten sie sich wie folgt:

---

[34] *Yeniçeri* – neue Truppe.

[35] Die Prätorianergarde (138 v. Chr. - 312 n. Chr.) der römischen Kaiser war auch schon eine stehende Truppe zum unmittelbaren Schutz des Herrschers bzw. des Feldherrn. Auch sie nahm wie die Janitscharen Einfluss auf die Thronfolge. Die Garde wurde von Konstantin I. aufgelöst, nachdem sie im Gefecht an der Milvischen Brücke auf der gegnerischen Seite gekämpft hatte.

[36] Vgl. Pears „The Destruction of the Greek Empire and the Story of the Capture of Constantinople by the Turks" S. 227.

[37] *Vakayı hayriye* – sinngemäß das „wohltätige Ereignis", weil sich die disziplinlosen Janitscharen zu einer Landplage entwickelt hatten.

Man rekrutierte zunächst Junggesellen[38], zumeist Christen, bildete sie über viele Jahre aus im Reiten, Bogenschießen, Speerwerfen vom Pferd[39], im Ringen, in Wettrennen, in verschiedenen Sprachen, im İslam, nach Einführung der ersten Handfeuerwaffen im 15. Jhd. auch im Schießen mit diesen. Später traten im Zuge der militärischen Entwicklungen neue Ausbildungsinhalte hinzu, verbunden mit Spezialisierungen, so für die Artillerie oder das Mineur-, Sappeur- und Pionierwesen[40] oder für die Rüstung, z. B. für die Waffenschmiede.

Die Ausrüstung im Kampf waren u.a. die Kompositbögen, Armbrüste, Keulen, Äxte, Yatağans[41], Handschars[42] und später Gewehre.

Auch wenn die Janitscharen nicht den harten Status von Sklaven[43] besaßen, kamen sie ihm doch nahe. Daher durften zunächst Muslime nicht Janitscharen werden. Ungefähr ab 1369 wurden nichtmuslimische Kriegsgefangene zwangsverpflichtet - in Interpretation des Beuterechts nach dem Koran 8,41 auch gegenüber Menschen.[44] Waren zunächst die Beschneidung und die Zwangskonvertierung zum İslam

---

[38] Azaben – (arab.) Junggeselle, (türk.) *Azap*. Bezeichnung auch für Matrosen.

[39] *Çerid* – spezieller Wurfspeer.

[40] Sappeure z. B. für pioniertechnischen Stellungsbau, Mineure zur Untertunnelung von Mauern wie bei der zweiten Belagerung Wiens. Durch Auffächerung der Aufgaben entstanden nach und nach die verschiedenen Truppengattungen des Heeres.

[41] Einschneidiger Säbel. Zumeist zwei Waffen gekreuzt über der Brust getragen.

[42] Türk. *Hançer*. Zweischneidiger Krummdolch. Begriff arab. Ursprungs.

[43] Das Halten von einer „Art von Sklaventruppen" wurde schon früher praktiziert, wie z.B. bei den Abbasiden, auch bei den Seldschuken. Das aus dem İslam herrührende Verbot der Sklaverei für Muslime galt im Grundsatz auch z. B. für die „rekrutierten" Haremsdamen des Sultans. Sie waren in der Regel Nichtmuslime, der Sultan jedoch Muslim. Für die Janitscharen wurde der Begriff „*Kul*" gebraucht, was zwischen dem Begriff „Diener" oder „Knecht" einerseits und „Sklave" andererseits rangierte. „*Kapı kulu*" war somit die Truppe an der „Hohen Pforte", der „*Bâb-ı Âlî*", d.h. am Hofe, zgl. Regierungssitz.

[44] Koran 8,41 (nach Paret): „*Und ihr müsst wissen: Wenn ihr irgendwelche Beute macht, gehört der fünfte Teil davon Gott und dem Gesandten und den Verwandten, den Waisen, den Armen und dem, der unterwegs ist…*".

Der fünfte Teil ist das sog. *Pencik*, ein Wort persischen Ursprungs. In der Übersetzung des Türkischen Diyanet, der Religionsbehörde: „…*bilin ki ganimet olarak aldığınız herhangi bir şeyin beste biri Allah'a, Resülüne, onun akrabalarına, yetimlere, yoksullara ve yolcuya aittir.…*" Uyar & Erickson „A Military History of the Ottomans" S. 18.

26

nicht bindend, weil mit dem Koran 2, 256[45] nicht im Einklang stehend, änderte sich die Auffassung wohl schon gegen Ende des 14. Jhd.[46]

Die Janitscharen mussten ein quasi mönchisches Leben führen, ähnlich den Templern[47], durften nicht heiraten[48], wurden privat stationiert, später in Kasernen, durften keine Immobilien besitzen. Sie durften in Übereinstimmung mit dem Koran keinen Wein trinken und Glückspiele betreiben. Prostituierte im Gefolge wurden nicht geduldet.[49] Die Janitscharen wurden nur im Krieg befördert und waren bei Verwundung oder Zurruhesetzung sozial und später auch sanitätsdienstlich abgesichert. Ihre Küche spielte eine überragende Rolle, Dienstgradbezeichnungen stammten z. T. aus dem Küchenbetrieb.[50] Im Krieg wurden für die Janitscharen Packtiere mitgeführt, wodurch die so wichtige Logistik erleichtert wurde. Sehr bald wurde auch ein ziviler Tross mitgeführt, die sog. „Orducu", die als Händler die Aufgaben logistischer Truppen übernahmen.[51] Eine komplette Versorgung aus dem Lande in den eroberten Gebieten war nämlich problematisch, wenngleich die Feldzüge in der Regel auf die Sommermonate beschränkt blieben. Selbst die spätere zentrale Reiterei fand im engeren Umfeld von İstanbul nicht genügend Weideflächen. Der Größe einer Armee mit vielen Reittieren waren also auch logistische Obergrenzen gesetzt.

Der große Suppenkessel war ein Symbol für Verbundenheit und Schutz: Ein zu bestrafender Janitschar konnte sich unter den Kessel flüchten. Umgekehrt bedeutete das Trommeln auf den umgedrehten Kessel[52] Aufruhr, später z.B. verursacht von ausbleibender Bezah-

---

[45] Koran 2,256 (nach Paret): „In der Religion gibt es keinen Zwang". Nach Diyanet: „Dinde zorlama yoktur".
[46] Vgl. Uyar & Erickson „A Military History of the Ottomans" S. 18. Demnach wurden ab 1379 auch schon Kinder aus muslimischen Familien rekrutiert.
[47] Die Templer waren ein geistlicher Ritterorden im Zeitraum 1118-1312, direkt dem Papst verpflichtet. Sie galten während der Kreuzzüge als Eliteeinheit.
[48] Bis 1566.
[49] Vgl. Babinger „Mehmed der Eroberer und seine Zeit" S. 482.
[50] So war z. B. „Çorbacı" = der Suppenkoch auch die Dienstgradbezeichnung eines Offiziers als Einheitsführer.
[51] Vgl. Uyar & Erickson „A Military History of the Ottomans" S. 25.
[52] Kazan kaldırma = umgedrehter Suppenkessel.

lung. Die Schutzfunktion des Kessels kann verglichen werden mit der des Steigbügels eines gegnerischen Feldherrn in verschiedenen Armeen; die Berührung des Steigbügels konnte sogar Leben retten. Im Frieden übten die nur mit einem Knüppel oder Krummdolch ausgestatteten Janitscharen eine Polizeifunktion aus.

Der Führer der Janitscharen nannte sich Ağa.[53] Die Blütezeit der Janitscharen lag zwischen dem 15. Jhd. und 16. Jhd. In sie fiel die Eroberung Konstantinopels 1453. Für den Sultan stellten sie immer einen zu beachtenden Machtfaktor dar: *„Schon Soliman der Große zitterte vor ihnen, und manchem Sultan drohten sie mit Erhebung eines anderen Mitgliedes des Hauses Osman.“*[54] Der Erfolg der Janitscharen in ihrer Blütezeit basierte auf der Knabenlese/*Devşirme*[55] von Knaben im Alter von 8-20 Jahren, bereits nachweisbar ab 1438 in Thessaloniki/Selanik, ab 1512 auch in Anatolien. Sie erfasste durchschnittlich 2,5 % der christlichen Knaben und erfolgte unregelmäßig alle 4-12 Jahre. Im Jahre 1573 wurden z. B. 8.000 „gelesen“. Grundsätzlich ausgenommen waren Roma/Sinti, Rumänen, Juden, Moldawier, Walachen, Städter, einzige Witwenkinder, Verheiratete, anfangs Anatolier und Muslime. Hauptsächlich erfolgte somit die Aushebung in den seit Mitte des 14. Jhd. eroberten Gebieten auf dem Balkan. Nach der „Lese“ wurden die Knaben zumeist erst in muslimische Familien übernommen und dort erzogen. Danach wurde die Eignung der Kinder festgestellt und es erfolgte eine Auswahl für die verschiedenen militärischen oder zivilen Verwendungen. Für einen großen Teil wurde anschließend die Erziehung und Ausbildung in den Ausbildungseinheiten der Janitscharen fortgesetzt.

Um 1453 sollen die Janitscharen ca. 6.000 Mann[56] umfasst haben, einschließlich der Auszubildenden. Sie wurden in Kompanien/*Orta* unterschiedlicher Größe organisiert. Um 1809 betrug der Umfang

---

[53] Kommandeur der Janitscharen = *Yeniçeri ağası*. Er war im Rang den Paschas gleichgestellt und wurde Mitglied im Osmanischen Divan, einer Art Ministerrat. Der Begriff „Ağa“ stammt aus dem Mongolischen mit verschiedenen Bedeutungen. Im modernen Türkisch wurde der Begriff *Ağabey* verkürzt zu *Abi* und bedeutet „älterer Bruder“.

[54] Vgl. Jorga „Geschichte des Osmanischen Reiches“ Band III S. 224.

[55] Beendet 1683.

[56] Vgl. Mantran „Osmanlı İmparatorluğu tarihi“ S. 161.

schon mindestens 50.000 Mann, 1826 nach Wikipedia.tr[57]- Angaben sogar (zumindest auf dem Papier) 140.000. Janitscharen wurden später auch an der Peripherie des Osmanischen Reiches stationiert zur Sicherung der Grenzen, nicht nur in der jeweiligen Hauptstadt wie Edirne[58] oder İstanbul. Einige Provinzgouverneure ahmten das Beispiel der Hauptstadt nach, z. B. nach 1517 in Aleppo und Damaskus, legten sich ebenfalls „Palasttruppen" zu, Janitscharen und Kavallerie. Diese örtlichen Janitscharen (*yerli kullari*) wurden jedoch mitunter auch kontrolliert von „imperialen Janitscharen", die aus der Hauptstadt entsandt wurden. Entstehende Rivalitäten führten vorhersehbar zu Scharmützeln.[59] Während der Feldzüge begleiteten die Palasttruppen[60] ihren Führer, also den Sultan, später in dessen Vertretung zumeist den Großwesir oder einen Wesir unter Zurücklassung einer kräftigen „Stallwache" zum Schutz des Sultans. In diese wurden dann auch schon die Auszubildenden eingestellt. Janitscharen wurden ferner eingesetzt zur Begleitung der jährlichen *Hac*/Wallfahrt nach Mekka.

Die Knabenlese wurde aber von manchen, speziell armen Eltern nicht immer nur als grausamen frühen Eingriff in die Familien gesehen, sondern als Chance ihrer Kinder auf eine attraktive Zukunft. Konnten sie doch mittlerweile auch im zivilen Palastdienst Karriere machen als sog. „Weiße Eunuchen",[61] und aufgrund ihrer guten Ausbildung sogar in Spitzenämter der Osmanischen Verwaltung aufsteigen. So ist der berühmteste osmanische Architekt und Baumeister (*Mimar*) Sinan (1490-1588) bei den Janitscharen ausgebildet worden und hat zuvor verschiedene militärische Ränge bekleidet.[62]

Nach der Eroberung Konstantinopels wurden die strengen Regeln aufgeweicht, was den allmählichen qualitativen Niedergang der Ja-

---

[57] Früher Vikipedi.

[58] Erobert 1361, anschließend ab 1367 Hauptstadt. Nach 1453 dann İstanbul.

[59] Vgl. Nicolle „Die Osmanen" S. 103 f.

[60] *Yoldaş ordu* = wegbegleitende Truppe.

[61] Im Harem dienten die „Schwarzen Eunuchen". Afrika war nämlich die Region, die die meisten Eunuchen stellte.

[62] Seine berühmtesten Bauwerke sind die Sülemaniye Moschee in İstanbul und die Selimiye Moschee in Edirne. Eine fachbezogene İstanbuler Universität trägt heute seinen Namen.

nitscharen zur Folge hatte. Nun wurden auch zum İslam konvertierte Muslime vom Balkan aufgenommen, ab ca. 1560 auch geborene Muslime aus Anatolien.[63] Aufgehoben wurde das Heiratsverbot,[64] das Alkoholverbot, das Verbot von Immobilienbesitz, die Stationierung in Kasernen, das Verbot einer zusätzlichen Berufsausübung. Das betraf jedoch nicht ihren Einsatz als Polizei oder als Feuerwehr. In der Endphase vor ihrer Abschaffung 1826 beherrschten die Janitscharen den Flohmarkt in Istanbul, dort auch als Steuereintreiber, arbeiteten nebenher oder ausschließlich als Ruderer, Landbesitzer u.s.w. Ihre Kameraden in den Rekrutierungsbüros wurden bestechlich. Bei der hohen Zahl am Schluss waren Viele nur Karteileichen, häufig auch Janitscharensöhne, die die Privilegien der Diensttuenden gern in Anspruch nahmen.

Die Disziplin war auf dem Tiefpunkt, Meutereien kamen hinzu, speziell bei ausbleibender Bezahlung oder Abwertung des Geldes. Schon 1444 gab es die ersten Aufstände mit Forderungen auf Gehaltserhöhung.[65] Die Janitscharen nahmen Einfluss auf die Absetzung oder Berufung der Sultane, ermordeten 1622 den Sultan Osman II. und revoltierten 1807 gegen den Sultan und Armeeerneuerer Selim III. So wurde langsam nicht nur der Zorn des Volkes erregt, sondern auch der des Sultans Mahmut II (1808-1839). Nach einem erneuten Aufstand der Janitscharen am 15.06.1826 ordnete der Sultan ihre Beseitigung an[66]. Diese erfolgte in İstanbul in einer Größenordnung von mindestens 6.000 Mann durch einen anderen Teil der Armee, gestützt auf die Artillerie und beginnend auf dem Fleischmarkt/*Et Meydanı*[67] in Istanbul. Die Kasernen der Janitscharen lagen im Ortsteil Aksaray. Weitere ca. 20.000 Aufständische wurden verhaftet oder umgebracht,

---

[63] Vgl. Jorga „Geschichte des Osmanischen Reiches" Band III S. 221.

[64] Auch die katholische Kirche weiß, dass die Aufhebung des Zölibats problematisch ist, nicht nur aus theologischen Gründen. Verheiratete, erst recht mit Kindern, werden sich eben nicht ausschließlich einem Zweck außerhalb der Familie widmen können.

[65] Vgl. Babinger „Mehmed der Eroberer und seine Zeit S. 36.

[66] Genannt „*Vaka-i Hayriye*", das „Wohltätige Ereignis". https://wikipedia.org. – Vaka-i Hayriye.

[67] In der Literatur häufig verwechselt mit dem Hippodrom, dem *At Meydanı*, auch wenn die Ausschreitungen nach dorthin übergesprungen sind.

auch in anderen Orten des Osmanischen Reiches, da sie an Tätowierungen leicht zu erkennen waren.[68] Überlebende fristeten später ihr Dasein in niederen Diensten, z. B. als Heizer in in einem türkischen Bad (*Hamam*). Der Ruhm aus der Blütezeit der Janitscharen überlebte jedoch. Die heutige Janitscharenkapelle ist, nach langen Unterbrechungen, die einzige wieder auferstandene Einheit, die sogar Bärte[69] tragen darf, bei offiziellen Anlässen aufspielt und eine Touristenattraktion darstellt.

Obwohl der osmanische Sultan, ab 1517 auch Kalif, muslimisch-sunnitisch orientiert war, ließ er zu, dass die Janitscharen von dem unorthodoxen, eher schiitisch geprägten Bektaşı-Derviş Orden religiös erzogen wurden.[70] Haci Bektaş[71] lebte als Mystiker im 13. Jhd, also bevor die Janitscharentruppe entstand. Der eigentlich anachronistischen Sage nach soll Hacı Bektaş seinen weißen Ärmel um den Kopf eines Janitscharen geschlungen und die Soldaten gesegnet haben, weshalb ihre in den Nacken fallende Kopfbedeckung die im Bild gezeigte charakteristische Form aufzeigt. Nach einer anderen praktischen Erklärung jedoch soll die Kopfbedeckung aus Filz im hinteren Teil eine Füllung gehabt haben, z. B. aus Erde oder Sägemehl, um einen feindlichen Hieb in den Nacken abzuschwächen. Nach wieder anderen Behauptungen soll diese Form der Mütze schon eine alte Turkvölkertradition gewesen oder von skytischen Bogenschützen getragen worden sein.[72] Die u. a. Abbildung soll aus dem sechsten

---

[68] Vgl. Klever „Sultane, Janitscharen und Wesire" S. 229. Nach Jorga „Geschichte des Osmanischen Reiches" Band V S. 316 war die Tätowierung ein Kreuz auf dem Arm, nach Uyar & Erickson „A Military History of the Ottomans" S. 39 auch Feldzeichen oder das Symbol des „Heiligen Kessels"/ *„Kazanı şerif"*.

[69] Bärte sind in der türkischen Armee untersagt, da angeblich gegen den Laizismus gerichtet.

[70] Nach Darstellung in Wikipedia.tr. zu einem sunnitisch-alevitischen (*sünni – alevi*) Islam.

[71] Hacı Bektaş selbst ist wahrscheinlich nicht der Gründer des Ordens. Der zuhörige Wallfahrtsort ist Hacıbektaş in Zentralanatolien.

[72] Nach wieder anderer Darstellung soll diese Mode aus Italien stammen. Neumann - Adrian „Die Türkei" S.190. Eine Janitscharenmütze ist noch in Karlsruhe ausgestellt, die vom Kurfürst/Feldherrn Ludwig Wilhelm (1677-1707), genannt der Türkenlouis, in den Türkenkriegen erbeutet worden ist. *Keçe* (türk.) = der Nackenschutz aus Filz. Auch die Vorläufer der Janitscharen, die Infanterie der *„Yaya"*,

Jhd. v. Chr. stammen. Der daneben gezeigte Janitschar trägt schon ein modernes Gewehr, ist also zeitlich frühestens in das 16. Jhd. einzuordnen.

Die Bektaşı Derwische zogen sogar mit den Soldaten in den Krieg, auch mit Gesang, mit einem Fell auf dem bloßen Oberkörper und mit bloßen Füßen. Ihre Ausrüstung war die Hellebarde oder Doppelaxt, im Frieden ihre Bettelschale und der Kochlöffel.

Die erste Säule der osmanischen Armee blieb jedoch weiterhin die Kavallerie. Bei ihr muss unterschieden werden zwischen der Palast-Kavallerie in der Hauptstadt und der auf dem Lande, der regulären und irregulären, der bezahlten und der unbezahlten.

Die Mützen der Skyten und Janitscharen

(Quelle: wikimedia.org - Skythian archer)
(Quelle: wikimedia.org - Welt Galleria)

---

trugen schon eine weiße Mütze (*Ak börk*). Vgl. Uyar & Erickson „A Military History of the Ottomans" S. 15.

Zum Schutz des Sultans und der Hauptstadt wurden ergänzend zu den Janitscharen im Endausbau sechs muslimische Kavallerieregimenter (*alti bölük*) aufgestellt, die z. B. im Jahre 1473 ca. 500 Reiter umfassten. Sie waren allerdings von Anfang an dem sunnitischen Glauben verhaftet. Zwischen beiden Truppengattungen am Palast entstand somit eine gewisse Rivalität, vielleicht bedingt durch den unterschiedlichen Glauben und die Herkunft wie auch die unterschiedliche Kampfesweise.[73] Die Masse der Reiterei wurde jedoch ab ca. 1376 als Milizen in den Provinzen vorgehalten, gestellt von den o. a. Lehensnehmern/Timarioten, deren Lehen nicht erblich waren. Sie wurden für die Feldzüge einberufen und hierbei von Fußsoldaten (*Cebeli)* begleitet. Im 16. Jhd. soll die Gesamtzahl der *Timar-Sipahi* und *Cebeli* ca. 100.000 betragen haben. Der Vorteil des nicht erblichen Lehens war, dass sich kein Lehensadel wie der der Ritter im Westen herausbilden konnte und das Land immer wieder an den Staat zurückfiel. Das System wurde per Gesetz 1831 abgeschafft.

Die Reiter wurden *Sipahi*[74] genannt. Ihr Niedergang zum Ende des 18. Jhd. hatte z. T. ähnliche Gründe wie bei den Janitscharen; hinzu kam eine unkontrollierte Missbewirtschaftung der Lehen und der langsame Bedeutungsverlust der Kavallerie.

Neben der regulären Reiterei gab es die irreguläre, überwiegend unbezahlte. Sie war es, die der regulären osmanischen Armee vorweg stürmte, mit großer Härte den Weg bereitete und von Beute lebte. Ein Teil ihrer Durchschlagskraft beruhte natürlich auf ihrer psychologischen Wirkung. Am bekanntesten im Westen waren die *Akıncı*[75], die

---

[73] Diese Rivalitäten gibt es auch in den Armeen der Gegenwart zwischen Truppengattungen und Teilstreitkräften. Einerseits sind sie ernsthafter Natur beim offiziellen Kampf um Bedeutung und Ressourcen, andererseits weniger ernsthaft in Form persönlicher Neckereien.

[74] Der Begriff wurde wohl über Algerien, eine ehemalige osmanische Provinz, als „Spahi" ins Französische übernommen, als „Späher" ins Deutsche. Sie waren also u. a. auch „Aufklärer". Mit Einführung gepanzerter Truppen in westlichen Armeen im 20. Jhd. wurden dann die vorn eingesetzten Aufklärungsabteilungen Nachfolger der aufklärenden Kavallerie. Der Begriff „*Sipahi*" wurde im Osmanischen Reich sowohl gebraucht für die Palastkavallerie - auch „*Süvari*" genannt -, als auch für die Kavallerie in den Provinzen.

[75] Türk. „*Akın*" der Schlag, Einfall, Raubzug oder Angriff. Diese leichte Kavallerie wurde auch unter dem Namen „*Başı Bozuk*"bekannt, d. h. die „an der Spitze kaputt

zum Schrecken der Verteidiger voran stürmten, den Weg bereiteten und mit großer Härte operierten. Je nach Lage agierten sie ebenso an den Flanken oder im Rücken, sowohl der eigenen Truppe als auch des Feindes. Das u. a. Bild stellt zwei Akıncı-Reiter dar in der Schlacht bei Mohacs im heutigen Ungarn im Jahre 1526. Man kann die Waffen erkennen, mit denen sie kämpften.

Traditionell waren die Turkvölker bereits vor Erfindung des Steigbügels geschickte Reiter sowie ausgezeichnete Bogenschützen. Ihre Taktik war zumeist nach einem kurzen Angriff eine angetäuschte Flucht - dabei noch mit dem sog. „parthischen Schuss" den Verfolger im Umdrehen bekämpfend -, um ihn später in einer halbmondförmigen Teilumzingelung zu stellen und zu vernichten.[76]

Die Ausrüstung der Kavallerie war z. T. identisch mit der der Janitscharen. Die schwere Kavallerie, die *Sipahi*, schützten ihre Pferde zum Teil durch Schabracken, sich selbst durch Panzerhemden und Metallhauben. Die Wirksamkeit von Pfeil und Bogen beruhte auf der Durchschlagskraft des Kompositbogens, auch Reflexbogen genannt (türk. *Yayok*). Der Gegner wurde mit Einzelschüssen oder einem dichten Pfeilhagel bekämpft, der geradezu wie eine Wolke den Himmel verdunkelte und ein Ausweichen fast unmöglich machte.[77]

Machenden". Nach weitgehender Auflösung in 1595 setzte sich die Grundidee z. B. noch fort in Form einzelner Sabotagetrupps im Rücken der Griechen im türkischen Befreiungskrieg 1919-1923.

[76] https://de.wikipedia.org. – Parthisches Manöver.

[77] Vgl. Yorga „Geschichte des Osmanischen Reiches" Band I. S.485. Nach Yorga wurde der nächste Krieg riskanterweise auch schon einmal ein Jahr im Voraus angekündigt, was den Gegner nur unnötig warnte. S. 486.

Die Akıncı Reiter

(Quelle: wikimedia.org – Sueleymanname Akinci)

Schon Orhan gelang es - in geschickter Ausnutzung byzantinischer Hofstreitigkeiten, ihren Bruderkriegen und Hilfeersuchen - seinen Machtbereich bis zu den Dardanellen nach Gallipoli/Gelibolu auszudehnen. Auf ein erneutes Hilfeersuchen des byzantinischen Basileus/Kaisers, Aufstände auf dem Balkan niederzuschlagen, überquerte Orhan 1353 die Dardanellen und setzte sich in Rumelien[78] fest. 1361 besetzte er Edirne, was nach Bursa die zweite osmanische Hauptstadt wurde. 1389 verlor sein Nachfolger Murat I. nach der gewonnenen Schlacht auf dem Amselfeld gegen die Serben sein Leben.

Dessen Nachfolger Bayezit I. (Beiname *Yıldırım*) (1389-1402) ließ auf der anatolischen Seite an der engsten Stelle des Bosporus 1394-1397 eine Burg bauen, *Anadolu Hisarı,* während er Konstantinopel schon seit 1391 belagerte. Mit dem Sieg in der Schlacht bei Nicopolis/Nicopol (Bulgarien) 1396 begründete der Sultan den Nimbus der

---

[78] Ein Teil des Balkans, der nach und nach unter osmanische Herrschaft kam. Ostrumelien entspricht heute dem europäischen Teil der Türkei. Türk. Bezeichnung „*Rum - eli*" = „*Rumeli*", also Land der Rum, der Römer.

Unbesiegbarkeit und den eigentlichen Beginn der sog. „Türkenkriege". In dieser Schlacht zeigte sich die leichte osmanische Reiterei (z. B. die *Akıncı*) den unbeweglicheren Panzerreitern der Kreuzfahrer überlegen, vor allem durch geschicktes Zusammenwirken mit den Janitscharen. Bei einem Zurückweichen ließen die Osmanen den Gegner in ein Feld mit gespitzten Pfählen auflaufen, um ihn dann im Gegenzug flankierend mit den *Sipahi* zu zerschlagen. Der Schreckensruf der Osmanen wurde untermauert durch den Sieg bei Varna 1444, dem nach vereinzelten Niederlagen im Westen bis 1529 weitere Siege folgten.

Die nächste Belagerung Konstantinopels fand, noch erfolglos, 1422 unter Murat II. statt. Die Stadt hatte, auch dank ihrer Stadtmauern, seit ihrer Gründung 330 n. Chr. schon viele Belagerungen abgewiesen und sollte noch bis 1453 erfolgreich bleiben. Zwar hatten die Osmanen zwischenzeitlich einige militärische Rückschläge, wie 1402 gegen Timur-i Lenk/Tamerlan[79], und andere Schwächeperioden hinnehmen müssen wie den Bürgerkrieg 1403-1413, rüsteten sich aber 1452 erneut zum Sturm auf Konstantinopel.

Das Byzantinische Reich war zu der Zeit nur noch ein morbider Stadtstaat, ergänzt um den abgelegenen Peloponnes und einige Inseln in der Ägäis. Es litt unter enormen finanziellen Schwierigkeiten, verfügte über keine nennenswerte Flotte[80] oder gar ein ausreichendes einsatzbereites Heer. Angewiesen auf fremde Truppen, z. B. katalanische Söldner, die bei Ausbleiben der Bezahlung postwendend zu Gegnern wurden, waren die Byzantiner der drückenden Übermacht der Osmanen hoffnungslos ausgeliefert.

---

[79] Ein mongolischer Emir und Heerführer.

[80] 1453 waren von 26 Schiffen auf byzantinischer Seite nur 10 kaiserliche, 10 weitere venezianische bzw. genuesische. Befehlshaber der Flotte wurde der Venezianer Alvise Diedo. Einige Schiffe, darunter kretische Versorgungsschiffe, waren noch im Februar 1453 geflohen. Einige Schiffe hatten vom Kaiser bei Verbleib Bezahlung verlangt. Die Matrosen dieser Schiffe waren z. T. zumindest mit Handfeuerwaffen ausgerüstet.

Das Byzantinische Restreich um 1450

(Quelle: wikimedia.org - Östliches Mittelmeer 1450 oder wikipedia.org - Eroberung von Konstantinopel 1453)

Von der Eroberung Konstantinopels 1453, dieser wohl wichtigsten Schlacht der Osmanen, sollen daher nicht der wenig überraschende Schlachtverlauf geschildert werden[81], sondern einige Besonderheiten, die im Sinne unserer o. a. Eingangs-Fragestellungen zur Armee eine Rolle spielten.

Zuvor sollte erwähnt werden, dass nach alter Tradition die Osmanen bei Belagerungen der Bevölkerung stets die kampflose Übergabe mit anschließender Verschonung (*Aman* – Gnade) angeboten haben.

---

[81] Für eine ausführliche Darstellung vgl. Runciman „Die Eroberung von Konstantinopel 1453" sowie Norwich „Byzanz". Die Berichte zeitgenössischer byzantinischer, venezianischer, genuesischer, türkischer oder dem Vatikan nahestehender Autoren, im Literaturverzeichnis nicht aufgeführt, sind widersprüchlich, stark interpretationsbedürftig, z. T. eher einer verklärenden Hofberichterstattung ähnlich, parteiisch, emotional oder nur vom Hörensagen aufgeschrieben. Besonders zu hinterfragen sind Zahlenangaben. Einige Fragen bleiben bis heute ungeklärt, z. B. der Zeitraum der Plünderungen/Ausschreitungen in der Stadt oder das genaue Schicksal des Basileus, Konstantin XI.

Nach Kreiser war dieses „scheriatskonform",[82] somit also eine islamische Tradition, nicht etwa eine der Steppenvölker.

Die Aufstellung der osmanischen und byzantinischen Truppen (Heer und Marine) am Vorabend des 29.05.1453 in Konstantinopel

(Quelle: Darstellungen historischer Augenzeugen, des venezianischen Statt-halters in Konstantinopel Girolamo Minotto und des türkischen Admirals Süleyman Baltoğlu in Runciman „Die Eroberung von Konstantinopel 1453" S. 97)

Zunächst einige Anmerkungen zur osmanischen Taktik der Belagerung. Sie verrät Planung[83], Kreativität und Kampfeswillen, wobei diese Attribute auch dem Verteidiger zuzubilligen sind. Sultan Mehmet II. wusste, dass frühere Eroberungen auch daran gescheitert waren, dass Konstantinopel nur von der Landseite angegriffen worden war. Die Marine musste also eine wichtige Rolle übernehmen.

---

[82] Vgl. Kreiser „Kleine Geschichte der Türkei" S. 96.
[83] Der Begriff „Plan" wurde erst später wörtlich aus westlichen Sprachen ins Türkische übernommen mit dem zugehörigen Verb „planlamak" = planen. Als frommer Muslim vertraute man mit einem gewissen Fatalismus auf das Walten Allahs, selbst bis in den Tod. Allerdings hat der Autor andererseits Erfahrungen gesammelt zum ausgezeichneten Improvisationsvermögen der Türken, eine besondere Tugend.

Mit dem Übergang über den Bosporus nach dem Bau der Burg und „Sturmausgangsstellung" *Rumeli Hisarı* in nur sechs Monaten in 1452 auf der europäischen Seite gegenüber „*Anadolu Hisarı*" auf der anatolischen Seite begann die Unterbrechung des Versorgungsverkehrs der Byzantiner, zu Lande und zu Wasser. Abweidung und Verwüstungen im Umfeld erschwerten zusätzlich die Versorgung der Stadt.

Durch die Stationierung der osmanischen Flotte (vorwiegend bestehend aus Galeeren[84]) am "Kai der Doppelsäulen"[85] im Bereich von Beşiktaş, sollte die Zufahrt ins Goldene Horn/*Haliç* von Seglern, die über die Dardanellen Konstantin XI.[86] (1448 - 1453) zur Hilfe kommen wollten, unterbunden werden. Dies gelang aber in einer Seeschlacht am 20.04.1453 gegen vier hochbordige, mit Katapulten ausgerüstete Segler unter dem Kommando des Venezianers Trevisano trotz zahlenmäßig drückender osmanischer Überlegenheit im Marmarameer vor der Sarayspitze nicht, so dass die vier Schiffe sich nach einer nahezu tödlichen Flaute mit geringen Verlusten in das Goldene Horn retten konnten. Mehmet II. bestrafte seinen Admiral Baltaoğlu, angeblich ein bulgarischer Renegat, nur mit einer Bastonade[87] und ließ ihn durch den erfahrenen Admiral Hamza Bey[88] ablösen.

Die Byzantiner wiederum schützten die Einfahrt zum Goldenen Horn seit September 1452 nach einer de facto Kriegserklärung des Sultans vom Juni 1452 durch eine bewachte schwimmende Sperrkette,

---

[84] Schmale, lange, niedrige Kriegsschiffe mit Riemen und Segeln, die neben den Ruderern auch Kämpfer als Marineinfanterie an Bord hatten. Die Galeeren waren wendig, windunabhängig, aber nicht hochseetauglich. Angeblich hatten sie schon Geschütze an Bord. Vgl. Critopulus „De rebus gestis Mechermetis". Nach widersprüchlichen Angaben hatten die Osmanen nach Schiffsverlegungen von Gallipoli vermutlich ca. 145 Schiffe vor Ort: 91 Galeeren und 55 reine Segler/Versorgungsschiffe. Damit ergab sich eine zahlenmäßige maritime osmanische Überlegenheit von ca. 6:1.

[85] Diplokion, wahrscheinlich aus der Zeit des byz. Kaisers Romanos I (870-948). Moltke glaubte noch, dieses Bauwerk lokalisiert zu haben.

[86] Mitunter auch Konstantin XII. oder XIII. genannt, da die Zählweise byzantinischer Kaiser umstritten war.

[87] Hiebe auf die Fußsohle.

[88] Er wurde der *Kaptan/Kapudan Paşa*. Der Begriff „Admiral" ist arab. Ursprungs und abgeleitet von „*Amiral al -bahr*, „Herrscher des Meeres", auch im Türkischen „*Amiral*".

die auf der Ostseite mit offensichtlicher Hilfe der Genuesen von Pera/Galata[89] befestigt worden war. Zeitgleich wurden die Tore in der Stadtmauer der Altstadt geschlossen.

Um dennoch mit Schiffen ins Goldene Horn zu gelangen, ließ der Sultan am 22.04.1453 nach offensichtlich längerer Vorbereitung unter absichtlich viel Spektakel 72 leichte Galeeren auf eingefetteten Bohlen über Land ziehen, vermutlich durch gerodeten Wald und durch das Maçkatal am heutigen Taksimplatz vorbei, zum großen Entsetzen der Verteidiger.[90] Die Schiffe wurden in Kasımpaşa am Nordufer des Goldenen Horns stationiert, ein Gegenangriff byzantinischer Schiffe am 28.04.1453 über das Goldene Horn abgewehrt. Hierbei wollten die Byzantiner wieder das sog. „Griechische Feuer"[91] zum Einsatz bringen, das durch Wasser nicht zu löschen war.

Das Goldene Horn geriet, auch durch das Wirken osmanischer Artillerie vom Nordufer, zunehmend unter osmanische Kontrolle. Dies erlaubte nun den Bau einer hölzernen Ponton-Brücke, die die Verbindung zum osmanischen Hauptheer westlich der Landmauer herstellte. Der Hauptkampf spielte sich allerdings an der Landmauer ab. Zentral aufgebaut war das Zelt des Sultans ungefähr am Ufer des Flusses Lycos, der in einer Senke floss. Heute ist er nicht mehr sichtbar, da dort durch die Landmauer der Menderes Boulevard verläuft. Gegenüber auf der Verteidigerseite hielt sich der Kaiser auf; neben

---

[89] Pera = griechisch „drüben", weil gegenüber der Altstadt gelegen. Heute ein Stadtteil von Beyoğlu, so wie Galata, das heutige Karaköy. 1453 die wichtigste genuesische Handelskolonie, die sich wegen der Kollaboration mit den Byzantinern am 03.06.1453 dem Sultan unterwerfen musste. Ihre Flotte von 20-30 Schiffen verhielt sich jedoch passiv. Die Kolonie war italienisch-katholisch orientiert und beherbergte auch viele Juden.

[90] Aktionen ähnlicher Art gab es schon mehrfach in der Geschichte, z. B. 1439 seitens der Venetianer von der Etsch zum Gardasee, dem Sultan vielleicht bekannt. Im Film „Fitzcaraldo" von Werner Herzog spielte Klaus Kinsky die Hauptrolle bei einem Schiffstransport zwischen zwei Flüssen im südamerikanischen Urwald.

[91] *Hygron Pyr.* Byzantinisches Staatsgeheimnis hinsichtlich der genauen chemischen Zusammensetzung. Diese war den Osmanen noch nicht bekannt. Das chemische Kriegsmittel war schon erfolgreich gewesen gegen arabische Belagerungen Konstantinopels ab dem 7. Jhd. Verbringung mit Armbrusten oder mit Druck betriebener Kupferrohre am Schiffsbug oder durch Wurfgeschütze. Durch Hinzufügung von Salpeter soll ab ca. 1225 daraus Schießpulver entstanden sein. Das Kriegsmittel kann somit auch als Vorläufer des späteren Flammenwerfers bezeichnet werden.

ihm der Genueser Giovanni Giustiniani (Longo) als Oberbefehlshaber der Landstreitkräfte. Das Heer des Kaisers umfasste nur ca. 9.000 Kämpfer, rekrutiert aus einer Bevölkerung von 40.000-60.000. Es bestand aus Byzantinern, Genuesen, Venezianern, Katalanen, ja sogar Türken. Das Heer des Sultans hingegen umfasste geschätzt ca. 100.000 Kämpfer, Reguläre und Irreguläre, Kavallerie und Infanterie, mit einem gewaltigen Tross von Menschen und Tieren.

Prinzipskizze der Landmauer

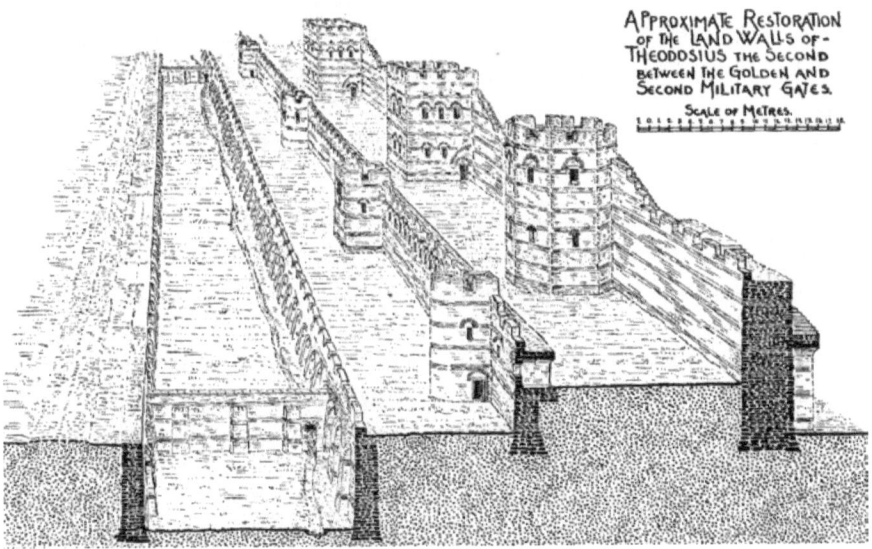

(Quelle: Pears, „The Destruction of the Greek Empire and the Story of the Capture of Constantinople by the Turks", S. 241).

Damit ergibt sich schon rein zahlenmäßig ein Kräfteverhältnis von ca. 10:1 zugunsten des Angreifers. Bei entsprechender Geduld des Belagerers musste er also allein mit Ermüdungstaktik siegen, gleichgültig, welche taktischen Finessen sich der Verteidiger noch einfallen ließ. Nach einem Kampf vom 11.04.-29.05.1453 war der Verteidiger einfach erschöpft und abgenutzt, während der Angreifer nacheinander drei Wellen ins Gefecht warf mit den besten Kämpfern am Schluss, den Janitscharen. Hinzu kamen zwei nahezu zeitgleiche taktische Fehler des Verteidigers. Einmal hatte der Verteidiger vergessen, ein Aus-

41

falltor (die Kerkoporta) in der Nähe des Tekfur Palastes zu schließen, und andererseits hatte man den möglicherweise durch den Schuss aus einer Feldschlange (s. u.) verwundeten Giustiniani bergen wollen durch Öffnen eines Tores der Innenmauer. Die psychologische Wirkung war verheerend, da viele Verteidiger nun flüchteten. Die Lücken waren nicht mehr zu schließen; der Angreifer überwand ungefähr im Zuge des Lycos die bereits zerrütteten Mauern. Mehmet II. ritt am 29.05.1453 durch das (alte) Edirne Tor in die Stadt ein. Es war ein Dienstag, der noch heute bei den Griechen, die sich als „Erben" der Byzantiner verstehen, als Unglückstag betrachtet wird. Unmittelbar nach dem Durchbruch an der Landmauer gelang es auch der Marine, vom Goldenen Horn aus in die Stadt einzudringen. Im Rausch des Plünderns allerdings vergaßen sie fast ihren militärischen Auftrag, verließen z. T. ihre Schiffe und konnten so nicht die Flucht einiger Belagerter mit deren Schiffen verhindern.

Einige militärische Besonderheiten seien erwähnt: Der Angreifer setzte ohne großen Erfolg mindestens einen hölzernen Belagerungsturm[92] ein, um die acht Meter hohe Außenmauer zu überwinden, da sich der Verteidiger wegen des schlechteren Zustandes der Innenmauer zwischen der Außenmauer und der 13 Meter hohen Innenmauer verschanzt hatte, dem sog. Zwinger. Weiterhin trieben die Osmanen mit Unterstützung serbischer Mineure und Sappeure mehrere Tunnel gegen die Mauern, ebenso ohne Erfolg. Der Minenkampf war wohl noch konventioneller Natur, also mit Holz, Feuer und Schwert.[93] Nach Sphrantzes kam in den Gegenminen wahrscheinlich Griechisches Feuer zum Einsatz. Explosivminen auf Schießpulverbasis standen möglicherweise beiden Parteien noch nicht zur Verfügung. Minenkämpfe sollten sich bei den Belagerungen Wiens 1529 und 1683 wiederholen, jedoch ebenfalls ohne Erfolg für den Angreifer. 1669 allerdings soll die Taktik im Kampf gegen die Venezianer auf Kreta erfolgreich gewesen sein.[94]

---

[92] Auch schon eingesetzt von Murat II. 1422 vor Konstantinopel.

[93] Bei der Belagerung Wiens 1529 ist dann schon von Explosionen von Minen die Rede, also offensichtlich unter Anwendung von Sprengstoff mit Schwarzpulver: „Mines were exploded by Turkish sappers...". Lord Kinross „The Ottoman Centuries" S. 191.

[94] Vgl. Kreiser „Der Osmanische Staat" S. 62.

Besonders erwähnt werden muss die Artillerie. Sie war zwar nicht (wie zuweilen dargestellt) der Hauptgrund für den osmanischen Erfolg, aber die nahezu ununterbrochene Beschießung der Mauer muss den Verteidigern psychisch zugesetzt haben, der Mauer infolge der großen Kaliber physisch. Die Byzantiner waren somit ständig mit Reparaturarbeiten belastet.

Das Bild zeigt eines der ersten Artilleriegeschütze im europäischen Raum im 14. Jhd. Erkennbar ist, dass die Handwerker wohl aus dem Glockengießerbereich kamen, der sog. „Feuertopf" mit einer Lunte gezündet wurde und einen Pfeil verschoss. Das Schwarzpulver war offensichtlich schon ca. 100 Jahre zuvor entwickelt worden. In Italien sollen Geschütze schon 1322 in Arco zum Einsatz gekommen sein, im Osmanischen Reich 1364 bei Bursa, 1366 vor Kairo, 1389 im Kosovo und bei der Belagerung Konstantinopels 1422. Die Artillerie kann somit bei der Belagerungstechnik als Nachfolger der Steinschleudern bzw. Katapulte verstanden werden. In der ersten Entwicklungsstufe wurden zunächst Steine verschossen, danach Eisenkugeln. Ein Ungar namens Urban (wahrscheinlich Siebenbürger) hatte in Edirne für den Sultan ein Riesengeschütz gebaut - der byzantinische Kaiser konnte ihn angeblich nicht bezahlen - mit einem Bronzerohr von 8m Länge und 87 cm Durchmesser, Steinkugeln von ca. 500 kg, einer Reichweite von ca. 1,5 km, einer Kadenz (Schussfolge) von sieben Schuss pro Tag. Das Geschütz wurde mit viel Aufwand bis April 1453 nach Konstantinopel transportiert und kam dort mit ca. 50 weiteren Kanonen des Sultans zum Einsatz. Urban hatte angeblich schon zuvor kleinere Kanonen gebaut für *Rumeli Hisarı* zur Überwachung des Bosporus. Die Kadenz war so niedrig, weil das Rohr erst immer wieder abkühlen und dann geschmiert werden musste. Urban ist möglicherweise bei der Explosion eines Geschützes getötet worden.

Nach Kritobulos soll Mehmet II. auch die Forderung auf ein Steilfeuergeschütz erhoben haben. Es wurde gebaut in der Form des geneigten griechischen Buchstabens Gamma. Das erste Ergebnis war eine Versenkung eines Schiffes vor Galata. Dies wäre dann der Vorläufer der Mörser gewesen bzw. der späteren Haubitzen. Babinger bestätigt das.[95] Nach der Eroberung von Konstantinopel wurde im Ortsteil Tophane gegen 1520 eine Kanonengießerei errichtet.[96]

Erste „Kanone" um 1326 in Florenz

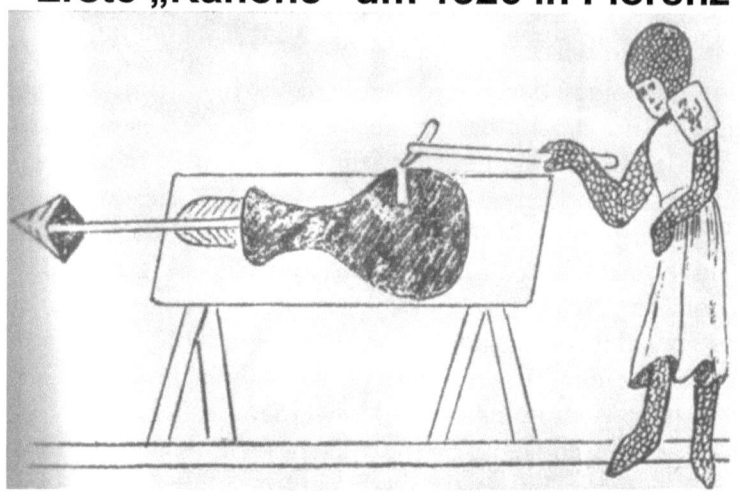

[97]

(Quelle: commons.wikimedia.org – Early Cannon de Nobilitatibus oder wikipedia.org – Autor: Walter de Milemete)

Nach Pears[98] und Sphrantzes[99] wurden bei der Schlacht auch schon Feldschlangen eingesetzt. Diese waren abgestützte Geschütze kleineren Kalibers mit langem Rohr, aus denen Pfeile oder Bälle aus Stein oder Blei verschossen werden konnten. Eine Waffe, die zumeist von zwei Mann bedient und in Europa seit dem ausgehenden 14. Jhd. eingesetzt wurde.

---

[95] Vgl. Babinger „Mehmed der Eroberer und seine Zeit" S. 94.
[96] *Top* = türk. Ball, Kugel; *hane* = türk. u. a. ein „Arsenal"

[98] Vgl. Pears „The destruction of the Greek Empire and the story of the capture of Constantinople by the Turks"; Vgl. Sphrantzes „Die letzten Tage von Konstantinopel".
[99] Vgl. „Das Feuerwerkbuch von 1429" mit einer „Übertragung" von Hassenstein. Nicolle in „Die Osmanen" spricht wohl zutreffender von „Handrohrschützen".

Zeitlich nahezu parallel verlief im 14. Jhd. die Entwicklung der ersten Handfeuerwaffen, die (Stock-)Büchsen genannt wurden[100]. Murat II. soll sie 1424 vor Konstantinopel eingesetzt haben; 1453 kam dann offensichtlich schon die zweite Generation zum Einsatz, die Arkebusen. Sie waren zunächst schwere Zweimannwaffen, deren Haken den Rückstoß auffing und die besonders als aufgelegtes Gewehr eingesetzt wurden, somit den Verteidiger hinter einer Mauer begünstigten. Ein Mann zielt, ein Mann zündet. Eine Weiterentwicklung war dann das Luntenschloss, was die Gefährdung der Bediener reduzierte. Wegen der Zielungenauigkeit und der geringen Reichweite war die Arkebuse - als ein noch mit Luntendocht zu zündendes Gewehr -, auch wegen des Zeitaufwandes bzw. der niedrigen Kadenz, der Armbrust noch nicht wirklich überlegen.[101] Arkebusen sollen 1444 während des letzten Kreuzuges in der Schlacht bei Varna benutzt worden sein, 1448 zahlreiche deutsche Arkebusen von Ungarn im Kosovo. Nach Nicolle sollen 1465 osmanische Schiffe schon mit Gewehren (*tüfek*) bestückt gewesen sein, womit wohl auch Arkebusen gemeint waren.[102] Bereits an dieser Stelle muss festgestellt werden, dass die Ausrüstung der türkischen Armee mit modernen Gewehren um ca. 60-70 Jahre den westlichen Standards hinterherhinken sollte, wohl auch eine finanzielle Frage. So wurden Luntenschlossgewehre ("*Fitilli muske*")[103] erst eingeführt in der Schlacht bei Çaldiran 1514. Vorteilhaft waren später die von den Osmanen eingesetzten Damaszenerläufe aus besonderem Stahl, die eine Reichweite von bis zu 300 m ermöglichten.[104]

---

[101] Von Autoren manchmal schon als Musketen bezeichnet, obwohl diese erst später entwickelt wurden, zur dritten Generation der Gewehre gehörig. Diese Fehler ergaben sich aus der Unkenntnis über neue Waffen und deren Bezeichnung in Übersetzungen. So wurde auch schon die Armbrust zuweilen als Arkebuse bezeichnet.

[102] Vgl. Nicolle „Die Osmanen" S. 91.

[103] https://tr.wikipedia.org. – Çaldıran Muharebesi. Die Musketen standen den Janitscharen erst ab ca. 1578 zur Verfügung. Vgl. Uyar & Erickson „A Military History of the Ottomans" S. 50. Das Luntenschlossgewehr wurde um 1475 erfunden, könnte also in Çaldiran eingesetzt worden sein.

[104] Vgl. Kreiser „Der Osmanische Staat" S. 58/59.

Hakenbüchse - Arkebuse

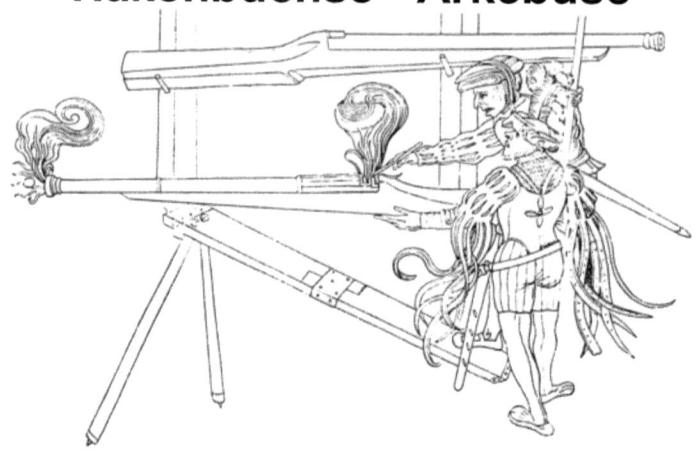

(Quelle: Das Feuerwerkbuch von 1429)

Als Zwischenbilanz unserer Eingangsfragestellungen aus Kap. I lässt sich für den Zeitraum 1299-1453 Folgendes festhalten, auch wenn der Geschichtsverlauf nur partiell ausgeleuchtet wurde:

- Auftrag der osmanischen Armee bisher war die Eroberung. Sie wurde unterstützt von den o. a. Grenzbauern, den Glaubenskämpfern (*Gazi*). Durch diese Eroberungen konnten auch immer wieder neue Ressourcen gesichert werden, um die Staatsausgaben zu finanzieren und das Reich unter Kontrolle zu halten. Das Heer zog nahezu jeden Sommer in einen Krieg, worunter die Landwirtschaft litt. Diese Strategie konnte natürlich nur von begrenzter Dauer sein, hätte irgendwann in eine Phase der Konsolidierung einmünden müssen, d.h. weniger Kriege. Im 15. Jhd. stand das Osmanische Reich kurz vor seiner größten Macht.

- Die reguläre Armee dieses Vielvölkerstaates stand weitgehend loyal hinter dem Souverän und seiner Politik. Die Palasttruppen, speziell die Janitscharen, sicherten als Elitetruppen seinen persönlichen Schutz und zumeist den Sieg in einer Schlacht. Die o.a. Timarioten stellten mit der Kavallerie die Masse der Armee und sorgten zumeist für die zahlenmäßige Überlegenheit.

- Das Heer war in seiner Rüstung und Ausbildung auf dem Stand der Zeit. Die Marine stand noch am Anfang, was für eine Landmacht mit spätem Zugang zum Meer erklärbar war.

- Das innere Gefüge war trotz Heterogenität der Armeebestandteile ausreichend stabil. Die Motivation der Soldaten zum Kampf war neben dem Glauben bei den regulären Truppen gegeben durch Besoldung mit sozialer Absicherung sowie durch das Timarsystem, bei den irregulären Truppen durch das Beutemachen.

Der İslam hatte offensichtlich von Beginn an über Jahrhunderte auf die Armee einen großen stabilisierenden Einfluss, auf die Motivation des Soldaten zum Kampf, auch als Märtyrer (türk. Şehit) zu sterben. Viele Stellen im Koran verheißen dem Rechtgläubigen bzw. Märtyrer nach dem Tod das ewige Leben in paradiesischer Umwelt, außerdem den Sieg durch den Beistand Allahs im Krieg.[105] Allerdings deckt der Koran nicht den Selbstmord der heutigen asymmetrischen Kriegführung. Bis zum Befreiungskrieg (1919-1923) erschallten Schlachtrufe unter Bezug auf Allah. Bis dahin wurde - auch zur Motivation - zusätzlich die Heilige Fahne mitgeführt (türk. Sancak şerif).[106]

Bei der Eroberung von Konstantinopel spielte die Religion auf beiden Seiten eine große Rolle. Jedoch soll hier nur der gelebte İslam auf osmanischer Seite angesprochen werden.

Schon ein Hadis/Hadith, ein angeblicher Ausspruch des Propheten, hatte besagt, dass die Eroberung Konstantinopels eine religiöse Pflicht sei und dem Eroberer großer Lohn beschieden sei. Konstantinopel wurde seit dem 7. Jhd. als Goldener Apfel betrachtet wie spä-

---

[105] Ewiges Leben: 2,154. Paradiesische Zustände, großer Lohn, Glück: 3,15 – 4,74 – 5,35 – 15,45 – 47,6 – 52,17 ff. – 78,31 Kampf für den İslam, Sieg und Beistand Allahs: 3,160 – 9,40.

[106] Sie wurde allerdings von den Osmanen erst 1595 von Bagdad geholt, welches 1534 gegen die Perser erobert worden war. Angeblich stammt sie aus der Zeit des zweiten Kalifen Omar (634-644), des Schwiegersohns von Muhammed. Heute wird sie im Topkapı-Palast neben anderen heiligen Reliquien in İstanbul verwahrt. Da sie in ein grünes Tuch eingewickelt war, wurde diese Farbe die des İslam, während die rote Farbe bei den Osmanen die weltliche Macht verkörperte. S. auch die heutige türkische Flagge.

ter Wien im 16. Jhd. Mehmet II. hatte wohl Kenntnis von dem Hadis/Hadith.

Während der Belagerung ließ sich Mehmet II von der Ulema[107] beraten, ob und wann er angreifen soll. Bei der Aufstellung zur Schlacht achtete er darauf, dass zu seiner „Rechten Hand" die überwiegend muslimischen Anatolier unter İshak Paşa standen, zu seiner Linken die „europäischen" Truppen unter Karaca Paşa, also die aus Thrakien und vom Balkan, die wohl noch überwiegend nichtmuslimischen Glaubens waren. Diese osmanische Tradition, die zumeist praktiziert wurde, gründete sich auf den im Koran erwähnten „Gerichtstag" nach dem Tod und die Einteilung der Gefährten nach Klassen: *„Und die von der Rechten - welcher Art sind sie?" 56, 27. „Und Huris stehen zu ihren Diensten" 56,35. „Und die von der Linken – welcher Art sind sie? 56,41. „Sie befinden sich in sengender Glut(?) und heißem Wasser" 56,42* (nach Paret).

Beide Feldherrn besuchten und motivierten am Vortag des Angriffs, am 28.05.1453, ihre Truppen durch Ansprachen und ließen ihnen Zeit für religiöse Handlungen - auf osmanischer Seite nach Sphrantzes nicht nur zu Waschungen und Beten, sondern erstaunlicherweise auch zum Fasten. Mehmet II. versprach seinen Soldaten die Stadt als Lohn im Heiligen Krieg, im engeren Sinne nach alter Tradition die Erlaubnis zur dreitägigen Plünderung[108], weil Konstantin XI. sich nicht ergeben hatte. Die Truppe antwortete mit dem Ruf „Allah ist Allah und Mohammed ist sein Prophet"! Muslimische Kameraden vergaben einander vor dem möglichen bevorstehenden Tod - eine gute Sitte, die noch bis ins 20. Jhd. Bestand haben sollte.

Noch am 29.05.1453 hat Mehmet II. die Hagia Sohia aufgesucht und die Stätte in eine Moschee umgewandelt. Andere Kirchen folgten. Erst Atatürk hat dies 1935 revidiert, indem u. a. die Hagia Sophia zum Museum erklärt wurde. Manche türkischen Muslime fordern heute erneut die Rückumwandlung in eine Moschee, wie dies bereits in İznik und Trabzon erfolgt ist.

---

[107] Die Religionsgelehrten im Islam.

[108] In den historischen Darstellungen bleibt unklar, ob Mehmet II. die Plünderungen oder zumindest die Zerstörung der Infrastruktur noch am Abend des 29.05.1453 beenden ließ. Ausschreitungen gegen die Bevölkerung dauerten jedenfalls an.

Nach der Eroberung ließ Mehmet II. den später so genannten Stadtteil Eyüb außerhalb der Landmauer von Istanbul südwestlich des Goldenen Horns zur vierten Heiligen Stätte des İslam nach Mekka, Medina und Jerusalem erklären, unterrichtete jedoch die islamische Welt formal nicht darüber. Das Kalifat wurde ja erst 1517 errungen. Allerdings reklamierten andere Städte schon vorher diesen Status wie Kairouan (in Tunesien) und Damaskus. Die Begründung für die Erklärung war wie folgt: Der Scheich Akşemseddin/Şemseddin wurde angeblich vom Sultan beauftragt, die Stelle zu finden, an der der arabische Bannerträger und Mitstreiter des Propheten Mohammed, Ebu Eyyûb El-Ensari, während der zweiten oder dritten arabischen Belagerung im Jahre 672 oder 674 vor der Stadt gefallen war. Die Stelle mit seinem Schwert wurde „gefunden" und dort 1458 eine Moschee erbaut, ebenso eine Grabstätte *(Türbe)*. Der Ort ist noch heute eine zentrale muslimische Gebetsstätte, besonders für Frauen; er beherbergt ein großes Gräberfeld.

Akşemseddin soll an dieser Stelle die Schwertgürtung von Mehmet II. vollzogen haben, eine Inthronisationszermonie, die an dem Ort für alle folgenden Sultane stattfinden sollte. Die Schwertgürtung wurde später von den *Mevlevi* Dervischen[109] vollzogen. Nach der Zeremonie erfolgte dann der Triumphzug des neuen Sultans über den „*Divan yolu*" (Divan Straße) zum Palast in der Innenstadt. Nach osmanischer Tradition ließ Mehmet II. auch eine Münze prägen, diesmal mit der abgewandelten Aufschrift „*İslambol*", was im Türkischen bedeutet „voll des İslam".

Somit bleibt festzuhalten, dass in dieser Zeit die Religion für die osmanische Armee und ihre Befehlshaber eine große Rolle spielte, praktisch ein integraler Bestandteil war.

Für die Verwaltung der Stadt setzt Mehmet II. Karistiran Süleyman als Gouverneur ein, natürlich aus dem Offizierkorps kommend; ihm belässt er 1.500 Janitscharen zur Sicherstellung der öffentlichen Ord

---

[109] Im Westen auch „Tanzende Dervische" genannt. Sie sind eine muslimische Bruderschaft islamischer Mystiker/Sufis, neuerdings auch mit weiblichen Mitgliedern. Die Gründung erfolgte im 14. Jhd. durch einen Sohn des persischen Mystikers Rumi in Konya. Dieser hieß mit vollem Namen Dschalal ad-Din ar-Rumi mit persischem Beinamen „Maulana" bzw. türkischem „*Mevlana*". Dieser bedeutet „unser Herr/Meister".

nung. Dies zeigt wiederum, dass der Übergang vom Status eines Soldaten in ein ziviles bzw. militärisch-ziviles Amt ein fließender war, wie umgekehrt, regionale militärische Befehlshaber - wie im Ersten Weltkrieg im Osmanischen Reich - auch in Personalunion Gouverneursfunktionen übernahmen. Für die Janitscharen bedeutete dass, dass sie nun zusätzlich Polizeiaufgaben wahrzunehmen hatten. Somit entstand schon ein Vorläufer der im 19. Jhdt. zu gründenden Jandarma/Gendarmerie, ein Zwitter zwischen Militär und Polizei.

Eine mittelbare Auswirkung auf die Armee und die allgemeine Sicherheitslage hatten auch die liberalen Maßnahmen des Sultans hinsichtlich nichtmuslimischer Glaubensgemeinschaften, auch für Nichtmuslime in der Armee. Mehmet II setzte am 1453 den Mönch Gennadios II. Scholarios als griechisch-orthodoxen Patriarchen ein, da das Amt verwaist war. Nach 1458 folgte die Einsetzung des armenischen Patriarchen sowie die Berufung des Großrabbiners Mosche Kapsalı. Diesen Personen wurden später Befugnisse einer eingeschränkten Selbstverwaltung ihrer tributpflichtige Glaubensgemeinschaften übertragen, was zu dem osmanischen Millet-System[110] führte.

In der Rückschau war die Eroberung Konstantinopels 1453 ein weltpolitisches Ereignis. Es bedeutete nicht nur den Untergang des über 1.100 Jahre bestehenden Oströmisch-Byzantinischen Reiches, sondern auch die Erstarkung Russlands durch die Übernahme der Führungsrolle für die griechisch-orthodoxe Kirche von den Byzantinern. Der Untergang von Konstantinopel war zgl. eine Stärkung der katholischen Religion und des Papstes. Mehmet II. verstand es jedoch, dessen weitere Kreuzzugsabsichten zu unterbinden.[111] Der İslam blieb, im Gegensatz zum Verlauf in Spanien, weiter im Vormarsch, da die Osmanen immer noch Expansionspläne hegten. Nächstes großes Ziel der osmanischen Sultane war der zweite „Goldene Apfel", Wien.

---

[110] Es war eine Rechtsordnung auf der Basis islamischen Rechts. Die Muslime verstanden sich als „herrschende Volksgruppe", „*Millet-i hakime*". Im 19. Jhd. traten weitere Millets hinzu, die 1923 endgültig aufgelöst wurden. Im Türkischen wird später unter „*Millet*" bei dem aufkommenden Nationalismus zunehmend „Nation" verstanden.

[111] Allgemein wird die Schlacht bei Varna 1444 als das Ende der Kreuzzüge gegen die Osmanen bzw. die Muslime angesehen.

Mehmed II. versäumte es nicht, defensive Maßnahmen zu ergreifen, so zum Schutz der Dardanellen vor feindlichen Flotten und der dortigen Einrichtungen incl. des Sitzes des „*Kaptan Paşa*". Ab 1456 ließ er zwei Forts an der Engstelle der Dardanellen errichten, *Kilit ül Bahr* (Meeres-Schloss) am Westufer und *Kale Sultaniye* (Sultansschloss) am Ostufer. 1658 ließ ein Großwesir am Eingang der Dardanellen mit *Sed ül Bahir* (Erdwall am Meer) am Westufer und *Kumkale* (Sandschloss) am Ostufer neue Forts errichten, vor allem gegen die Venezianer. Diese Forts und weitere leisteten noch ihre wertvollen Dienste gegen die Alliierten vom November 1914 bis Januar 1916 in der Schlacht von Çanakkale/Gallipoli.

Mit der Eroberung Konstantinopels 1453 endet nach türkischem Geschichtsverständnis die Gründungsphase (*Kuruluş dönemi*) des Osmanischen Reiches.

Die Jahre 1453-1566[112] werden als Aufstiegsphase (*Yükselme dönemi*) bezeichnet, 1566-1683 als Phase des Stillstandes (*Duraklama dönemi*), 1683-1792 als Phase des Rückschritts (*Gerileme dönemi*) und 1792-1922 als Phase der Auflösung (*Dağılma dönemi*).[113]

---

[112] 1566 als Todesjahr von Süleyman I.
[113] https://tr.wikipedia.org – Osmanlı Imparatorluğu gerileme dönemi.

IV   Weiterer Aufstieg und Niedergang bis 1826

Mit der anschließenden Eroberung des kleinen Kaiserreiches um Tra-
pezunt/Trabzon 1461 durch eine Umfassung zu Wasser und zu Lande verlor die griechisch/byzantinisch-orthodoxe Kirche in Anatolien
ihr letztes Refugium. Als 1478[114] auch das von Tataren bewohnte
Krimkhanat mit der Krim und dem Asowschen Meer unter Kontrolle
kam, beherrschte die osmanische Flotte das Schwarze Meer.

Mehmet II. gelangen bis zu seinem Tod 1481 noch weitere Erfolge
mit erheblichen Eroberungen auf dem Balkan, in der Ägäis und gegen
Venedig durch Vereinnahmung von Morea/des Peloponnes. 1479
schloss er ein Abkommen mit Venedig. Dem Papst sagte er zu, Rom
nicht anzugreifen. In Otranto setzte Mehmet II. 1480 vorübergehend
den Fuß auf italienischen Boden. Die Flotte, überwiegend bestehend
aus Galeeren nach venezianischem Vorbild, hatte mittlerweile einen
großen Aufschwung genommen, auch durch den Bau von Werften.

Ein Problem blieb die Verpflichtung von Ruderern für die Galeeren.
Sie rekrutierten sich in der Mehrzahl aus Sklaven (Galeerensklaven),
aus freiwilligen Söldnern oder gar aus Passagieren,[115] die auf diese
Weise die Kosten ihrer Seereise abarbeiteten. Galeerensklaven wurden z. B. im Ortsteil Kasımpaşa in Istanbul im dortigen Kriegshafen
am Nordrand des Goldenen Horns kaserniert in dem gefürchteten
Bagno (ital. für „Bad"), womit hier vielleicht das türkische Bad/*Hamam*
gemeint war, aber im allgemeinen Sprachgebrauch in den westlichen
Ländern als Begriff für eine Strafanstalt stand.[116]

Während unter dem Nachfolger von Mehmet dem Eroberer, Bayezit
II., eine gewisse Stagnation eintrat, konnte dessen Nachfolger Selim I.
durch den erfolgreichen Kampf gegen die Mameluken 1517 Ägypten
besetzen und das Kalifat übernehmen, wie bereits dargestellt. Damit
wurde der Weg frei für eine weitere Ausdehnung entlang der nordafrikanischen Küste. Auch Teile vom Norden Mesopotamiens mit Mosul wurden erobert.

---

[114] https://de.wikipedia.org. – Khanat der Krim.
[115] Vgl. Klever „Sultane, Janitscharen und Wesire" S. 227.
[116] https://de.wikipedia.org. – Bagno (Strafanstalt).

Zuvor musste Selim I. jedoch in doppelter Hinsicht eine Gefahr für Ostanatolien abwenden, die von den iranischen Safawiden[117] ausging. In der Schlacht bei Çaldıran nordwestlich des Van-Sees 1514 besiegte er die Safawiden, auch mithilfe überlegener Artillerie und moderner Gewehre[118], eroberte Täbris und dämmte zgl. den schiitischen Einfluss sowie Separationsbestrebungen schiitisch orientierter Bevölkerungsteile im Osten ein. Der Schah Ismail I. hatte nämlich für die Safawiden das (12er) Schiitentum/die Schia[119] als Staatsreligion verordnet. Er unterhielt Elitesoldaten, die sog. *Kızılbaş.*[120] Die Auseinander-setzungen mit den Safawiden sollten noch bis 1590 andauern, das Jahr, in dem das Osmanische Reich an das Kaspische Meer grenzte und nach Osten die größte Ausdehnung erreichte. Im Süden kam im 16. Jhd. Mesopotamien und die arabische Halbinsel unter osmanische Kontrolle, auch wenn diese bis zum Ersten Weltkrieg brüchig blieb. Bagdad und Basra wurden 1534-1623 eingegliedert, Bagdad nach Verlust dann erneut 1638-1917. In Ostafrika, Teilen von Äthiopien und im Nord-Sudan konnten sich die Osmanen nur vorübergehend festsetzen. Das Riesenreich litt zunehmend unter seiner Ausdehnung, Unruhen an den Grenzen und der Begrenztheit seiner Ressourcen.

Mit der Inthronisation von Süleyman I. dem Prächtigen bzw. dem Gesetzgeber/*Kanuni*[121] (1520-1566) begann nach allgemeiner Auffassung die Blütezeit des Osmanischen Reiches, das zwar 1683 die größte Ausdehnung erreichte, andererseits aber schon im 16. Jhd. erste

---

[117] Die Safawiden waren hervorgegangen aus einem Sufi-Orden, der schiitisch wurde. Sie regierten ein Reich 1484-1524 mit dem Kerngebiet im heutigen Iran.

[118] Die manchmal genutzte Bezeichnung „Muskete" ist wahrscheinlich nicht zutreffend. https://tr.wikipedia.org. – Çaldıran Muharebesi. (*Fitilli muske* – eine Muske? mit Lunte oder Zündschnur). Vielleicht eine verbesserte Arkebuse oder auch ein Übersetzungsproblem. Die Musketen kamen als Einmannwaffe und mit Luntenschlosszündung erst im 16. Jhdt. in Gebrauch. http://www.musketiere – memmingen.de/ausruestung/muskete/muskete.htm.

[119] Schi'at = arab. die Partei von Ali ibn Abi Talib, des Schwiegersohns des Propheten.

[120] Wörtlich „Rotköpfe" aufgrund ihrer roten Kopfbedeckungen. Die zwölf Zipfel sollten die zwölf schiitischen İmame verkörpern. Später wurde der Begriff auch angewandt auf die Aleviten, die mit dem Bektaşı-Orden in Verbindung standen. Auseinandersetzungen zwischen diesen und den überwiegend sunnitisch geprägten Osmanen/Türken reichen bis in die Gegenwart.

[121] Der westliche Beiname ist „der Prächtige", der türkische „der Gesetzgeber".

53

Zeichen des Niedergangs aufwies. Bedeutende Erfolge in dieser Zeit waren die Eroberungen von Belgrad 1521, Buda/Alt-Ofen sowie Mohaç/Mohacs in Ungarn. Hierbei wurde wieder einmal erfolgreich die alte Taktik des osmanischen Reitervolkes angewandt: Scheinrückzug mit anschließender Umfassung des Gegners.

Ein herber Rückschlag wurde dann allerdings die erste Belagerung Wiens 1529. Von hier heißt es korrekt, kurz und knapp in einem türkischen Schulbuch[122] der Oberstufe:

„Ancak Viyana'yı kuşatmak önceden planlanmadığı için gerekli hazırlıklar yapılmamıştı. Büyük topların getirilmemesi ve kış aylarının gelmesi üzerine kuşatma kaldırıldı ve ordu geri döndü.“ („Aber die zur Belagerung Wiens notwendigen Planungen waren zuvor nicht erfolgt. Weil die großen Geschütze nicht mitgeführt worden waren und da die Wintermonate kamen, wurde die Belagerung abgebrochen, die Armee zurückgeführt.“ Übersetzung des Verfassers).

Zwei wichtige Details sollten hierbei nicht unerwähnt bleiben. Das Mitführen der schweren Artillerie war wegen der schlechten Wegeverhälltnisse im Osmanischen Reich äußerst beschwerlich und zeitraubend. Bei einer Entscheidung, diese zurückzulassen, war also offensichtlich der Faktor Zeit bestimmend.

Außerdem muss festgehalten werden, dass mittlerweile das Artilleriekorps die dritte Säule der stehenden Palasttruppe (*Kapı Kulu*) geworden war. Murphey listet dieses Korps ab 1527 mit einer Stärke von ca. 2.000 Mann, wachsend auf ca. 8.000 in 1670.[123] In diesen Zahlen enthalten waren allerdings die Hersteller und Instandsetzer der Waffen, die *Cebeci*, die an Zahl die der Waffenbediener übertraf. Auch in modernen Armeen geht es darum, das Verhältnis von Kämpfern zu Unterstützern klein zu halten, das sog."Tooth to Tail Ratio", aber andererseits genügend Ressourcen speziell für die Logistik im weitesten Sinne vorzuhalten.

Doch zurück zur Schlacht. Der Kampf dauerte nur vom 27.09.-16.10.1529. Das Heer unter der Führung des Sultans Süleyman I. war dem des Heiligen Römischen Reiches zahlenmäßig ca. fünffach über-

---

[122] Vgl. „Lise Tarih 2" aus 2005 S. 21.
[123] Vgl. Murphey „Ottoman Warfare 1500-1700" S. 45.

legen (ca. 100.000 Kämpfer gegen ca. 17.000-20.000)[124], aber schon geschwächt durch vorangegangene Feldzüge. Das osmanische Heer verfügte - gegenüber ca. 72-100 Geschützen des Verteidigers - nur über ca. 300 leichte Kanonen, die unterkalibrig und daher ungeeignet waren zum Durchschlagen der Stadtmauern. Die Mitführung schwerer Artillerie wäre sonst ein sehr schwieriges und zeitraubendes Unternehmen gewesen. Der Angreifer hatte möglicherweise die *Sipahi* und Janitscharen - im Gegensatz zum Verteidiger - noch nicht genügend mit Arkebusen ausgerüstet, war wegen vorangegangener Ausplünderung der Region unterversorgt und blieb wie vor Konstantinopel erfolglos beim Einsatz der Mineure. Der Verteidiger hatte durch Beobachtung von gefüllten Wasserbottichen die Aktivitäten der Mineure orten können. Maßnahmen der Verteidiger waren Gegensprengungen (genannt „Abquetschen") und Ausräumen oder Anlegen von Luftschächten zur Minderung der Sprengwirkung.[125]

Hummelberger berichtet noch einige weiter Details: So setzte Regen und Schnee dem Angreifer deutlich zu, indem er wegen hohen Grundwasserstandes kaum noch das „Minieren" zulässt und der aufgeweichte Boden zudem die Treffsicherheit der Artillerie beeinträchtigt.

Nach Hummelberger hatte auch der Verteidiger große Versäumnisse begangen. So war wegen Geldmangel die 4,5 km lange Ringmauer um Wien in schlechtem Zustand und außerdem waren im Vorfeld ca. 900 Häuser gebaut worden, die alle abgerissen werden mussten, um ein freies Schussfeld zu bekommen und dem Angreifer die Deckungsmöglichkeiten zu nehmen. Ferner musste der Verteidiger seine 28 „Streitschiffe" der Donauflotille versenken, weil kein Personal aufzutreiben war. Den Stadtgraben, der hätte geflutet werden können, hatte man vermüllt; er musste also erst einmal wieder leergeräumt werden, wurde dann aber wegen entstehender Kollateralschäden doch nicht

---

[124] Nach Kreiser war der Anteil der verfügbaren Zentraltruppen (*Kapı kulu*) aus Janitscharen, Kavallerie und Artillerie hierbei ca. 15.000. Vgl. „Der Osmanische Staat" S. 230. Einschließlich der Kadetten sollte diese Zahl bis 1670 noch bis 70.300 Mann aufwachsen. Nach Hummelberger „Kriegsvolk, so auf heutigen Tag alhie vorhanden…über 12.000 zu ross und fuss nit ist", dann noch verstärkt um ca. 5.000 Mann.

[125] Vgl. Hummelberger „Wiens erste Belagerung durch die Türken 1529".

geflutet. Immerhin hatte man von der Spitze des Stephansdomes einen guten Ausblick auf das Geschehen.

Die Janitscharen verlangten schon am 08.09.1529 mit Nachdruck ihr „Sturmgeld", wohl im Glauben schon gesiegt zu haben. Ein ähnlich renitentes Verhalten kannte man bereits im Westen von den Landsknechten. Das Mitführen zahlreicher Pferde reduzierte die osmanische Armee wegen Futtermangel im Winter praktisch zu einer Sommerarmee. Lord Kinross[126] weist am Beispiel dieses Feldzuges auf das Problem hin, dass man bei einem Rückzug Gefangene nicht in großer Zahl mitführen und versorgen kann. Eine Ausnahme machten wohl junge attraktive Knaben und Mädchen, die auf dem Sklavenmarkt in Istanbul noch Gewinne versprachen.

Der Verlust von ca. 10.000 Mann[127] auf osmanischer Seite war eigentlich noch nicht entscheidend für die Niederlage gewesen. Osmanische und türkische Geschichtsschreiber[128] - also nicht nur die sog. „Hofberichterstatter" - lassen den Leser daher im Glauben, dass die Belagerung wegen der Zerstörungen und angeblich höheren Verluste des Verteidigers trotz frühen Abzuges noch recht erfolgreich gewesen sei, wenngleich wikipedia.tr die Belagerung als *„başarısız"* = „erfolglos" bezeichnet. Die o. a. Mängel werden hier weitgehend verschwiegen. Zahlenangaben differieren z. T. deutlich, wie so oft. Aus heutiger Sicht kann daher festgestellt werden: Der Belagerung lagen nicht nur ein falscher politisch-militärischer Entschluss zugrunde, sondern darüber hinaus erhebliche Planungsmängel verschiedenster Art. Die Moral selbst der Elitetruppen, der Janitscharen, war angeschlagen. Lord Kinross weist darauf hin, dass Übergriffe der Janitscharen zumeist zwischen den Feldzügen erfolgten, lange Ruhephasen also die Disziplin gefährden.[129] Osmanische und türkische Geschichtsschreiber verzerren z. T. die Ereignisse, zumeist durch Auslassungen. Mangelnde interne Kritikfähigkeit der osmanischen Armee und ihrer Führung waren kennzeichnend, so dass diese Schwäche die Notwendigkeit von

---

[126] Vgl. Lord Kinross „The Ottoman Centuries" S. 192.
[127] https://tr.wikipedia.org/wiki-I. Viayana Kuşatması. https://de.wikipedia.org - Erste Wiener Türkenbelagerung.
[128] Zu ihnen gehört sogar der Sultan Süleyman I. selbst, der ein „Kriegstagebuch" hinterlassen hat, ausgewertet von Behrnauer, veröffentlich in Wien 1858.
[129] Vgl. Lord Kinross „The Ottoman Centuries" S. 181.

Erneuerungen nicht sichtbar werden ließ. Einige Mängel sollten sich daher schon 1683 bei der zweiten Belagerung Wiens wiederholen.

Auch zur See vollzog sich für die Osmanen im 16. Jhd. zunächst ein großer Aufschwung. Hierzu zählten die Eroberungen der Inseln Rhodos 1523 und Zypern 1571. Bei der Eroberung von den Provinzen an der nordafrikanischen Küste kam dem Sultan Selim I. ein Mann namens Hızır Reis (1478-1546) zur Hilfe. Er trat in die Dienste des Sultans ein, eroberte 1529 Algier und ein Gebiet an der algerischen Küste. Er wurde danach Befehlshaber der osmanischen Marine unter dem Namen Barbaros Hayrettin Paşa.[130] Unter den gewonnenen Seeschlachten ist besonders zu erwähnen der Sieg von Barbaros gegen eine zahlenmäßig überlegene Kreuzfahrerflotte unter dem Kommando des Genuesers Andrea Doria am 28.09.1538 bei Prevesa/ Preveze[131] im Jonischen Meer. Dies wurde dann der osmanische Tag der Flotte. 1560 erfolgte die Rückeroberung der tunesischen Insel Dscherba/Cerbe, was das Osmanische Reich für kurze Zeit auf den Zenit der Seeherrschaft im Mittelmeer brachte.

Eine Voraussetzung der seemännischen Erfolge war die Erstellung von Seekarten durch den türkischen Admiral und Karthographen Piri Reis. Die wichtigste Karte war die vom Mittelmeer und Schwarzen Meer aus dem Jahre 1521. Sein Buch trug den Titel „Kitab-ı Bahriye", „Das Buch des Meeres". Seine spätere Veröffentlichung eines Teils einer Weltkarte um 1501 mit der Darstellung Amerikas ging nachweislich auf Columbus zurück.[132]

Piri Reis kämpfte als Befehlshaber der Flotten im Indischen Ozean und Ägypten u. a. gegen die Portugiesen. Die Kommandozentrale für diese beiden Flotten wurde 1525 eingerichtet, zusätzlich zu der bereits bestehenden für das Schwarze Meer und das Mittelmeer. Während die Osmanen das Rote Meer gegen die Portugiesen unter Kontrolle be-

---

[130] *Kaptan-ı Derya* = Ergreifer/Beherrscher des Meeres. Nach seinem roten Bart (*barbaros*) sind die nordafrikanischen Provinzen dann „Barbareskenstaaten" genannt worden, die mit Piraterie die Handelsschifffahrt gefährdeten.

[131] https://tr.wikipedia.org – Preveze Deniz Muharebesi.

[132] Die erste Karte wurde 1789 vom preußischen Gesandten Heinrich Friedrich von Diez entdeckt, die zweite mit der handschriftlichen Notiz über Columbus erst 1929 in Istanbul. Vgl. Klever „Sultane, Janitscharen und Wesire" S. 267.

kamen, gelang dies nicht für den Indischen Ozean. Nach einer Niederlage wurde Piri Reis 1554 enthauptet.[133]

Eine folgenreiche Niederlage zur See war die Schlacht bei Lepanto/İnebahtı im Jonischen Meer 1571, also zur Regierungszeit von Selim II.[134] Hier standen sich auf beiden Seiten ca. 200 Galeeren und weitere Schiffe gegenüber, darunter 12.000 christliche Rudersklaven auf osmanischer Seite. Die Heilige Liga verfügte jedoch über sechs moderne Galeassen, die u. a. zum Entern auch seitlich großkalibrige Geschütze einsetzen konnten. Beide Parteien hatten Kanonen an Bord, die in Längsrichtung wirkten. Die Kämpfer der Liga waren offensichtlich mit deutlich mehr Arkebusen ausgerüstet; die Osmanen kämpften noch überwiegend mit Pfeil und Bogen.

Aufgrund mangelnder Aufklärung wurden die Osmanen überrascht und vernichtend geschlagen. Nach eintägigem Kampf und hohen Verlusten konnte der stellvertretende osmanische Befehlshaber Ali Paşa mit 30 Schiffen (ca. 1/6 der Flotte) entkommen. Er wurde dennoch in Istanbul mit dem Beinamen „Kılıç" = das „Schwert" geehrt. Viele überlebende christliche Sklaven auf den osmanischen Schiffen konnten befreit werden.

Die osmanische Flotte konnte innerhalb eines Jahres wieder aufgefrischt werden, jedoch ging die Seeherrschaft im westlichen Mittelmeer verloren. Dafür verfügte der Sultan über die nordafrikanischen Provinzen, die Barbareskenstaaten, von denen aus Piraten operierten. Die Ursache der osmanischen Niederlage bei Lepanto muss wohl neben dem Überraschungsmoment vor allem in der moderneren Ausrüstung der Schiffe der Heiligen Liga gesehen werden.

Das Ereignis stellte somit das Ende der osmanischen Seeherrschaft zumindest im westlichen Mittelmeer dar. Der Mythos der osmanischen Unbesiegbarkeit hatte gelitten.

Im Übergang zum 17. Jhdt. sah sich das Osmanische Reich im Innern wachsenden Problemen gegenüber. In den Provinzen verließen Bauern wegen gestiegener Steuerlast das Land, das Timarsystem der *Sipahi* brach folgerichtig zusammen, Aufstände erschütterten das Land. Das

---

[133] https://de.wikipedia.org – Piri Reis.
[134] https://de.wikipedia.org – Seeschlacht von Lepanto. https://tr.wikipedia.org – İnebahtı Deniz Muharebesi.

Volk, vor allem die Bauern und sogar die Soldaten rebellierten gegen eine willkürliche Verwaltung, Nicht-Muslime auch gegen die Wehrsteuer/*Haraç*[135]. Die sog. „*Celâli* Aufstände"/"*Celâli ayaklanmalar*"[136] breiteten sich im Kernzeitraum 1596-1609 über ganz Anatolien und andere Provinzen aus, wurden letztendlich mit Mühe unterdrückt.

In der Hauptstadt rebellierten die Hoftruppen 1589-1592. Es ging um den Sold[137], um einen „Thronbesteigungs-*Bahşiş*", letztlich auch um Mitbestimmung über den Thron. Lord Kinross weist auf die Führungsschwäche von Sultanen nach Süleyman II. hin und auf eine berechtigte Forderung der Muslime auf Zugang zu allen öffentlichen Ämtern, also einschließlich der der Janitscharen:

„*The result, through pressure on a line of irresolute sultans, was the opening of official posts in the Sutan's service to all free Moslems, with the right to bequeath their posts to their own sons.*"[138]

Kinross berichtet mehrfach von der Unzuverlässigkeit der Palastkavallerie, die z. B. 1593 (nach anderer Quelle 1596)[139] wiederum von den Janitscharen diszipliniert werden musste (S. 285)[140] oder von Fahnenflucht der Provinzkavallerie in der Größenordnung von 30.000 Mann 1596 (S. 280, 289).

---

135 Die Steuer wurde - auch mit Bezug auf den Koran 9,103 - erhoben als Kompensation für die Befreiung vom Wehrdienst, für den Schutz unter einem muslimischen Regime und als Geste der Loyalität der Nicht-Muslime gegenüber dem Staat. Die Höhe der jährlichen Steuer war in einem *Hadis/Hadith* festgelegt, d.h. 2,5 % - 7 % des Vermögens. Die Muslime mussten dafür als jährliche Spende den „*Zekât*" entrichten, eine der fünf heiligen Pflichten. Der „*Haraç*" für die Nicht-Muslime ging später über in die „*Cizye*". Nach 1856 wurde der „*Bedel-i askeri*" als Wehrersatzsteuer erhoben.

136 https://de.wikipedia.org – Celali Aufstände. Namensgeber war der renitente Sipahi Bozuklu Celâl.

137 Auszahlungen von Sold unterblieben mitunter für ein Quartal, wie 1513, wegen der zeitlichen Differenzen von Sonnenjahr (Erhebung von Steuern) und islamischem Mondjahr (Lohnzahlungen). Ein sog. „Verschwundenes Jahr" = „ *Sıvış yılı*". Vgl. Neumann-Adrian „Die Türkei" S. 227.

138 Vgl. Lord Kinross „The Ottoman Centuries" S. 617.

139 Vgl. Matschke „Das Kreuz und der Halbmond" S. 298.

140 Dies wird auch zurückgeführt auf die viel zu niedrige Führerdichte bei der Kavallerie, während die Disziplin der Janitscharen aufgrund einer hohen Führerdichte (ca. 1:40) noch besser aufrechtzuerhalten war. Vgl. Klever „Sultane, Janitscharen und Wesire" S. 222.

Der Sultan Osman II. wurde 1622 unter Mitwirkung der Janitscharen ermordet, weil er nach dem Krieg gegen Polen wegen Disziplinlosigkeiten des Janitscharenkorps nach der erfolglosen Belagerung von Hotin/Chotin 1621 dieses auflösen wollte. Ebenso ermordet wurden der Großwesir Ahmet Paşa 1632[141] und der Sultan İbrahim 1648. Danach zwangen sie den 15-jährigen Sultan Mehmet IV. (1648-1687) zu Hinrichtungen von Staatsdienern. 1687 entmachteten die Janitscharen[142] wiederum ihn.

Mit diesen Aufständen wurde die Autorität des Staates nachhaltig erschüttert, die bisher treuesten und diszipliniertesten Truppen waren unzuverlässig geworden. Die Tradition von Staatsstreichen der Armee hat sich seitdem - mit Unterbrechungen - bis in die Gegenwart fortgesetzt, auch wiederbelebt durch den Kemalismus im 20. Jhd.

Murad IV. war im 17. Jhd. der letzte Sultan im Felde, später überließen die Sultane das „militärische Handwerk" den Großwesiren. Dabei ist auch von modernen Kriegen bekannt, dass der politische Führer als militärischer Oberbefehlshaber vor Ort sehr wohl den Geist der Truppe festigen kann.

Im 17. Jhd. führte das Osmanische Reich weitere Feldzüge im Osten gegen die schiitschen Safawiden, die wiederum die durch die Celâli-Aufstände verursachten inneren Schwächen der Osmanen und ihr Engagement im Westen ausnutzten. Dennoch konnte der Sultan Bagdad behaupten, nicht jedoch Täbris und Revan/Erivan.

Auseinandersetzungen mit Polen brachten zunächst noch Gebietsgewinne. Moldawien wurde von Polen als osmanisches Gebiet anerkannt, im Frieden von Buças am 18. Oktober 1672 auch Podolien. Dieses Abkommen markierte eine historische Zäsur. Im o. a. türkischen Geschichtsbuch heißt es:

„*Osmanlı Devleti, Buças Antlaşması'yla batıda son kez toprak kazandı ve en geniş sınırlara ulaştı.*" („Mit dem Abkommen von Buças hat das Osma-

---

[141] Schon 1481 ermordeten die Janitscharen bei den Auseinandersetzungen um die Thronfolge den Großwesir Karamanî Mehmed Paşa. Vgl. Neumann-Adrian „Die Türkei" S. 221.

[142] Die Zahl der Janitscharen war bis 1661 auf ca. 80.000 angestiegen, wurde dann aber von Mehmet IV. vorübergehend wieder auf ca. 30.000 reduziert. Vgl. Neumann-Adrian „Die Türkei" S. 255.

nische Reich im Westen letztmalig Territorium erobert und die weiteste Ausdehnung erreicht." Übersetzung des Verfassers).[143]

In der westlichen Literatur wird das Jahr der größten Ausdehnung zumeist auf 1683 gelegt, dem Jahr der zweiten erfolglosen Belagerung von Wien und der beginnenden Rückeroberung von Gran/Esztergom/Nové Zámky/Uyvar[144] im damaligen Ungarn durch Truppen des Heiligen Römischen Reiches.

Die zweite Belagerung Wiens dauerte mit knapp zwei Monaten (14.07.-12.09.1683) deutlich länger als die erste Belagerung 1529. Die vollständige osmanische Umzingelung der Stadt führte schnell zu einem Nahrungsmangel in der Stadt. Während die türkischen Darstellungen der Belagerung sehr knapp ausfallen und kaum Ursachen der Niederlage andeuten, sind die westlichen Beschreibungen sehr ausführlich.[145] Erneut wird der Eindruck gewonnen, dass seitens der türkischen Geschichtsschreibung nur ungern und knapp über Niederlagen berichtet wird, dadurch wichtige Erkenntnisse auf der Strecke bleiben. Wie o.a. wiederholten sich einige osmanische Fehler der Belagerung von 1529. Anders hingegen die beiderseits gleichlangen Beschreibungen des zweiten Teils des Ereignisses, der entscheidenden Schlacht am Kahlenberg.[146]

Nach vorangegangenen Kämpfen in Ungarn waren die Osmanen erneut erschöpft, hatten wiederum die schwere Artillerie zurückgelassen und zu wenig logistische Vorbereitungen getroffen, wohl ein kurzes Gefecht erhoffend. Da nach türkischen Angaben die ca. 120.000 Mann nur 60.000 Kämpfer (*Muharip*) umfassten, waren diese dem durch (seit 1529) verstärkte Mauern geschützten Verteidiger mit 16.000-30.000 Mann zahlenmäßig mindestens 2:1 überlegen, artilleristisch jedoch kaum stärker. Damit kam dem Erfolg besonderer Truppengattungen hohe Bedeutung zu, wie der der angeblich 5.000 osmanischen Mineure. Der Minenkampf wurde auf beiden Seiten verbittert

---

[143] Nahezu gleichlautend in https://tr.wikipedia.org – Bucaş Antlaşması.

[144] https://de.wikipedia.org – Schlacht bei Gran bzw. https://tr.wikipedia.org – Nóve Zámky.

[145] https://de.wikipedia.org. – Zweite Wiener Türkenbelagerung (23 Seiten).
https://tr.wikipedia.org. – II Viyana Kuşatma (4 Seiten).

[146] https://de.wikipedia.org. – Schlacht am Kahlenberg (4 Seiten).
https://tr.wikipedia.org. – Kahlenberg Muharebesi (4 Seiten).

und verlustreich geführt, nunmehr unter Einsatz von Sprengminen, führte letztlich aber zu keinem osmanischen Durchbruch. An dieser Stelle sei erwähnt, dass neben den Janitscharen, den Sipahi und den Artilleristen mittlerweile auch Pioniere als Palasttruppen aufgestellt worden waren, zusätzlich zu den Truppen in den Provinzen.

Größte Ausdehnung um 1683 (Ausschnitt)

(Quelle: https://commons.wikimedia.org – Ottoman Empire)

Der Großwesir Kara Mustafa Paşa, Befehlshaber vor Ort, hatte die Belagerung ohne Zustimmung des abwesenden Sultans Mehmet IV. unternommen, was ihm nach der verlorenen Schlacht das Leben kosten sollte. Weitere osmanische Versäumnisse waren die anfänglich fehlende komplette Abriegelung des Donaukanals in die Stadt sowie später vor der Schlacht am Kahlenberg die Sicherung der Donaubrücken, speziell bei Klosterneuburg. In dieser Schlacht wurden die Osmanen vom Osten durch den Wienerwald angegriffen, mussten also ein Zweifrontengefecht führen, hatten dabei nach türkischen Angaben zu viele Truppen in der Belagerung belassen. Die Pferde litten unter Futtermangel und waren bereits erschöpft.

Durch das Eintreffen des polnischen Königs Johann III. Sobieski, neuer Oberbefehlshaber für die Truppen des Heiligen Römischen Reiches, mit seinem Ersatzheer drehte sich das Kampfkraftverhältnis zuungunsten der Osmanen, so dass sie trotz mutigen Kampfes am 12.09.1683 der Überlegenheit der polnischen Kavallerie weichen mussten, die vom Berg herabstürmte. Dieser war zuvor nicht von den Osmanen gesichert worden. Die Moral brach zusammen und die Osmanen kamen erst am Fluss Schwechat 10 km weiter ostwärts wieder zum Stehen, unter Zurücklassung von viel Material und wahrscheinlich auch vieler Verwundeter. Allerdings sollen sie auf dem Rückzug ca. 80.000 Sklaven genommen haben,[147] um einen Teil der finanziellen Verluste zu kompensieren.

Der türkische Chronist fasst die Niederlage wie folgt zusammen:

„Psikolojik savaş olarak da Osmanlı üzerinde büyük bir kayıp, Avrupalı ise büyük bir kazanç olarak değerlendirildi". („Aus psychologischer Sicht der Osmanen wurde die Schlacht als große Niederlage gewertet, aus europäischer jedoch als großer Gewinn." Übersetzung des Verfassers.)

Der Glaube hatte natürlich wieder seinen bedeutsamen Platz. Der osmanische Zeremonienmeister nennt nämlich einige weitere Gründe der Niederlage: Mangelnde Lobpreisung von Allah, Verübung vielfacher Scheußlichkeiten sowie Sünden, also Erzürnung des Wohlgefallens Allahs. Die spätere Erdrosselung des unterlegenen und sich angeblich klaglos fügenden Großwesirs auf Befehl und in Abwesenheit des Sultans lief nach einem traditionellen Ritual „formgerecht" ab, d. h.ein letztes konzentriertes Gebet, Besudelung des Körpers mit Staub, der dann als Leichnam ohne Kopfhaut und ungewaschen beerdigt wurde.[148] Auf die fünf Gebete am Tag wurde während der Schlacht generell nicht verzichtet, auch nicht auf die Musik mehrerer Militärkapellen, mit Schwerpunkt nach dem letzten und vor dem ersten Gebet.[149]

Wieder war ein Wendepunkt in der Geschichte erreicht. Der Sultan und Kalif musste anerkennen, dass ihm mit Österreich - erst recht später mit Österreich Ungarn[150] - ein Gegner auf Augenhöhe erwachsen war, mit dem man - von bisher hoher Warte als „Schatten Allahs" - nur Verhandlungen auf Ebene des Großwesirs hatte führen lassen.

---

[147] Vgl. Klever „Sultane, Janitscharen und Wesire" S. 306. Nach Klever war die Gesamtstärke der Osmanen sogar 200.000 bei Mitführung des Harems. S. 305.
[148] Vgl. Kretel & Teply „Kara Mustafa vor Wien 1683" S. 199-201.
[149] Vgl. ebd. S. 128.
[150] Österreich-Ungarn 1867-1918.

Das Abkommen von Karlova/Karlovač/Karlowitz 1699 brachte für das Osmanische Reich erstmals Landverluste im Westen, auf dem Peloponnes, in Ungarn und Podolien. Nach langer Belagerung von Kreta kam 1699 bis 1898 die Insel komplett unter osmanische Kontrolle, bevor sie 1913 in griechischen Besitz überging.

Was war nun die osmanische Absicht?

„Daha önceki batıda ilerleme amacının yerini, bundan sonra, kaybettiği toprakları geri alma amacı almıştır….hatta gerilemeye başladığını göstermiştir. Bu gerileme, 1921 yılındaki Sakarya Savaşı'na kadar sürmüştür. " („Während zuvor das Ziel das Vordringen im Westen gewesen war, ist es nun, verlorenes Territorium wiederzugewinnen…aber es zeichnete sich stattdessen der Beginn eines Rückzuges ab. Dieser Rückzug sollte noch bis 1921 andauern, der Schlacht an der Sakarya." Übersetzung des Verfassers).[151]

Bis zum Frieden von Küçük Kaynarca 1774 setzten sich die Auseinandersetzungen im Westen fort mit einer Unterbrechung 1718-1730, der friedlicheren sog. Tulpenperiode/*Lale Devresi*. Bis 1774 konnten auch noch vorübergehende kleinere osmanische Erfolge verbucht werden, begleitet von der Entsendung osmanischer Botschafter in westliche Staaten. Die osmanische Vorherrschaft im Schwarzen Meer ging zu Ende. Ein herber Rückschlag war der Verlust der Krim, die 1783 von Russland annektiert wurde.[152] Das Ereignis hatte eine wichtige religiöse Dimension. Erstmals in der osmanischen Geschichte musste ein erobertes Gebiet, das von muslimischen Krimtataren besiedelt war, wieder geräumt werden. Somit hatte nun der Glaube an die Unerschütterlichkeit des İslam mit dem wiederholten Siegesversprechen im Koran gelitten, obwohl doch die arabischen Glaubensbrüder diese bittere Erfahrung schon 732 in der Schlacht bei Tour und Poitiers gemacht hatten.

Das Handelsabkommen mit Preußen 1761 sollte eine besondere bilaterale Beziehung begründen, später zwischen Deutschland und der Türkei, die ihre engste Ausprägung in der „Waffenbrüderschaft" im

---

[151] Vgl. Tarih Lise 2 S. 45. https://de.wikipedia.org - Friede von Karlowitz. https://tr. wikipedia.org - Karlofça Antlaşması.
[152] Sieger war der bekannte General von Katharina II, Grigori Potemkin (1739-1791).

Ersten Weltkrieg verzeichnete. Diese beiden Länder haben seitdem de facto nie Krieg gegeneinander geführt.

Im gewonnenen dritten Krieg mit den Russen 1710-1711 verhielten sich die Janitscharen an der Pruth gegenüber dem osmanischen Feldherr, Großwesir Baltacı Mehmet Paşa, wieder disziplinlos (*disziplinsiz*), sodass dieser vorzeitig Frieden schließen musste:

„Ancak Baltacı Mehmed Paşa, Deli Petro'nun ordusunun etrafını sarmışken, isyan belirtileri gösteren Yeniçerilere güvenmemesi nedeniyle barışı kabul etmiştir." („Weil Baltacı Mehmed Paşa sah, dass die verrückte Truppe von Peter (dem Großen) im Umfeld zu Umarmungen überging (sich verbrüderten) und die Janitscharen Anzeichen eines Aufstandes zeigten, akzeptierte er den Friedensschluss." Übersetzung des Verfassers).[153]

Von türkischer Seite wird bzgl. des Abkommens von Küçük Kaynarca festgestellt:

„Osmanlı Devleti bu antlaşma ile Avrupa devletlerinin üstünlüğü kabul etmiştir." („Mit diesem Abkommen hat das Osmanische Reich die Überlegenheit der europäischen Staaten anerkannt". Übersetzung des Verfassers).[154]

Im Osten führte das Osmanische Reich bis 1779 Feldzüge gegen den Iran, bis man sich auf den Fluss Aras als Grenze einigte.

Mit dem Einfall der napoleonischen Flotte in Ägypten 1798 entstand dort ein neuer Krisenherd, der letztlich erst 1918 beseitigt wurde. Zwar wurde die Flotte vor Abukir vom britischen Admiral Nelson vernichtend geschlagen, es bedurfte aber noch weiterer Gefechte, um die Franzosen 1801 mit Unterstützung der Briten und albanischer Truppen unter dem Kommando des gebürtigen Albaners Mehmet Ali wieder zu vertreiben.[155] Eine unmittelbare Folge war die Schwächung der Mameluken und 1805 dann die Einsetzung von Mehmet Ali Paşa (1769-1848) als osmanischen Provinzgouverneur und später als

---

153 Vgl. Tarih Lise 2 S. 46. und https://tr.wikipedia.org. – Prut Savaşı.
154 https://tr.wikipedia.org. – Küçük Kaynarca Antlaşmaşı.
https://de.wikipedia.org. – Friede von Küçük
Kaynarca.
155 https://de.wikipedia.org. – Ägyptische Expedition. https://de.wikipedia.org. – Abukir.
https://tr.wikipedia.org. – Fransa'nın Mısır Seferi.

Khediven/*Hıdiv*/Vizekönig. Er sollte später erneut dem Sultan helfen, ihn aber in Bürgerkriege zwingen beim Ringen um die Macht.

In Beantwortung unserer o. a. Fragestellung über den Auftrag der osmanischen Armee, ihr Verhältnis zur Politik, zur Religion und zu ihrer inneren Verfassung lassen sich die 350 Jahre seit 1453 vielleicht wie folgt zusammenfassen, wenngleich die Geschichte nur auszugsweise beleuchtet wurde.

- Auftrag der osmanischen Armee war zunächst in ihrer Blütezeit im 16. Jhd. unter Süleyman II weiterhin die Eroberung. Diese Strategie verfolgte die ständige Erweiterung des „*Dar al-harb*", („Haus des Krieges") in das Territorium der Ungläubigen. Mit Erreichen der größten geografischen Ausdehnung bis 1683 und militärischer Misserfolge allerdings wurde nunmehr der Schwerpunkt auf Rückeroberungen gesetzt. Als dies jedoch nicht realisierbar war, musste der neue Auftrag de facto auf das Ziel der „Konsolidierung" beschränkt werden, was jedoch ebenso wenig gelang, weil bis 1921 - von Ausnahmen abgesehen - eine lange Serie von rückwärts gerichteten Verzögerungsgefechten geführt werden mussten, also sich ein langsamer poltisch-militärischer Niedergang vollzog. Das Eingreifen von wechselnden Koalitionspartnern bei den jeweiligen Kriegsparteien schuf neue Kräfteverhältnisse. Das Osmanische Reich und die osmanische Armee mussten sich zunehmend Bündnispartner suchen zur Durchsetzung ihrer Ziele.

- Die Loyalität der Armee bekam spätestens mit Erreichen des 17. Jhd. Brüche. Besonders markante Beispiele bieten das illoyale und z. T. kriminelle Verhalten der Janitscharen und der Palastkavallerie. Hier ging es nicht nur um Geld, sondern schon um Mitbestimmung über die Staatsführung. Die Armee folgte auch einem Trend in der Bevölkerung, die aufgrund einer sich verschlechternden Wirtschaftslage zusammen mit der Armee Aufstände verübte. Der Autor teilt die Auffassung von Uyar & Erickson: „*The second result was actually not a new issue but rather the worsening of an old problem: military rebellions and politicization.*"[156] Dieses Problem hat sich bis in die Gegenwart fortgesetzt.

---

[156] „A Miltary History of the Ottomans" S. 104.

- Die Religion war offensichtlich immer noch ein stabilisierender Faktor, wenngleich nach Meinung einiger Autoren die Einflüsse der Sufi-Orden, speziell des Bektaşi-Ordens mit ihrer Nähe zum Schiitentum, möglicherweise gleichzeitig destabilisierend wirkten. Allerdings hatte der Sultan, seit 1517 auch Kalif, die Möglichkeit, im Zusammenwirken mit dem *Şeyh ül-İslam* seine weltliche und zgl. religiöse Autorität zu nutzen. Dies geschah aber erstaunlicherweise erst viel später, nämlich erst mit der Person Abdülhamit II. (1876-1909).

- Die Analyse verschiedener Schlachten zeigt, dass die Ausrüstung des Heeres - wohl auch aus wirtschaftlichen Gründen - nicht immer Schritt halten konnte, während die osmanische Flotte vorübergehend eine Vormachtstellung im Mittelmeer und Schwarzen Meer erreichen konnte.

Die Analyse verdeutlicht ferner, dass Niederlagen vor allem auf schlechte Planungen zurückzuführen waren, vor und während des Gefechts. Napoleon hingegen hatte erkannt, dass er unbedingt fachkundige miltärische Berater bzw. Offiziere in seinem unmittelbaren Umfeld brauchte, im Frieden und im Krieg, womit die Idee des Generalstabes geboren wurde.

Die ganze weltliche und religiöse Macht sowie Pracht des Osmanischen Reiches lebte jedoch zunächst weiterhin fort in seinen Symbolen, z. B. mit dem hier gezeigten Osmanischen Wappen. Dieses hat sich im Laufe der Geschichte mehrfach verändert. Es ist eine Kombination aus gegenständlicher Darstellung (speziell von Waffen und Blumen), Kalligraphie und Dekor. Die Flagge rechts symbolisiert mit der Farbe Rot die weltliche Macht des Sultans, hier die Darstellung 1793-1844 mit Mondsichel und noch sechseckigem Stern[157]; die Flagge links zeigt die Darstellung 1517-1844 mit der Farbe Grün und drei Sicheln, die muslimische Macht des Kalifen. Die Waage im linken Teil soll die Gerechtigkeit darstellen, die beiden auf ihr liegenden Bücher den Koran und den *Kanun*, das weltliche Gesetzbuch des Sultans.

---

[157] Die heute gültige Flagge auf dem Titelbild hat einen fünfeckigen Stern und wurde 1936 festgelegt. https://tr.wikipedia.org. – Türk bayrağı.

Unten am Wappen Orden. Im oberen Teil eine Kalligraphie und im Kreis eine Tuğra.

Das Osmanische Wappen

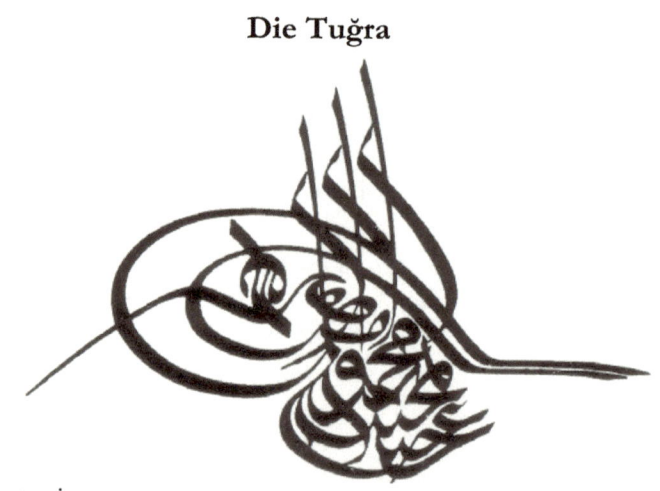

(Quelle: https://commons.wikimedia.org – Osmanlı arması)

Die Tuğra

(Quelle: İsmet Keten „The Ottoman Monograms Tughra – Tuğra)

Die Tuğra ist vergleichbar mit einem Siegel westlicher Herrscher mit Unterschrift. Sie wurde schon im 11. Jhd. vom Turkstamm der Uiguren gebraucht und hängt sprachlich wahrscheinlich zusammen mit dem türkischen Wort „*Tuğ*". Hiermit ist gemeint ein Federbusch eines Vogels oder Schwanz bzw. Schweif eines Yaks oder Pferdes. Die osmanischen Würdenträger hatten während der Feldzüge vor ihrem Zelt Feldzeichen, d. h. Stangen mit einer unterschiedlichen Zahl von Rossschweifen, die ihren Rang kennzeichneten. So heißt heute noch der niedrigste Generalsdienstgrad der Türken „*Tuğgeneral*", also in der Bundeswehr vergleichbar mit dem Brigadegeneral.[158] Die Roß-Schweife sollen durch Mahmud II. abgeschafft worden sein.[159]

Die Tuğra, die sich in Form und Inhalt mit jedem Sultan veränderte, enthält im unteren Teil sowie in der inneren linken Schleife den Titel und Namen des Herrschers, des Sohnes von dem Vater mit Namen, ggf. zusätzlich eine Charakterisierung des Herrschers wie „ständiger Sieger". Im oberen Teil aufstrebend drei symbolisierte Rossschweife, in Anlehnung an den ersten arabischen Buchstaben des Alphabets „Alif". Im rechten Teil sollen die verlängerten parallelen Linien einen Dolch (*Hançer*) oder Arm (*Kol*) darstellen. Das Zeigen der *Tuğra* an öffentlichen Gebäuden wurde 1927 nach vorhergehender Abschaffung des Sultanats (1922) und des Kalifats (1924) von Atatürk verboten; Ausnahmen wurden z. B. an Museen zugelassen. Das Osmanische Wappen wurde nur bis 1922 zugelassen, dem Jahr der Beendigung des Sultanats.

---

[158] Die hier dargestellte *Tugra* ist wohl die von Abdülmecit I, was historisch in die Zeit vor 1844 passen würde. Vgl. Keten „The Ottoman Monograms – Tughra (*Tuğra)*". https://tr.wikipedia.org. – Osmanlı Imperatorluğu arması. https://de.wikipedia.org. – Wappen des Osmanischen Reiches. https://de.wikipedia.org. – Tughra. Die Elemente der Tuğra von Mahmut II. werden durch farbliche Unterscheidung z. B. erläutert in
https://de.wikipedia.org. – Mahmud II.
[159] Vgl. Imhoff „Die türkische Heeresmacht und ihre Entwicklung".

Rossschweif (Tuğ) Standarten und Feldzeichen

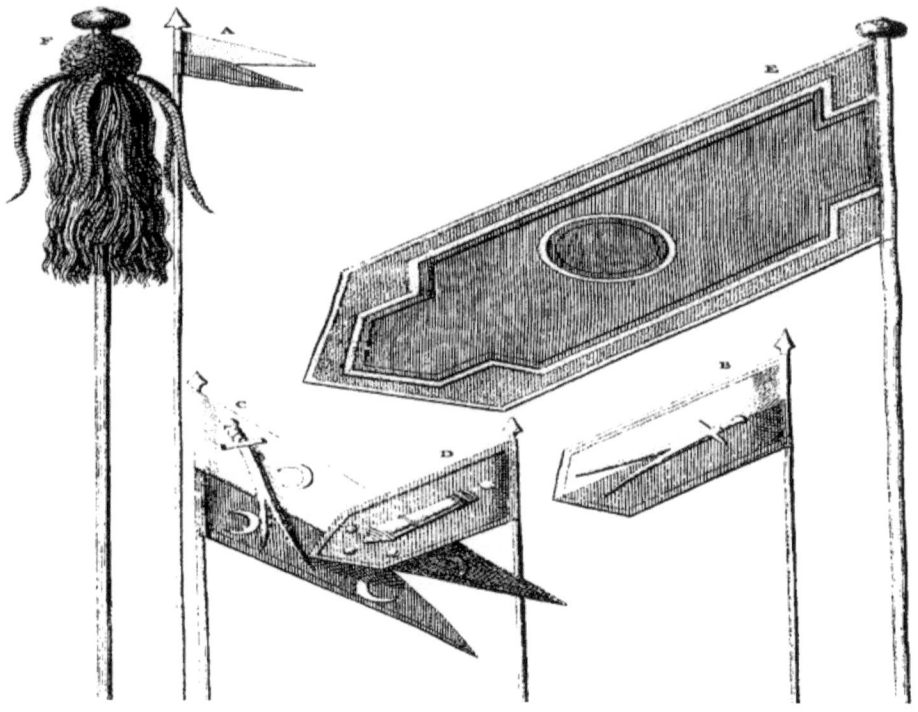

*(Quelle: Luigi Ferdinando Marsili, Bologna, 1930
in Kretel & Teply, "Kara Mustafa vor Wien 1683" S. 79)*

V   Die Armee im 19. Jahrhundert

Das 19. Jhd. muss als das wohl schwierigste Jahrhundert des Osmanischen Reiches bezeichnet werden, kulminierend in einer herabsetzenden Bezeichnung von einem „Kranken Mann" (türkisch „*Hasta adam*") [160] (am Bosporus) und in einer Internationalen Schuldenverwaltung.[161] Der Niedergang der Wirtschaft mit dem de facto Staatsbankrott 1875 hatte natürlich auch negative Folgen für den Unterhalt einer schlagkräftigen Armee. Das 20. Jhd. brachte zwar noch einmal Tiefpunkte mit dem verlorenen Ersten Weltkrieg und dem gescheiterten Friedensvertrag von Sèvres 1920, brachte dann aber den Wiederaufstieg bis 1923 unter Mustafa Kemal Atatürk, einer überragenden Persönlichkeit dieses Jahrhunderts.

Neben der wirtschaftlichen Situation war der Verfall der Disziplin in der Armee eine wichtige Ursache für die Schwächephase des Reiches im Übergang zum 19. Jhd., was zur Liquidierung der Janitscharen 1826 und zur Abschaffung des Sipahi-Systems führte. Schon im 18. Jhd. gab es starke Reformbestrebungen hin zu einer modernen Armee, vor allem von Sultan Selim III. (1789-1807), der sich Berater aus Frankreich holte und die Ideen umzusetzen versuchte. Dies geschah gegen den Willen der Janitscharen und des *Şeyh ül-İslam*, der sogar eine Fatwa/*Fetwa* aussprach. In ihr wird dem Sultan vorgeworfen: „...*introduced among Moslems the manners of infidels and shown an intention to suppress the Janissaries, the true defenders of the law and the prophets."[162]* An diesem Beispiel wird deutlich, welche Macht die hohe Geistlichkeit (*Ulema*) ausüben konnte, indem sie westliche Säkularisierungstendenzen anprangerte und der Armee eine wichtige Funktion bei der Verteidigung des İslam zusprach. Selim wurde von einem weiteren Gegner, seinem Nachfolger Mustafa IV., 1807 ermordet, den wiederum dessen Nachfolger Mahmut II. (1808-1839) ermorden ließ.

---

[160] Zar Nikolaus I. zum britischen Botschafter 1852. https://de.wikipedia.org. – Kranker Mann am Bosporus.

[161] Nach der Erklärung des osmanischen Staatsbankrotts 1875 führten westliche Staaten 1881 eine Internationale Schuldenverwaltung ein, die „Dette Publique Ottomane". https://de.wikipedia.org – Administration de la dette Publique Ottomane.

[162] Vgl. Lord Kinross „The Ottoman Centuries" S. 433.

Murat IV. hatte schon vor 1640 versucht, neben den Janitscharen eine verlässlichere Truppe aus Bosnien zu rekrutieren, jedoch scheiterte das Projekt mit seinem Tod.[163] Selim III. hatte ab 1791 parallel zur alten Armee in İstanbul ebenso eine neue aufstellen lassen, die „Neue Ordnung" (*Nizam-ı Cedid*).[164] Sie erreichte eine Stärke von ingesamt ca. 24.000 Mann[165] und hatte nur bis 1806 Bestand. Die Soldaten mussten z. B. eine Bürgschaft leisten bzw. eine Kaution hinterlegen (*Kefalet sistemi*) zur Verhinderung von Fahnenflucht. Als Leibgarde stellte Selim III. u.a. die „*Bostancı*" auf, die zgl. Gärtner und Scharf- richter waren. Im 18.Jhd. dienten französische, britische und deutsche Offiziere als Berater im Land, die Reformideen einbrachten.[166] In dieser Zeit waren die Europäer vor allem gefragt bei theoretischen sowie technischen Themen wie der Navigation, dem Ingenieurwesen oder Artillerie- bzw. Mörserwesen. Mahmut II. (1808-1839) wollte das Reformwerk von Selim III. fortsetzen unter dem Namen *Sekban-ı Cedid*, diesmal mit Muslimen als Instrukteure. Er erreichte zwar die Zustimmung der Geistlichkeit, nicht aber die der Janitscharen. Diese hatten sich 1807 sogar geweigert, neue Uniformen anzuziehen.[167] So musste er den Neuansatz 1808 wieder aufgeben.[168]

Der nächste dauerhaftere Reformschritt von Mahmut II. erfolgte erst nach der Vernichtung der Janitscharen 1826 mit der Aufstellung der „Siegreichen Truppe Mohammeds", der „*Asakir-i Mansure-i Muham- mediye*".

---

[163] Vgl. Jorga „Geschichte des Osmanischen Reiches" Band III S. 466 ff.

[164] https://tr.wikipedia.org, - Nizam-ı Cedid Ordusu.

[165] Vgl. Mantran „Osmanlı İmparatorluğuTarihi II" S. 14.

[166] Darunter waren die französischen Offiziere Claude Alexandre de Bonneval (nach Konvertierung Ahmet Paşa) (1729-1738), der im Rahmen der Ausbildung von Artil- leristen eine Geometrieschule gründete, und François Baron de Tott, der 1773 unter Mustafa III. für die Marine zur Grundlagenausbildung eine Mathematikschule hin- zufügte. https://tr.wikipedia.org. – Mühendishane-i Bahr-i Hümâyûn. Dies war ein früher Vorläufer der heutigen Technischen Universität. Das Reformwerk wurde nach ihm von dem Schotten Campbell fortgesetzt. Personalwechsel wurden nämlich auch erzwungen von aktuellen Kriegszuständen. Ein weiterer Berater war der preu- ßische Oberst und spätere Generalmajor Karl Ludwig Bogislav von Goetze, der von 1789-1792 in Konstantinopel diente.

[167] Vgl. Kreiser „Der Osmanische Staat" S. 36.

[168] https://tr.wikipedia.org. – Sekban-ı Cedid.

„Dindarlarin tepkisini azaltmak için Muhammediyye ismi eklendi." („ Um den Widerspruch der Geistlichkeit/der Frommen zu verringern wurde der Beiname Muhammediyye/des Propheten angehängt." Übersetzung des Verfassers).[169]

Die Armee wurde beginnend ab 1834 gegliedert in einen aktiven Teil *(Nizam)* mit einer Dienstzeit von 5 Jahren und eine Reserve *(Redif)* mit einer Dienstzeit von weiteren 7 Jahren, also damit 12 Jahren. Insgesamt umfasste sie gegen 1839 ca. 90.000 Mann.[170] In der Marine dienten ausnahmsweise ca. 10.000 Nichtmuslime.

Die Armee folgte nach Umorganisation der heute noch üblichen Dreiergliederung mit den vertrauten Bezeichnungen für Truppenteile und Dienstgrade: An der Spitze ein Marschall *(Müşir)*, darunter ein hoher Generalsrang *(Ferik)*, darunter der niedrigste Generalsrang *(Mirliva)*, bis dahin alle mit der Zusatzbezeichnung *Paşa*, darunter der *Miralay* als Kommandeur eines Regimentes *(Alay)*, darunter der *Yüzbaşı* als Kommandeur eines Bataillons *(Tabur)*, darunter der Kompaniechef *Başçavuş* mit seiner Kompanie *(Bölük)*.

Das Timarsystem wurde abgeschafft. In der Hauptstadt ersetzte eine neue Polizei die ehemals mit dieser Aufgabe bedachten Janitscharen.

Nach Auflösung der Janitscharenkapelle *(Mehterhane-i Hümâyûn)* in 1826 wurde 1828 ein zivil-militärisches modernes Musikkorps aufgestellt und von dem Italiener Giuseppe Donizetti Paşa[171] (1788-1856) ausgebildet. Das neue Musikkorps nannte sich „Erste Kaiserlich Türkische Musik Band" *(İlk Türk bandosu Mûsikâ-i Hümâyûn)*, heute „Sinfonieorchester der Republik".

Die Reformen von Mahmut II. waren jedoch noch weit umfassender, militärisch wie zivil. Nur einige Aspekte seien angerissen, die aufzeigen, dass er nach Süleyman II. der bedeutendste Sultan wurde. Er gründete 1826 eine moderne medizinische Akademie *(Mekteb-i Tibbiye)*, die auch allgemein-schulischen Primärunterricht erteilte. 1838 wurde sie nach dem Stadtteil Galata verlegt in die ehemalige Liegen-

---

[169] https://tr.wikipedia.org. – Asakir-i Mansure-i Muhammediyye.

[170] Vgl. Kreiser „ Der Osmanische Staat" S. 37. Gemeint ist hier wohl die aktive Friedensstärke, weil andere Autoren deutlich größere Stärken benennen, diesmal unter Einbeziehung der Reserve.

[171] Ein Bruder von Gaetano Donizetti. https://tr.wikipedia.org. – Giuseppe Donizetti. https://tr.wikipedia.org. – Mızıka-yı Hümâyûn.

schaft der Pagenschule, (genannt *Galatasaray)*, heute ein bekanntes Gymnasium. Neben Türkisch wurde Französisch die Unterrichtssprache. Mahmut II. führte ab 1836 Ministerien ein nach westlichem Muster. Der Janitscharenağa wurde durch den *Serasker* ersetzt, einer bereits früher genutzten Bezeichnung für den Feldherrn an der Front[172] - vergleichbar der heutigen Bezeichnung „Commander in Chief" (CIC). Eine Einheitlichkeit der militärischen Führung und Ausbildung unterhalb der Ebene des Sultans war aber noch nicht gegeben, da Teile der Armee dem Serasker im Frieden nicht unterstanden.

Der Großwesir wurde unter Auslagerung von Funktionen in neue Ministerien und unter späterer Beibehaltung des Namens Großwesir praktisch Premierminister, der zeitweise gleichzeitig die Funktion des Außenministers ausübte.

Gegen anfänglichen Widerstand der Geistlichkeit ersetzte 1828 der Fes den Turban, auch beim Militär. Dieser war stets als muslimische Kopfbedeckung betrachtet worden.

Beachtenswert war ferner die weitere Unterteilung der Truppenteile in rechte und linke Flügel in Anlehnung an den Koran und die o. a. Ausführungen der „Gefährten zur rechten bzw. linken Hand". Der Bezug zum İslam war somit immer noch sehr eng und sollte später unter Abdülhamit II. (1876-1909) noch einmal eine Steigerung erfahren, da dieser das Kalifenamt wieder besonders stärkte. Im Vorgriff auf dessen Regentschaft sei ein weiterer militärischer Aspekt erwähnt.

Dieser Sultan stellte 1890 - vor allem durch Rückgriff auf Kurden - die nach ihm benannten *Hamidiye* Kavallerieregimenter mit dem Zentrum in Erzincan aus nachfolgendem Grund auf:

„Bu sebeple, 1890 yılı sonrasında Doğu Anadolu'da bir Ermenistan devletinin kuruluşunu engellemek amacıyla Hamidiye Alayları'nın kurulmasını sağladı." („Die Hamidiye Regimenter wurden aufgestellt in den 1890er Jahren um in Ostanatolien die Gründung eines armenischen Staates zu verhindern." Übersetzung des Verfassers).[173]

---

[172] Vgl. Jorga "Geschichte des Osmanischen Reiches" Band III S. 244, 417. Wörtlich übersetzt etwa „Herr der Soldaten".
[173] https://tr.wikipedia.org. – Hamidiye Alayları.

Die Regimenter liefen aber z. T. der Führung aus dem Ruder: *„Ha-midiye Alayları daha çok eşkiyalık yapar."* („Die Hamidiye Regimenter verübten auch viel Banditentum." Übersetzung des Verfassers) (ebd.).

Bekanntlich haben dennoch Armenier im Mai 1918 vorübergehend ihre Unabhängigkeit erlangt, endgültig dann im September 1991, außerhalb des Osmanischen Reiches bzw. der Türkei.

Die Regimenter waren im Kern irreguläre Truppen mit einem hohen Maß an Eigenständigkeit, auch wenn sie z. T. von besoldeten türkischen Offizieren geführt wurden oder osmanischen Großverbänden unterstellt wurden. Wie schon angedeutet war das Beutemachen und Eintreiben unberechtigter Abgaben ein Teil der Existenzgrundlage der Regimenter. Sie sollen nach unterschiedlichen Autorenangaben aufgewachsen sein auf 24.000 Mann nach Ternon bzw. 40.000 Mann nach Kieser oder nach der o. a. türkischen Datei im Jahre 1908 gar auf 65.000 Mann.[174] Die Regimenter wurden mit der Abdankung von Abdülhamit II. 1909 formal umbenannt in „Leichte *Aşiret*[175] Kavallerie"/*Aşiret hafif süvari* und zahlenmäßig auf 24 Regimenter verringert.

1913 wurden sie noch einmal umgegliedert und umbenannt in Reserve- Kavallerieregimenter und dem IX. Korps in Erzurum unterstellt. U. a. nahmen sie folgende Aufgabe wahr:

„Ermenilerin tehcir edilmesinde etkin oldular." („Sie waren wirksam bei der Umsiedlung/Deportation der Armenier." Übersetzung des Verfassers). (Ebd.)

Nach ergänzenden Angaben[176] ging es Abdülhamit II. auch darum, die z.T. illoyalen Kurden unter Kontrolle zu bekommen, die von Russland unterstützt wurden. So verfolgte z. B. der kurdische Scheich Ubeydalla/Ubeydullah Nehri Autonomiebestrebungen. Auf das immer noch andauernde Kurdenproblem wird später einzugehen sein.

Zunächst soll der Blick noch einmal auf Ägypten gerichtet werden und auf das für den Sultan gefährliche Machtstreben des dortigen osmanischen albanisch-stämmigen Statthalters Mehmet Ali Paşa, der 1805-1848 Provinzgouverneur und Vizekönig /Khedive/türk. *Hidiv*

---

[174] Vgl. Ternon "Tabu Armenien". Vgl. Kieser „Die Armenische Frage und die Schweiz 1896-1923".

[175] Nomadenstamm.

[176] https://de.wikipedia.org. – Hamidiye (Kavallerie).

war.[177] Er kämpfte für den Sultan 1807 gegen die Briten,[178] 1811-1836 gegen die Wahhabiten[179] auf der arabischen Halbinsel, 1821 gegen die griechischen Freiheitskämpfer sowie im Krimkrieg 1853-1855. Der Mameluken hatte er sich in einer blutigen Aktion 1811 weitgehend entledigt. Die Janitscharen wiederum hatten wegen ausbleibenden Soldes gemeutert und ihren örtlichen Befehlshaber Hüsrev Paşa ermordet. Mehmet Ali hatte danach freie Bahn.

Gegen seinen Souverän, den Sultan führte er 1831-1841 drei Feldzüge. Den Franzosen half er sogar mit der Abstellung eines Bataillons beim Kampf in Mexiko 1862-1867.

Mehmet Ali hatte sich, wirksamer als der Sultan, schon früh militärische Berater zur Modernisierung seiner Armee ins Land geholt aus Italien (Marine), Spanien (Artillerie), Polen (Kavallerie) - vor allem aber Franzosen, die die Erfahrungen der napoleonischen Kriege einbrachten. Der französische Oberst Sève kam 1815 ins Land und wurde später unter dem Namen Süleyman Paşa Chefberater in allen militärischen Fragen. Darüber hinaus führte Mehmet Ali die Wehrpflicht für die Fellachen ein, die sich dann teilweise durch Selbstverstümmelung dem Wehrdienst entziehen wollten.

Mehmet Ali verlangte vom Sultan die Herrschaft über Syrien und Kreta. Im ersten Bürgerkrieg 1831-1833 gelangte er schon bis Kütahya. In dieser Not schloss der Sultan 1833 mit Russland den Bei-

---

[177] https://de.wikipedia.org. – Muhammad Ali Pascha. https://tr.wikipedia.org. – Kavalalı Mehmet Ali Paşa.

[178] https://de.wikipedia.org. – Britisch-Türkischer Krieg (1807) Alexandria Expedition.

[179] Die Wahhabiten, (türk. *Vahhabi*), benannt nach ihrem Gründer Abd al-Wahhab, vertreten seit dem 18. Jhd. eine extrem puritanische Auffassung des sunnitischen Islam. Seit einer Einigung mit dem arabischen Königshaus Saud 1744 trat neben den religiösen Herrschaftsanspruch ein saudisch-weltlicher mit dem Ziel der Einigung arabischer Stämme. 1833 konnte Mehmet Ali die Heiligen Stätten zurückerobern, die aber letztlich 1916 mit Unterstützung der Briten (Lawrence von Arabien) dem Osmanischen Reich wieder verloren gingen. Der Radikalismus der Wahhabiten hat möglicherweise Pate gestanden bei dem Entstehen terroristischer Strömungen wie der der Taliban, von Al Kaida und dem „Islamischen Staat" (IS). https://de.wikipedia.org . – Wahhabiten. https://de.wikipedia.org. – Osmanisch-saudischer Krieg.

standsvertrag von Hünkâr İskelesi[180] (am Bosporus) getreu dem türkischen Sprichwort: *„Denize düşen yılana sarılır."* („Auf dem Meer umarmt man die Schlange." Übersetzung des Verfassers).

Nach Einlaufen der Russen in den Bosporus musste der örtliche ägyptische Befehlshaber, sein Sohn İbrahim, den Frieden von Kütahya[181] anerkennen, jedoch blieb Syrien im Besitz von Ali.

Ein zweiter Bürgerkrieg entflammte 1839 in Nizip[182] am Euphrat, an dem auch Hauptmann Moltke teilnahm. Diese Schlacht verlor der osmanische Feldherr Hafız[183] Paşa gegen İbrahim Paşa, Moltke bei der Flucht seine Aufzeichnungen.[184] Die Kampfkraft der Armee des Sultans war nur teilweise genutzt worden, denn seine Truppen waren ungünstig aufgestellt. Zuvor hatte Hafız noch einen Bürgerkrieg gegen die Kurden geführt, die natürlich danach als Zwangsrekrutierte in der Schlacht zur Fahnenflucht neigten.

Nach einer Intervention von Großbritannien, Russland, Österreich und Preußen in Syrien im dritten Bürgerkrieg an der Seite des Sultans gegen Mehmet Ali 1841, nun nicht mehr von Frankreich unterstützt, musste dieser Kreta und Syrien wieder aufgeben, was im Londoner Vertrag 1840[185] festgelegt wurde. Die zugestandene Dynastie der ägyptischen Vizekönige sollte noch Bestand haben bis zum Beginn des Ersten Weltkrieges.

Innere Konflikte des Osmanischen Reiches wurden nun - auch wegen der Schwäche der Zentralarmee - zunehmend internationalisiert, was zu weiteren Abhängigkeiten und Einmischungen anderer Staaten führte. Hauptursache für weitere Aufstände, Bürgerkriege und Revolutionen auf dem Balkan war jedoch zweifelsfrei das auf Freiheit ge-

---

[180] https://tr.wikipedia.org. – Hünkâr İskelesi Antlaşması. https://de.wikipedia.org. – Vertrag von Hünkâr İskelesi.

[181] https://de.wikipedia.org. – Vertrag von Kütahya. https://tr.wikipedia.org. – Kütahya Antlaşması.

[182] https://tr.wikipedia.org. – Nizip Muharebesi.

[183] Ein Muslim, der den Koran auswendig rezitieren kann. Der Pascha war gegenüber den Empfehlungen von Moltke ziemlich beratungsresistent; dafür folgte Hafiz lieber den inkompetenten militärischen Ratschlägen der muslimischen Geistlichen (der *Ulema*) beim Stabe.

[184] Deswegen sind ihm im Nachgang in seinem Buch „Briefe über Zustände und Begebenheiten in der Türkei aus den Jahren 1835-1839" einige Fehler unterlaufen.

[185] https://de.wikipedia.org. – Londoner Vertrag 1840.

richtete Gedankengut der Französischen Revolution von 1789, verstärkt durch andere Faktoren einschließlich des Einflusses anderer Staaten.

Moltke (links) meldet seinem Kommandierenden General Hafız Paşa (Mitte) (1839)

(Quelle:https://commons.wikimedia.org. – Hafiz and von Moltke at Nezib)

Im Falle Serbiens, von den Osmanen 1459 erobert, war der Auslöser des ersten umfassenden Aufstandes 1804 die Hinrichtung von 72 Knezen/Dorfältesten unter der Verantwortung von Kommandeuren/*Ağa*(s) der Janitscharen. Im Geschichtsbuch heißt es freimütig: *„Bölgedeki yeniçeri ağalarının halka karşı sorumsuz davranmaları."* („Das örtliche unverantwortliche Handeln von Janitscharenkommandeuren gegen das Volk." Übersetzung des Verfassers).[186]
Zwar wurden die Kommandeure anschließend durch den Sultan Selim III. bestraft, das Feuer war jedoch entfacht. 1807 fiel Belgrad erstmals, weitere serbische Aufstände folgten (1815-1817) mit dem Ergebnis der Autonomie 1829, der vorübergehenden Unabhängigkeit

---

[186] Vgl. Tarih Lise 2 S. 52. https://de.wikipedia.org. – Erster Serbischer Aufstand.

1878 und der endgültigen 2006[187]. Weitere Ursachen der Revolution waren zu suchen in der osmanischen Steuerpolitik sowie der Verpflichtung zur Zwangsarbeit der Serben, die ihrerseits von Russland unterstützt wurden. Diese bilaterale politische Beziehung, auch religiöser Natur, sollte sich über alle weiteren Wirren der Geschichte bis in die Gegenwart fortsetzen.[188] Hierbei sollte nicht unterschätzt werden, dass Religion - in diesem Fall die Serbische Orthodoxie gegenüber dem Islam - das Nationalgefühl zusätzlich stärken kann.

Das gilt auch für das nächste Beispiel einer erfolgreichen Revolution, für Griechenland und für die Griechische Orthodoxie.[189] Die Griechen und viele osmanische Staatsbürger griechisch-byzantinischen Ursprungs (die von den Türken so bezeichneten „Rum"[190]), einschließlich des griechisch-orthodoxen Patriarchen Grigorios und der Phanarioten/„Griechen" in Istanbul, verfolgten die revolutionäre Vorstellung der *Megali Idea* (Große Idee), die eines Großreiches der Griechen, in Wiederbelebung zumindest eines Teiles des Byzantinischen Reiches. Diese Idee wurde letztlich erst 1923 im Rahmen der Lausanner Verträge zu Grabe getragen. Die Rebellion[191] begann 1821 auf dem Peloponnes, wiederum unterstützt von Russland, spätestens 1827 auch von Großbritannien und Frankreich. Mahmut II. rief 1825 Ali Paşa aus Ägypten zur Hilfe, der aber letztlich trotz der Anfangserfolge die Niederlage zu Lande und zu Wasser - hier in der Schlacht bei Navarino 1827[192] - nicht verhindern konnte. Es war die letzte große Seeschlacht ausschließlich mit Segelschiffen, mit ca. 22 Schiffen aufseiten der Briten, Franzosen und Russen gegenüber ca. 78 der Osmanen (incl. der Ägypter). Jedoch waren die Schiffe der Verbündeten denen der Osmanen an artilleristischer Kampfkraft überlegen, ihre Männer den Osmanen auch an Erfahrung:

---

[187] https://de.wikipedia.org. – Zweiter Serbischer Aufstand.

[188] https://de.wikipedia.org – Geschichte Serbiens.

[189] https://de.wikipedia.org. – Griechische Revolution. https://tr.wikipedia.org. – Yunan İsyanı.

[190] Griechen werden von Türken als „*Yunanlı*" bezeichnet.

[191] Die sog. „Schutzbefohlenen" im Osmanischen Reich, also die Christen und Juden, durften eigentlich keine Waffen tragen. Sie waren auch vom Wehrdienst befreit. Dennoch dürfte für die Rebellen die Beschaffung von Waffen kein großes Problem gewesen sein.

[192] https://de. wikipedia.org. – Schlacht von Navarino.

„Ayrıca müttefik gemilerinin kaptanları ve mürettebatları Napolyon Savaşların'da muharebe alanında önemli tecrübeler edinmişlerdi. " („Außerdem hatten die Kapitäne und Besatzungen der Schiffe der Verbündeten auf den Napoleonischen Schlachtfeldern große Erfahrung gesammelt." Übersetzung des Verfassers).[193]

Wie o. a. waren die Janitscharen 1826 vom Sultan in einer Großaktion vernichtet worden. Damit existierte im Osmanischen Reich nach 1826 weder ein schlagkräftiges Heer noch eine einsatzfähige Marine.

1828-1830 führte Russland einen erfolgreichen Krieg gegen das Osmanische Reich. In diesem Krieg kooperierten bereits im Zuge des aufkeimenden Nationalismus viele griechisch-stämmige und bulgarische Soldaten mit den Russen, was dazu führte, dass nachfolgende osmanische Armeen - mit geringen Ausnahmen - nur noch aus Türken rekrutiert wurden.[194]

Im Abkommen von Edirne 1829 wurden somit ein südlicher Teil des heutigen Griechenlands unabhängig, die Walachei und Moldawien autonom.

Die nachfolgende Karte zeigt die territorialen dauerhaften und temporären Erweiterungen Griechenlands seit der Unabhängigkeit bis 1947 - mit der größten Erweiterung nach den Balkankriegen 1912/1913 - zumeist zu Lasten des Osmanischen Reiches. Weitere Auseinandersetzungen zwischen dem Osmanischen Reich bzw. der Türkei und Griechenland sollten sich also anschließen. Die bilateralen Spannungen strahlen aus bis in die Gegenwart, so im Zypernkonflikt oder bei der Zusammenarbeit in der NATO.

---

[193] https://tr.wikipedia.org. – Navarin Deniz Muharebesi.
[194] Vgl. Uyar & Erickson „A Military History of the Ottomans" S. 141.

Die territorialen Erweiterungen Griechenlands

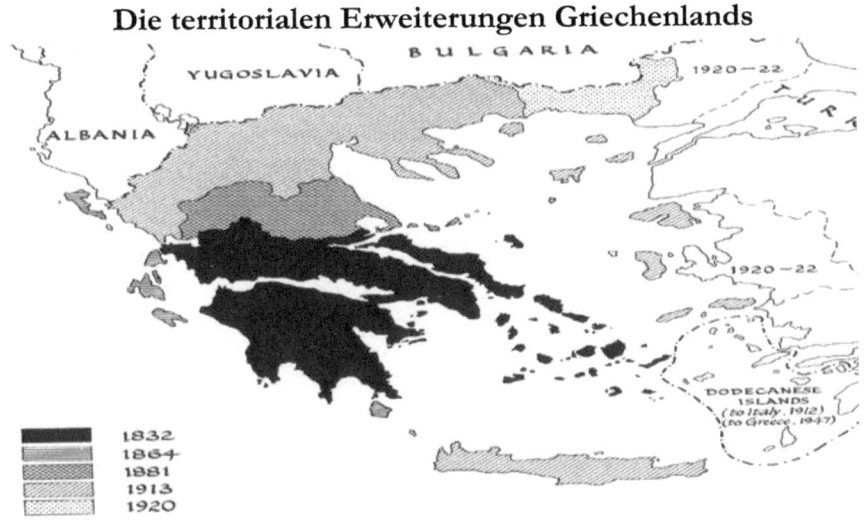

(Quelle: nach https://commons.wikimedia.org. – Greekhistory)

Vor der Beschäftigung mit einem weiteren großen Krieg in der langen Reihe osmanisch-russischer Kriege[195] - dem Krimkrieg 1853-1856 - muss jedoch erst einmal ein Blick auf innenpolitische Maßnahmen der Sultane geworfen werden, die auch von europäischen Staaten gefordert worden waren. Gemeint ist die Periode des *Tanzimat*[196], die ca. von 1839-1876 dauerte, endend mit dem Jahr der Ersten Verfassung und dem Beginn der ersten konstitutionellen Monarchie (*Meşrutiyet*). Die erste Stufe war ein Sultanserlass/*Ferman* von 1839 mit dem Namen „*Hatt-ı Şerif* von Gülhane", auch „*Tanzimat Fermanı*" bzw. „Wohltätige Verordnungen" genannt. Der Erlass erklärte die Gleichheit aller Bürger, jedoch im Rahmen der Scharia/*Şeriat*. Außerdem führte das halbherzige Allgemeine Rekrutisierungsgesetz von 1846 dazu, dass immer noch Ausnahmen gemacht wurden für Nicht-Muslime, Geistliche und Theologie-Studenten, Künstler, Bewohner der Heiligen Stätten Mekka/Medina und für Reiche, die sich freikau-

---

[195] https://de.wikipedia.org. – Russisch – Türkische Kriege.
[196] https://de.wikipedia.org. – Tanzimat. https://tr. wikipedia.org. – Tanzimat Fermanı.

81

fen oder vertreten lassen konnten.[197] Immerhin erbrachte das Gesetz ein Aufkommen von ca. 25.000 Mann pro Jahr.[198] Die Wehrdienstdauer wurde auf vier Jahre begrenzt, 1846 abgeändert auf fünf Jahre. Im Erlass von 1839 tauchte der Begriff „*Vatan*" = „Vaterland" auf, neben dem bisherigen Begriff „*Yurt*" = „Heimat" - Anzeichen eines sich verstärkenden Nationalgefühls nach territorialen Verlusten, zeitlich parallel zum aufkommenden Nationalismus um 1848 in Westeuropa.

Durch den Krimkrieg gegen Russland 1853 wurde jedoch der Fokus zwischenzeitlich umgelenkt. Russland war in Siebenbürgen/*Eflak* und in die Walachei/*Boğdan* eingedrungen, hatte im November die osmanische Flotte in Sinop am Schwarzen Meer abgebrannt sowie die Stadt verwüstet und damit eine gegnerische Koalition heraufbeschworen mit Großbritannien, Frankreich, Sardinien/Piemont und dem Osmanischen Reich. Die Krim wurde durch die Koalitionsmächte erobert, mit dem Pariser Abkommen von 1856 allerdings der Status vor dem Krieg weitgehend wiederhergestellt.[199]

Aus militärischer Sicht hatte dieser sog. neunte russisch-osmanische Krieg wichtige Fortschritte aufgezeigt und Erkenntnisse geliefert. Da war zunächst die strategische Erkenntnis, dass Kriege weiträumig bzw. globaler werden, mit erheblichen Folgen für Truppentransporte und Versorgungslinien. Bekanntlich hatte der Krimkrieg auch an weiter entfernt gelegenen Schauplätzen stattgefunden als nur am Schwarzen Meer. Die zweite Erkenntnis war, dass Kriege mehr und mehr durch Ausnutzung aller zivilen und militärischen Ressourcen bestimmt werden, damit natürlich schon durch die Bildung der Kriegsparteien. Bei Erstarrung in Stellungskriegen wie vor Sevastopol bzw. Sivastopol wurden Materialschlachten mit hohen personellen Verlusten ausgetragen. Damit kam es zunächst auf moderne Rüstung an, wie die osmanische Flotte in Sinop schmerzvoll erfahren musste. Sie wurde nicht nur im Hafen überrascht, sondern auch von moderner Schiffsartillerie bezwungen. Umgekehrt hatten die Russen das Nach-

---

[197] Vgl. Uyar & Erickson „A Military History of the Ottomans" S. 156. Eigentlich müssten Einwohner von Jerusalem/*Kudüs* als drittheiligste Stätte auch ausgenommen worden sein.

[198] Vgl. Jorga „Geschichte des Osmanischen Reiches" Band V S. 424.

[199] https://de.wikipedia.org . – Krimkrieg. https://tr.wikipedia.org. – Kırım Savaşı.

sehen mit veralteten Gewehren z. B. gegenüber den Briten, deren Gewehre schon den gezogenen Lauf hatten.

Der strategisch-taktische Informationsaustausch wurde beschleunigt durch den Übergang von der optisch-mechanischen zur elektromagnetischen Telegrafie. In diesem Krieg wurde 1855 die erste telegrafische Nachricht über Edirne nach İstanbul gesandt; um 1876 waren bereits große Teile des Osmanischen Reiches vernetzt. Für den Betrieb wurde ein besonderer türkischer Morsecode entwickelt.[200] Abdülhamit II. nutzte das Netz allerdings auch zum Empfang von Spionagenachrichten aus seinem Überwachungsstaat.

Propaganda wurde wirkungsvoller durch Nutzung moderner Fotografie. Nach Expertenmeinung hatte sich - im Gegensatz zur überrumpelten osmanischen Flotte - das erneuerte Heer bei Silistria/Dristra im heutigen Bulgarien mit britisch-indischer Unterstützung bravourös geschlagen. Auf der Krim war nur noch eine osmanische Division eingesetzt.

Fortschritte gelangen vor allem auf dem Sektor der Medizin sowie Verwundetenversorgung und Krankenpflege. Nach britischen Angaben waren nämlich mehr Opfer zu beklagen infolge Hunger, Durst oder Krankheit als durch Kampf. Die hohen personellen Verluste auf beiden Seiten von jeweils mehr als 200.000 rückten zwangsläufig das Sanitätswesen mit allen Komponenten an eine zentrale Stelle.

---

[200] Vgl. Lewis "The Emergence of Modern Turkey" S. 181.

Die große Selimiye Kaserne in Istanbul und Florence Nightingale

(Quelle:https://commons.wikimedia.org – Florence Nightingale)
(Quelle:https://commons.wikimedia.org. – Barrak Hospital Scutari George Dodd)

Berühmt geworden ist die britische Krankenschwester Florence Nightingale[201] mit ihrem Team von 38 Schwestern, die auf der anatolischen Seite in İstanbul, in der Selimiye Kaserne, ein zeitgemäßes Lazarett eingerichtet hatte. Ein kleines Museum im Nordostturm der heutigen Kaserne erinnert noch daran. Nightingale hat nach dem Krieg in London eine Schwesternschule eingerichtet. Ihr Engagement zusammen mit dem nachfolgenden von Henry Dunant war wesentlich mitbestimmend als Wegbereiter für die Gründung des Roten Kreuzes und des Roten Halbmondes/*Kızılay*.[202] Die anschließende Erste Genfer Konvention von 1864 war dann der Beginn der Ent-

---

[201] https://de.wikipedia.org. – Florence Nightingale.
[202] Henry Dunant gründete nach der Schlacht bei Solferino (1859) im Jahre 1863 in der Schweiz das Internationale Komitee vom Roten Kreuz. Das Osmanische Reich verwendet als vergleichbares Zeichen im russisch-osmanischen Krieg 1876-1878 den Roten Halbmond. Die wörtliche Übersetzung von „Kızılay" ist allerdings „Roter Mond".

wicklung eines weit umfassenderen Kriegsvölkerrechts, welches in das heute sog. Humanitäre Völkerrecht überging.

An dieser Stelle sollte einmal erwähnt werden, dass zahlreiche Soldaten aus anderen Ländern sich aufgrund individueller Entscheidung in osmanische Dienste begaben, reüssierten und sogar Kommandofunktionen übernahmen. Diese Abenteurer oder de facto Söldner waren an keine Weisungen ihrer Herkunftsländer mehr gebunden, konvertierten ggf. zum Islam und passten sich dem muslimischen Lebensstil an. Ein markantes Beispiel ist der Preuße Ludwig Karl Friedrich Detroit alias *Müşir* (Marschall) Mehmed Ali Paşa, der noch als Jugendlicher eine osmanische Kadettenschule unter vergeblichem preußischen Protest absolvierte, 1853 in das osmanische Heer eintrat, sogleich am Krimkrieg teilnahm, später noch an zahlreichen weiteren Kriegen. 1865 wurde er Paşa, 1877 Marschall, nachdem er als Oberbefehlshaber die osmanischen Truppen an der Donaufront in Bulgarien kommandiert hatte. Während des Berliner Kongresses war er sogar Mitglied der osmanischen Delegation, zum Missfallen von Bismarck, der dies eine „Taktlosigkeit" nannte. Ali Paşa heiratete eine Muslima, hatte vier Töchter und fiel 1878 im Kampf.[203]

Neben den Schrecken des Krieges kam aber manchmal der Humor nicht zu kurz, hier in Form einer Karikatur aus dem Jahre 1855. Ihr ernsthafter Kern weist jedoch darauf hin, dass auch auf der Seite der Christen die Religion und der Einsatz von Geistlichen im Krieg eine große Rolle spielten.[204]

In das Pariser Abkommen von 1856 wurde 18 Tage nach dem Waffenstillstand noch ein Passus aufgenommen, der die zweite Stufe der angestrebten Tanzimat-Reformen widerspiegelt, die des *Islahat Fermans* bzw. Reform Dekrets des Sultans aus demselben Jahr, auch genannt *Hatt-ı Hümayun*/Handschreiben des Sultans.[205] Demnach sollten Nichtmuslime Staatsbeamte werden können, Militärschulen besu-

---

[203] https://de. wikipedia.org. – Mehmed Ali Pascha. https://tr.wikipedia.org. – Mehmed Ali Paşa *(Müşir)*.
[204] So erfuhr der Autor, dass auch die Planungen des NATO-Stabes in Istanbul für den Einsatzfall die Beteiligung von sechs Geistlichen vorsah, sowohl Imame als auch Vertreter der christlichen Glaubensrichtungen.
[205] Eine Ergänzung erfolgte noch in 1860. https://tr.wikipedia.org. – Islahat Fermanı.

chen dürfen und die Wehrpflicht ableisten. Anstatt der Wehrpflicht konnte jedoch eine Wehrersatzsteuer entrichtet werden, was im Grundsatz sogar gegenwärtig noch gilt, auch für Muslime. Letztlich wurde die vollständige Gleichstellung aller Osmanen in Aussicht gestellt, auch steuerlich[206], was nicht nur auf der Seite der Muslime auf Widerstand stieß, sondern erstaunlicherweise selbst bei den Nichtmuslimen.

„Çünkü Osmanlı tebaası olan gayrimüslümer, Müslümanlarla eşitlik değil bağımsızlık istiyorladı."[207] („Weil die Ungläubigen als osmanische Untertanen nicht die Gleichstellung mit den Muslimen wollten, sondern die Unabhängigkeit." Übersetzung des Verfassers).

Die Geistlichkeit im Krieg

(Quelle:https://commons.wikimedia.org. – Die Gartenlaube (1855))[208]

Letztlich wollten also die Nichtmuslime trotz vieler Benachteiligungen ihre Privilegien behalten, die mit dem *Milletsystem* und der Wehr-

---

[206] So wurde zwar die Kopfsteuer „Cizye" 1857 für Nicht-Muslime abgeschafft, dafür aber die Wehrersatzsteuer „Bedel" eingeführt. Eine immer noch begrenzte allgemeine Wehrpflicht sollte erst Anfang des 20. Jhdt. durchgesetzt werden.
[207] Tarih Lise 2 S. 63.
[208] Im Soldatenjargon „eine Sündenabwehrkanone", was auch auf die Person des Geistlichen gemünzt war.

pflichtbefreiung gegen Bezahlung einer Sondersteuer verbunden waren. Die Reformbestrebungen versandeten also.

Das Milletsystem wurde zudem verändert und begünstigte ein nationalistisches Denken bis hin zur Begrifflichkeit. Das türkische Wort „*Millet*" wurde nicht mehr nur als „Religionsgemeinschaft" verstanden, sondern im Türkischen und der übersetzten Literatur irreführend und zunehmend sogar als „Nation" verstanden und bezeichnet. Mit der Erlaubnis, sich eigene Verfassungen zu geben, wollte der Sultan den nicht-muslimischen Religionsgemeinschaften eigentlich entgegen kommen und sie einbinden, förderte aber ungewollt separatistische Bestrebungen. Die blutigen Auseinandersetzungen mit den osmanischen Armeniern im 19. und 20. Jhd. waren eine mittelbare Folge und hatten – wie die Solidarität weiter Kreise der osmanischen Griechen mit Griechenland – sehr negative Auswirkungen auf den Zusammenhalt der osmanischen Armee.

Ein weiterer Reformansatz war eventuell von den ersten osmanischen Wahlen, den ersten überhaupt in der islamischen Welt,[209] unter der ersten osmanischen Verfassung/ *Meşrutiyet* von 1876[210] zu erwarten. Ihrer Inkraftsetzung sowie die Berufung von Sultan Abdülhamit II. waren Aktivitäten der Jungosmanen[211] und ein unblutiger Aufstand der Jungtürken/*Jön Türkler* vorausgegangen, in dem der Sultan Abdülaziz in seinem Dolmabahce-Palast von Heer und Marine eingeschlossen und wiederum unter Billigung durch die Geistlichkeit in einer *Fetva* gestürzt worden war. Die Verfassung begründete eine Art konstitutionelle Monarchie. Sie sah in der Tat wieder die Gleichstellung aller Osmanen vor, blieb aber in der Praxis wirkungslos. Abdülhamit II. hatte nämlich schon nach weniger als einem Jahr 1877 das erste osmanische Parlament für 29 Jahre in einen Zwangsurlaub geschickt, ohne es formal aufzulösen. Mit Festlegung der Amtssprache „Türkisch" in der Verfassung wurde ein weiterer Schritt vollzogen im

---

209 Vgl. Lewis „The Emergence of Modern Turkey". S. 164.
210 https://de.wikipedia.org. – Osmanische Verfassung. https:// tr.wikipedia.org. – Kânûn-ı Esâsi. https://tr.wikipedia.org. – Meşrutiyet.
211 Yeni Osmanlılar – eigentlich „Neue Osmanen". Zivil/militärische revulutionäre Geheimorganisation 1865-1878 mit starken Beziehungen ins Ausland. Bekanntester Vertreter war der Dichter Namık Kemal.
https://tr.wikipedia.org. – Yeni Osmanlılar.

Vorgriff auf eine einheitliche „Türkische" Nation, während der Sultan weiterhin die konservativ-muslimisch-osmanische Politik verfolgte.

Vor einer näheren Beschäftigung mit den Jungtürken und den revolutionären Ereignissen soll jedoch zunächst einmal das Wirken „deutscher"[212] militärischer Berater und Reformer beleuchtet werden, beginnend mit den Offizieren um Moltke ab 1835, bis hin zum Beginn des Ersten Weltkrieges und General Liman von Sanders.

Helmuth Moltke diente im Osmanischen Reich von 1835 bis 1839 als Hauptmann im Generalstab in der Zeit von Mahmut II. auf Einladung des *Seraskers* und mit Billigung des preußischen Königs.[213] Der spätere Ruhm Moltkes, auch gefördert von türkischen Geschichtsschreibern, verfälscht den Eindruck vom Einfluss, den Moltke und seine entsandten Kameraden auf das Denken oder gar die Struktur der osmanischen Armee hatten. Schon bei der Gefechtsführung gegen die Kurden oder gegen die Truppen des ägyptischen Statthalters Ali Paşa unter Führung von İbrahim Paşa bei Nizib 1839 ließ sich der osmanische Truppenführer Hafiz Pascha, ein rasch beförderter Zögling des Sultans, nur widerwillig beraten, obwohl der Rat und das Eingreifen von Moltke mindestens zweimal erfolgreich waren. Ein Paşa, der als Hafiz den Koran rezitieren kann, hört doch nicht auf einen Ungläubigen im Dienstgrad Hauptmann. Stattdessen ist der Einfluss der Mollas immer noch sehr wichtig:

„...*Pascha Effendimis konvoziert einen Diwan der Mollas, deren wir hier zu Dutzenden jetzt haben und die den Pas vor den Generallieutenants nehmen (wahrscheinlich bis das Fetwa ausgefertigt ist)."(Moltke ebd. S. 319).*

Und noch auf dieser Seite weiter: „<*Die Mollas können Dir sagen, ob der Krieg gerecht – ob er aber klug, kannst nur Du allein beurteilen. Die ganze Lage der Verhältnisse, die Absichten der Großherrn, die europäischen Höfe, - Stärke und Stellung aller unserer sowie der feindlichen Korps, die Hilfsmittel des Landes, die angehäuften Vorräte u.s.w., alles das müsste vorliegen, um in dieser hochwichtigen Sache einen Rat zu geben, und alle diese Dinge wissen weder die Mollas noch*

---

[212] Mit dem Begriff sind auch preußische, sächsische u.a. Reformer gemeint vor der Reichsgründung 1871.

[213] In dieser Zeit trug Moltke noch keinen Adelstitel und wurde nicht befördert, auch nicht zu einem höheren osmanischen Dienstgrad. Vgl. seine „Briefe über Zustände und Begebenheiten in der Türkei in den Jahren 1835-1839".

ich noch sonst jemand als Du. Die ganze Ehre und die Verantwortung fällt auf Dich, und von niemand sonst darfst Du Rat erwarten.>

Das ist aber nicht, was er zu hören wünscht."

Religion und Aberglaube taten ein Übriges. Hafız Paşa las in alten Schriften, war überzeugt, dass der Eroberer Syriens nach einer Weissagung dunkle Hosen tragen würde und seine Träume ihm wertvolle Hinweise gäben.

„Mollahs und Hodjas waren jetzt sein bevorzugter Umgang."[214]

Hauptmann Mühlbach musste erfahren, dass das Abnehmen seines Bartes - auch wenn es aus vorübergehend gesundheitlichen Gründen geschah - bei den Türken Entsetzen ausgelöst hatte, weil dies eine Sünde sei und Unglück bedeute.

Zudem war die Disziplin der Truppe schlecht. *„In manchen Beziehungen war die Subordination recht mangelhaft, namentlich bei den höheren Offizieren."*[215]

Kurden waren z.T. zwangsrekrutiert, gegen die man zuvor Krieg geführt hatte. Moltke hatte frustriert seinen Abschied angeboten, der aber vom Paşa abgelehnt wurde. Die anschließende Niederlage von Hafız war aus diesen und vielen anderen Gründen keine Überraschung. Die Folge für den Sultan war jedoch, dass er nach der Schlacht vorübergehend über kein einsatzfähiges Heer mehr verfügte und auch über keine Flotte, weil diese von seinem untreuen Admiral Ahmet Fevzi mit Rat der Franzosen an den osmanischen Vizekönig in Ägypten verkauft (!) worden war.[216]

Moltkes Briefe beschreiben den Zustand des Reiches und speziell des Heeres mit kritischen Worten (S. 92): *„Die osmanische Monarchie bedarf vor allem einer geregelten Administration, bei der jetzigen wird sie selbst das schwache Heer von 70.000 Mann auf die Dauer kaum ernähren können."*

Erfolgreicher war das Wirken Moltkes z. B. bei der Erstellung von Landkarten, - so vom Bosporus im Maßstab 1:100.000 - und den damit verbundenen Studien zur Artillerie. Eigentlich waren die Osmanen misstrauisch ob dieser Aktivitäten mit der Begründung, dass diese

---

[214] Vgl. Moltke S. 249.

[215] Vgl. Wagner „Moltke und Mühlbach zusammen unter dem Halbmond 1837-1839" S. 105.

[216] Vgl. Jorga „Geschichte des Osmanischen Reiches" Band V S. 387.

Karten in Feindeshand fallen könnten und dadurch der eigene Vorteil der Geländekenntnis verloren ginge. Schon zuvor war eine Karte erstellt worden, z. B. 1764 vom ungarischen Hauptmann und Ingenieur Baptist von Reben.[217] Noch im Krieg 1878/1879 gegen Russland war ein Mangel an brauchbaren Karten zu beklagen.[218] Später waren die Osmanen froh, wenigstens teilweise über präzisere Karten zu verfügen als ihre Gegner.

Moltke und seine Kameraden hatten nach Erkundungen im Gelände, vor allem an den Meerengen, dem *Serasker* 11 Denkschriften und 20 Pläne übergeben, die aber weitgehend nicht umgesetzt wurden (von einigen Maßnahmen bei der Artillerie und den Befestigungen abgesehen). *„Alles blieb indessen verlorene Liebesmüh."[219]* Natürlich war die Hauptursache wohl der Geldmangel.

Erfolgreicher waren Vorschläge zur Rüstung, was vor allem in der Zeit des Offiziers von der Goltz 1883-1895 zum Tragen kam. Gerade die Beschaffung modernerer Geschütze hat sich z. B. 1915 bei der Verteidigung der Dardanellen bezahlt gemacht.[220] Der Aberglaube früherer Jahre und der fortschrittsfeindliche Einfluss der Mullahs - z. B. belegt an der Schließung des İstanbuler Observatoriums 1580 nach nur drei Jahren Betrieb[221] oder der Behinderung der osmanisch-türkischen Buchdruckerkunst noch im 18. Jhdt.,[222] nachdem osmanische Armenier und Juden sie schon lange vor Ort betrieben[223] - wichen langsam der Erkenntnis, dass man sich der westlichen Technik nicht verschließen könne.

---

[217] Kopien beider Karten im Besitz des Autors. Bekanntlich wurde auf die Ausbildung preußischer Generalstabsoffiziere gerade in diesem Fach besonderes Gewicht gelegt zur Erstellung von artilleristischen Schießunterlagen.
[218] Vgl. Uyar & Erickson „A Military History of the Ottomans" S. 201.
[219] Vgl. Wagner „Moltke und Mühlbach zusammen unter dem Halbmond 1837-1839" S. 59.
[220] Auf seinen Einfluss hin sollen ab 1885 ca. 500 Geschütze beschafft worden sein und über 500.000 moderne Gewehre. https://de.wikipedia.org. – Deutsche Militärmissionen im Osmanischen Reich.
[221] https://de.wikipedia.org. – Taqi ad Din.
[222] https://tr.wikipedia.org. – İbrahim Müteferrika. https://de.wikipedia.org. – İbrahim Müteferrika.
[223] Johannes Gutenberg war die Erfindung schon im 15. Jhd. gelungen.

Nach den Siegen gegen Österreich 1866 und Frankreich 1871 wurden für den Sultan deutsche Militärberater attraktiv, so dass sie zunehmend die französischen verdrängten, die noch vom Ruhme Napoleons gezehrt hatten. Es kam dann zur Entsendung der ersten offiziellen deutschen Militärmission ab 1880/1882 einschließlich einiger Beamter. Die Offiziere waren jedoch mit Ausnahme des Oberstleutnants (später Marschall) von der Goltz[224] wenig erfolgreich, weil der Sultan Abdülhamit II. in Wirklichkeit seine eigene schlagkräftige Armee fürchtete, Übungen in freiem Gelände, gar mit scharfer Munition, untersagte und deutsche Offiziere mehr als Aushängeschilder gegenüber den anderen Staaten benutzte. Der frustrierte von der Goltz wollte mehrmals demissionieren, wurde aber immer wieder vom Sultan zum Bleiben überredet. Von der Goltz schaffte es - begründet in seiner einfühlsamen Mentalität, seinen schnell erlernten osmanischen Sprachkenntnissen und seinen profunden militärpolitischen Kenntnissen - in begrenztem Umfang einige Reformen durchzusetzen. Er schaffte es sogar nach dem Umbruch 1908/1909 unter dem neuen Regime der Jungtürken als Experte und Ratgeber anerkannt zu bleiben, mitgetragen von den Offizieren, die er zuvor ausgebildet hatte.

Nach seinem Erstaufenthalt 1883-1895 kehrte von der Goltz noch mehrfach in das Osmanische Reich zurück und setzte seine Reformbemühungen etappenweise 1908, 1909 und 1910 fort. Er kehrte 1914 bis zu seinem Tod 1916 zurück, was zu einer Gesamtaufenthaltsdauer von ca. 15 Jahren führte. Seine Arbeit war umfassend und betraf alle Bereiche der Armee mit ihren Hauptkomponenten Mensch, Material, Ausbildung, Planung. So beeinflusste er eine neue Heeresverfassung, initiierte das Rekrutierungsgesetz von 1885 mit dem Ziel der „Allgemeinen Wehrpflicht",[225] auch wenn die Gleichstellung immer noch nicht erreicht wurde. Er erarbeitete Pläne für eine neue Struktur und Operationspläne für den Aufmarsch und Einsatz; er führte begleitende Geländebesprechungen und Manöver mit Schwerpunkt in Ostthrakien dort, die dortige bulgarische Bedrohung wohl schon voraus-

---

[224] https://de.wikipedia.org. – Colmar von der Goltz. https://tr.wikipedia.org. – Colmar von der Goltz.

[225] 1868 wurde erneut eine Allgemeine Wehrpflicht für Muslime eingeführt. Vgl. Von der Goltz „Der Thessalische Krieg" S. 253.

ahnend. 1909 begleitete er ein Manöver im Raum Selanik/Thessaloniki sowie Manastır/Monastir/Bitola (auf dem Balkan), auch dieses Krisengebiet im Blick habend. Mit der Erstellung von Karten und übersetzten Ausbildungsunterlagen untermauerte er seine Bemühungen. Er widmete sich dem sog. Inneren Dienst, der Hygiene, der sanitätsdienstlichen Versorgung. Ihm gelingt die Abschaffung der Prügelstrafe zumindest für Offiziere, noch nicht jedoch für Unteroffiziere und Mannschaften. Moltke hatte über die Verabreichung von Stockschlägen an die Gruppe der subalternen Offiziere[226] noch berichtet. Sein Hauptwirkungsfeld und ursprünglicher Auftrag war jedoch die Bildung und Ausbildung, speziell der Heeresoffiziere. Er modernisierte die militärischen Lehrpläne und reorganisierte die militärische Bildung und Ausbildung nach preußischem Muster: Im Schaubild die preußischen Schulbezeichnungen in Blau, die osmanischen in Schwarz.

Von der Goltz widmete sich sowohl der Grundausbildung der Heeresoffiziere in der 1. Stufe, der Kriegsschule[227] (später *Harp Okulu*), als auch der Förderung geeigneter Absolventen in der 2. Stufe, der Generalstabsschule (später *Harp Akademesi*), vergleichbar der preußischen Kriegsakademie.[228]

---

[226] Leutnant bis Hauptmann. Die Stabsoffiziere wurden offensichtlich nicht geprügelt, konnten aber nach verlorener Schlacht schon einmal „ihren Kopf verlieren".
[227] Eine Bezeichnung, die es auch noch in der deutschen Wehrmacht gab. https://de.wikipedia.org – Kriegsschule. Vergleichbar mit der französischen Offizierschule St. Cyr, die 1802 von Napoleon gegründet wurde und ggf. Pate stand. Die osmanische Schule wurde 1834 gegründet. 1877 hatten jedoch nur weniger als 10 % die *Mektep* durchlaufen. Vgl. Uyar & Erickson „A Military History of the Ottomans" S. 177. https://tr.wikipedia.org. - *Kara Harp Okulu*. https://tr.wikipedia.org – Mekteb-i Ulum-u Harbiye. Die Schule in İstanbul lag in der Maçka Kaserne hinter dem Taksimplatz, in der sich auch eine Moschee befand.
[228] https://de.wikipedia.org. – Preußische Kriegsakademie. In der Bundeswehr wäre die Generalstabsschule vergleichbar mit der Führungsakademie in Hamburg. Zuvor durchläuft der deutsche Offizier Offizierschulen in den Truppengattungen und Teilstreitkräften. In Frankreich vergleichbar mit der Ecole Supérieure de Guerre von 1876-1992.

Die Ausbildung zum Generalstabsoffizier

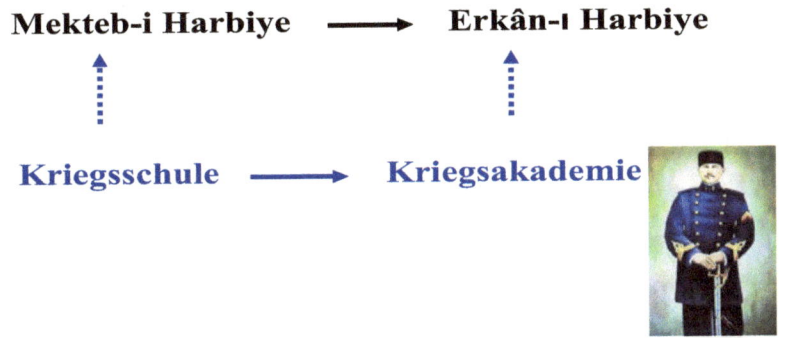

Mekteb-i Harbiye ⟶ **Erkân-ı Harbiye**

Kriegsschule ⟶ **Kriegsakademie**

Mustafa Kemal 1899-1905

(Quelle: Autor; mit Bild Mustafa Kemal aus
http://www.kho.edu.tr/hakkinda/harbiyeli ataturk 1283m kemal)

„Üst kademede, dikkati en fazla çeken yenilik, bir Kurmay Okulu'nun (Erkân-ı Harbiye Mektebi) kurulmasıdır: Bir tür askeri akademidir bu; içindeki eğitim de, öteki büyük askeri kurumlarda olduğu gibi -Fransız ve Prusyalı- Avrupalı uzmanlarca sağlanır." („Die höchste Stufe wurde mit größter Sorgfalt reformiert und eine Generalstabsschule gegründet:[229] Sie war eine Art Militärakademie, innerhalb der eine Bildung/Ausbildung von europäischen Spezialisten vermittelt wurde wie in den anderen großen Militärakademien in Frankreich und Preußen." Übersetzung des Verfassers).[230]

---

[229] Einen Generalstab gab es offensichtlich schon seit 1880 unter der Bezeichnung *„Erkân-ı Harbiye-i Umûmiye Riyaseti"*. Er unterstand mit wechselnden Bezeichnungen bis 1908 dem *Serasker*, danach dem Kriegsminister, ab 1920 dem Kabinettchef. Der Generalstabschef schied 1924 aus dem Kabinett aus; der Generalstab wurde eigenständig. Heutige Bezeichnung *"Genelkurmay Başkanlığı"*.
http://www.tsk.tr/TskHakkinda/Tarihce Türk Silahlı Kuvvetleri Genelkurmay Başkanlığı.
[230] Vgl. Mantran „Osmanlı İmparatorluğu Tarihi II." S. 89. Mantran sieht die Gründung fälschlicherweise noch vor 1839. Die Generalstabsschule wurde strukturell jedoch erst 1845 eingerichtet und ging 1848 in Betrieb. Von der Goltz hat also

Weitere Militärschulen der 1. Stufe wurden bis 1875 gegründet in Bursa, Edirne, Manastır, Damaskus, Erzurum und Bagdad; im Zeitraum 1876-1896 dann noch einmal weitere im gesamten Land.[231] Die osmanischen Schulbezeichnungen und -strukturen durchliefen zuvor und danach verschiedene Änderungen. So wurden die Schulen auch zusammengelegt und in İstanbul die „Harp Akademisi" (Kriegsakademie) als höchste militärische Lehranstalt neben der Technischen Universität angesiedelt.

Mustafa Kemal (Atatürk) hat z. B. nach Besuch einer Militärmittelschule (1893-1896) und einer höheren Militärschule (1896-1899) diese Ausbildung in İstanbul im Zeitraum 1899-1904 als Nummer 1283 durchlaufen: Erst die Heeresschule als Kriegsschule, dann die Kriegsakademie.[232] Die Kriegsakamie dauerte drei Jahre und erfasste nur ca. 25 Offiziere von ca. 1.000 pro Jahrgang.[233] Der Mangel an Generalstabsoffizieren dauerte somit noch über Jahre fort und betraf dann vor allem die Führungsebene Division, in der wenig Expertise vorlag über das „Gefecht der Verbundenen Waffen". Enver Paşa hat diese Ausbildung 1896-1902 absolviert, also drei Jahre vor Mustafa Kemal.[234] In der Karriere war Enver damit, obwohl ein Jahr jünger, in der Vorderhand und nutzte dies 1913 nach einer Machtübernahme durch den Sprung auf die höchste Ebene, die des Kriegsministers. Es kam später zu Rivalitäten zwischen diesen beiden starken Persönlichkeiten, selbst über das Kriegsende 1918 hinaus.

Man absolvierte die Ausbildung an der Kriegsakademie als Hauptmann i. G., nach 1899 nur noch die besten mit nunmehr 40 Teilnehmern/Jahr.[235] Dies entsprach einem Anteil von 5% - 10% eines Jahrgangs. Dem deutschen Dienstgradzusatz „i. G." („im Generalstabs-

---

diese nicht neu gegründet, sondern das System nur grundlegend reformiert. https:// tr.wikipedia.org. – Mekteb-i Erkan-ı Harbiye. http://www.kkk.tsk.tr. – Hakkında Tahrice Kara Kuvvetleri Komutanlığı.

[231] Vgl. Uyar & Erickson „A Military History of the Ottomans" S. 203.

[232] Eine anschauliche Darstellung seiner Schulklasse findet sich im Militärmuseum (Harbiye) in Istanbul.

[233] Vgl. Uyar & Erickson „A Military History of the Ottomans" S. 207.

[234] https://tr.wikipedia.org – Enver Paşa.

[235] Vgl. Tröndle „Mustafa Kemal Atatürk" S. 31.

dienst") [236]entsprach der türkische „*Erkan-i Harp sabiti*" bzw. der Zusatz „*Kurmay* = „Generalstab" vor dem Rang.[237]

Es war klar, dass es schon vor dem Wirken von der Goltz[238] im Übergang vom alten zum neuen System Spannungen geben würde. Im früheren System entschieden im Heer vor allem die Regimentskommandeure (*Alay* = Regiment) über die Karrieren ihrer Untergebenen (*Alaylı* = ein Regimentsangehöriger), basierend auf dem praktischen Dienst und persönlicher Einschätzung, während die Schulabsolventen (*Mektebli*) von den Lehrern nach neutraleren Leistungskriterien beurteilt und gefördert wurden. Außerdem waren die höheren konservativen Bevölkerungsschichten skeptisch gegenüber westlich orientierten nichtmuslimischen Bildungssystemen.[239] Sehr bald hatten die *Mektebli* Karrierevorteile. Wenn von der Goltz anfangs in Französisch unterrichtete, übersetzte der spätere General Pertev[240] ins Türkische.

Das türkische Offizierkorps zollt von der Goltz auch heute noch größten Respekt und Anerkennung für sein langes und erfolgreiches Wirken im Osmanischen Reich, speziell seinem Wirken an den Militärschulen:

„*Von der Goltz, askeri okullarda köklü reformlar gerçekleştirip genç subaylar yetiştirilmesi için önkoşulları oluşturdu.*" („Um in den Militärschulen die jungen Offiziere auszubilden hat von der Goltz radikale Reformen zur Vorbedingung gemacht." Übersetzung des Verfassers).

Die Teilstreitkräfte unterhielten jeweils ihre eigenen Militärschulen: Die Marine schon seit 1773 die „*Deniz Harp Okulu*"[241], das Heer seit

---

[236] In der Bundeswehr ist die Zusatzbezeichnung an den Dienstposten gebunden, setzt also nicht unbedingt die Generalstabsausbildung voraus. Z. B. wird die Zusatzbezeichnung in Kommandeurfunktionen nicht angewandt.

[237] So lassen auch z. B. Admiralstabsoffiziere der Bundeswehr den Zusatz weg. Man fühlt sich zur Elite gehörig, zeigt es aber nicht. Das ergibt sich dann ohnehin aus der nachfolgenden militärischen Karriere.

[238] So bestand das Nebeneinander der beiden Aufbaustufen schon 1858; von der Goltz hat sie nur inhaltlich bedeutend weiterentwickelt. https://tr.wikipedia.org. – Mekteb-i Erkân ı Harbiye.

[239] Vgl. Uyar & Erickson „A Military History of the Ottomans", S. 172.

[240] Vgl. Demirhan „Generalfeldmarschall Colmar Freiherr von der Goltz".

[241] https://tr.wikipedia.org. – Deniz Harp Okulu bzw. http://www.dho.edu.tr/Deniz Harp Okulu.

1834 die „*Kara Harp Okulu*"[242], die Sanitätstruppe seit 1898 die „*Gülhane Eğitim ve Araştırma Hastanesi*"[243] und die Luftwaffe seit 1951 die „*Hava Harp Okulu*"[244].

Nicht unerwähnt bleiben soll, dass durch vermehrte Entsendung von osmanischen Offizieren zu ausländischen Truppenteilen und Lehranstalten der Ausbildungsstand erhöht werden konnte - auch sprachlich - und dass persönliche Beziehungen entstanden, die im Ersten Weltkrieg für deutsche Soldaten noch sehr hilfreich werden sollten.

1877-1878 kam es erneut zu einer Auseinandersetzung mit Russland,[245] in der türkischen Geschichtsschreibung bezeichnet als „*93 Harbi*" („Krieg von 93"), weil er nach dem sog. Rumikalender[246] - der auf der muslimischen Zeitrechnung basiert - im Jahr 1293 begann.[247] Die Russen griffen im Zuge ihrer Panslawismus Strategie und ihrem Drang zum eisfreien Mittelmeer sowohl im Kaukasus an als auch im Westen, unterstützt durch Rumänien/Romanya, Serbien/Sirbistan, Bulgarien/Bulgaristan und Montenegro/Karadağ. Trotz beachtlicher osmanischer Anfangserfolge - u.a. begünstigt durch moderne amerikanische Gewehre - mussten die Osmanen der Übermacht weichen. Sie mussten nach dem Fall von Edirne 1877[248] und dem russischen Vorrücken auf die Çatalca Linie 60 km westlich İstanbul im Frieden von San Stefano/Ayastefanos/Yeşilköy[249] und dem Berliner Kongress[250] erhebliche Zugeständnisse machen. Das Eingreifen der Flot-

---

[242] https://tr.wikipedia.org. – Kara Harp Okulu. http://www.kho.edu.tr/Kara Harp Okulu.

[243] Ausbildungs- und Forschungskrankenhaus in Gülhane/İstanbul. Seit 2016 dem Gesundheitsministerium zugeordnet. https://tr.wikipedia.org. – Gülhane Eğitim ve Araştırma Hastanesi. Vorherige Bezeichnung „Gülhane Askeri Tip Akademisi".

[244] https://tr.wikipedia.org. – Hava Harp Okulu. http://www.hho.edu.tr/Hava Harp Okulu.

[245] https://de.wikipedia.org. – Russisch Osmanischer Krieg (187-1878).

[246] https://de.wikipedia.org . – Rumi Kalender.

[247] https://tr.wikipedia.org. – 93 Harbi.

[248] In Edirne kam es am 31.01.1878 zum Waffenstillstand. https://de. wikipedia.org. – Waffenstillstand von Edirne.

[249] https://de.wikipedia.org. – Frieden von San Stefano. https://tr.wikipedia.org. – Ayastefanos Antlaşması.

[250] https://de.wikipedia.org. – Berliner Kongress. S. auch Text unter https://de.wikisource.org. – Vertrag zwischen Deutschland, Österreich-Ungarn, Großbritannien, Italien, Russland und der Türkei (Berliner Vertrag).

ten von Frankreich und Großbritannien hatte immerhin das weitere Vorrücken der Russen verhindert.

Die genannten Balkanstaaten (außer Bulgarien) erhielten ihre Unabhängigkeit. Bulgarien wurde ein dem Osmanischen Reich gegenüber tributpflichtiges Fürstentum. Das Land erklärte erst 1908 seine Unabhängigkeit. Bosnien-Herzegowina, wo bereits 1875 Aufstände durch osmanische Truppen unterdrückt worden waren, kam unter österreichische Verwaltung. Mit Ostrumelien erhielt das Osmanische Reich seine alte Hauptstadt Edirne wieder zurück, verlor das Gebiet 1908 vorübergehend wieder an Bulgarien, um es 1923 endgültig zurück zu erhalten. Im Osten ging Territorium verloren einschließlich der Städte Kars, Ardahan und Batumi/Batum. Endgültige vertragliche Regelungen zu diesem Gebiet erfolgten jedoch erst zum Ende des osmanischen Unabhängigkeitskrieges 1922/1923.[251]

Kriegstechnisch bemerkenswert war auf russischer Seite der Einsatz von feldmäßigen Telegrafenlinien und im Seekrieg der Einsatz von Torpedos.

An dieser Stelle soll einmal der zahlreichen Toten auf allen Seiten gedacht werden, sowie des Schicksals der Flüchtlinge und Vertriebenen, die z. B. aus den verlorenen osmanischen Gebieten nach Anatolien strömten (so 1783 beim Verlust der Krim in der Größenordnung von 300.000). Beim Zusammentreffen mit den Ortsansässigen kam es häufig zu Unruhen, die ggf. den Einsatz osmanischer Jandarma oder gar von Militär erforderlich machten. In der türkischen Datei zum „*93 Harbi*" wird eine grobe Schätzung der Anzahl türkisch-stämmiger Flüchtlinge vom westlichen Kriegsschauplatz vorgenommen:

„*Mülteci sayıları 130.000-1,5 milyon arasında farklı tahminlerle ifade edilmektedir.*" („Die Zahl der Flüchtlinge wird unterschiedlich zwischen 130.000 und 1,5 Millionen geschätzt." Übersetzung des Verfassers).

---

https://tr.wikipedia.org. – Berlin Antlaşması.
[251] Vgl. Lisec „Der Unabhängigkeitskrieg und die Gründung der Türkei" S. 54-56.

Flucht aus Shumla 1877

(Quelle: https://commons.wikimedia.org. - Russo-Turkish War 1877-1878)

Das obige Bild gibt eine Impression aus 1877 von der Flucht aus dem Ort Shumla/Schumen im heutigen Bulgarien, nordostwärts des umkämpften Shipka- Passes im Balkangebirge.

Die vielen Unruhen im Osmanischen Reich machten es nicht nur erforderlich, eine Polizei in den Städten zu halten, sondern auch auf dem Lande. Diese sollte somit im Frieden die Armee entlasten, als paramilitärische Truppe bei entsprechendem Ausbildungs- und Ausrüstungsstand auch bei Unruhen im Innern und im Krieg zur Verfügung stehen.

Das schwierig zu ermittelnde Gründungsdatum der *Jandarma*[252] unter der Bezeichnung „*Zabtiye*" wurde in jüngster Zeit auf das Jahr 1836 festgelegt, wie im Wappen gezeigt. Die Bezeichnung „*Jandarma*" wurde erst 1870 eingeführt.[253] Bei der Gründung haben möglicherweise die italienischen Carabinieri als Vorbild gedient, die bereits 1814 aufgestellt worden waren. Die Bindung der Jandarma und ihrer Vorläufer an die Armee war grundsätzlich immer sehr eng. Waren bis 1826 die Janitscharen unter Führung des Janitscharen Ağa/*Yeniçeri Ağası* auch zuständig für Sicherheit und Ordnung, vor allem in der Hauptstadt, so hat Mahmut II. die Aufgabe dem *Serasker* als Befehlshaber der

---

[252] Vgl. Scheben „Verwaltungsreformen der frühen Tanzimatzeit".
[253] Vgl. Uyar & Erickson "A Military History of the Ottomans" S. 212.

Armee übertragen, ab 1908 Kriegsminister/*Harbiye Nezâreti* genannt. Da 1908 die Institution des Generalstabs geschaffen wurde, ergab sich nun eine besonders enge Verbindung zu diesem. Der ab 1920 etablierte Verteidigungsminister/*Milli Savunma Bakanı* nahm dafür personelle und materielle Unterstützungsaufgaben für die Streitkräfte war.

Von Anbeginn bestand jedoch die Schwierigkeit der Zuordnung bzw. Unterstellung der doppelgesichtigen paramilitärischen *Jandarma*, da ja die Gouverneure primär für Sicherheit und Ordnung in ihren Provinzen/*Eyalet* (später *Vilayet*) verantwortlich waren. Die Gouverneure unterstanden jedoch dem 1835 etablierten Innenminister/*Dahiliye Nezâreti* (ab 1922 *İçişleri Bakanı*). So wurde die *Jandarma* nach langer militärischer Zuordnung z. B. 1912 sogar vorübergehend dem Innenminister unterstellt und in den Provinzen den Gouverneuren zugeordnet.[254] Die starke Bindung mit dem Militär blieb aber erhalten. So hat die *Jandarma* mit Abteilungen in verschiedenen Kriegen im Inland und Ausland[255] teilgenommen und ihren Mann gestanden sowie ab 1956 zusätzlich Grenzschutzaufgaben übernommen. Ihre Ausrüstung und Stärke wurden ständig angepasst. Mit Aufstellung des Kommandos der Küstenwache/*Sahil Güvenlik Komutanlığını* 1982 als „quasi fünfte Teilstreitkraft" der Armee wurden auch die Grenzschutzaufgaben angepasst.

1983, also nach dem Militärputsch, erfolgte eine doppelte Unterstellung, d. h. bei Polizeieinsätzen zur Aufrechterhaltung der inneren Sicherheit und Ordnung unter das Innenministerium und bei Einsätzen im Krieg (einschließlich der vorbereitenden Ausbildung im Frieden) unter den Generalstab/dem Heer mit einer Meldepflicht gegenüber dem Premierminister. Die Jandarma wurde daher in den Organigrammen des Generalstabes stets als viertes Element ausgeworfen neben den klassischen drei Teilstreitkräften und der u.a. Küstenwache mit gleichem Status der konkurrierenden Doppelunterstellung. Das

---

[254] Vgl. Lewis „The Emergence of Modern Turkey". S. 224.
[255] Wie im Ersten Weltkrieg und anschließendem Befreiungskrieg, 1974 auch in Zypern.

Gesetz über die Jandarma Nr. 2803 mit Stand vom 31.05.2007 beruht noch auf diesem Sachstand.[256]

Wappen der Jandarma

(Quelle: https://wikipedia.org – Jandarma Logosu)

Mit der aktuellen Verfassung von 2017 und dem Gesetz über die Streitkräfte mit Fassung vom 02.01.2017 [257] heißt es in der Fußnote 2, dass die Jandarma und die Küstenwache nicht mehr Teil der Streitkräfte sind. Das betraf mit Stand 02.01.2017 einen Umfang von 194.700 Mann. Nach Art. 118 der aktuellen Verfassung ist der Befehlshaber auch kein Mitglied mehr im Nationalen Sicherheitsrat/*Milli Güvenlik Kurulu* (MGK). In ihm war die Küstenwache ohnehin nicht vertreten. Damit hat sich für die Armee die ausgeworfene Gesamtstärke im Frieden geändert, aber nicht zwangsläufig der Zugriff im Ausnahmezustand, bei Feldzügen und im Krieg:[258]

---

[256] Jandarma Teşkilat, Görev ve Yetkileri Kanunu, § 4: *„Jandarma Genel Komutanlığı, Türk Silahlı Kuvvetlerinn bir parçasa olup…"* („Das Generalkommando der Jandarma, welches ein Teil der Türkischen Streitkräfte ist…" Übersetzung des Verfassers). Veraltete Fassung.

[257] Gesetz Nr. 681: „Türk Silahlı Kuvvetleri İç Hizmet Kanunu".

[258] https://tr.wikipedia.org. – Türkiye Cumhuriyeti İşişleri Bakanlığı.

„Savaş ve seferberlik hallerinde Komutanlığın, Genelkurmay Bakanlığı'nın, görüşü alınarak Bakanlar Kurulu kararile belirlenecek bölümleri Kara Kuvvetleri Komutanlığı emrine girer, kalan bölümleri ise normal görevlerine devam eder."(„Im Krieg oder während eines Einsatzes treten festgelegte Einheiten des (Jandarma-) Kommandos nach abgestimmter Sicht des Generalstabes und des Kabinetts per Beschluss unter das Kommando der Landstreitkräfte, während die verbliebenen Einheiten weiterhin ihrem normalen Dienst nachgehen." Übersetzung des Verfassers).

Der Auftrag/*Görevli* für die *Jandarma* lautet nunmehr in Kurzfassung[259]:

*„Adli, mülki ve askeri görevler: * Emniyet asayiş ve kamu düzeni *Ceza ve tutukevlerinin dış korunması *Adli kolluk hizmetleri.* " („Justizaufgaben, Zivile und militärische Aufgaben: * Öffentliche Sicherheit und Ordnung * Außenschutz vor Straftätern und Häftlingen * Justizvollzugsaufgaben." Übersetzung des Verfassers).

Bei dieser Kurzbeschreibung sind also reine Polizeiaufgaben gelistet, was der nunmehr deutlicheren Unterstellung unter das Innenministerium entspricht. Weiter heißt es dort:

„15 Temmuz askeri darbe girişminin ardından ilan edilen olağanüstü hal kapsamında çıkan 25. Temmuz 2016 tarihli ve 668 sayılı Kanun Hükmünde Kararname ile Jandarma yapısında sivilleştirmelere gidilerek tamamen İçişleri Bakanlığına bağlanmıştır. " („Im Hinblick auf den Putsch am 15. Juli und den danach ausgerufenen Ausnahmezustand wird mit Gesetz Nr. 668 zum Datum 25. Juli 2016 die Jandarma zivil strukturiert und in jeder Hinsicht dem Innenministerium unterstellt." Übersetzung des Verfassers).

In o. a. Datei und der Datei der Jandarma-Homepage[260] heißt es dann zusätzlich gleichlautend:

„Askeri görevler: Kanunlara verilen askeri hizmetleri yerine getirmek. " („Militärische Aufgaben: Ausführung von Aufgaben im Rahmen der Gesetze." Übersetzung des Verfassers).

Eine Bindung zum Militär bleibt also noch bestehen, wenngleich abgeschwächt. Ein späterer Blick in den Auftrag der Streitkräfte wird deutlich machen, dass es bei diesen Änderungen im Kern um Kom-

---

[259] https://tr.wikipedia.org. – Türkiye Jandarma.
[260] http:www.jandarma.gov.tr.

petenzzuordnung geht zwischen dem Generalstab und dem Innenministerium, speziell beim Einsatz von Kräften im Innern. Hiermit verbunden ist die Zuordnung von integralen Geheimdiensten, was allerdings in diesem Buch nicht erörtert werden wird. Hier ist offensichtlich eine Stärkung des Innenministeriums beabsichtigt gewesen.

Mit Stand November 2014 verfügte die Jandarma über ca. 196.000 Mann, 1.500 Fahrzeuge und 57 Helikopter.

Gegen Ende des 19. Jhd. hatte die osmanische Armee noch einmal zwei Erfolgserlebnisse im griechisch-osmanischen Krieg von 1897,[261] wobei jedoch die politischen Früchte nicht geerntet werden konnten. Der Krieg fand auf zwei getrennten Kriegsschauplätzen statt, auf Kreta und dem griechischen Festland in Thessalien, mit einem Nebenkriegsschauplatz im osmanischen Epirus. Thessalien war erst 1881 nach dem Berliner Kongress Griechenland zugesprochen worden.

Nach einem Aufstand der griechisch-orthodoxen Bevölkerung in Kreta/Candia/*Girit* - welches seit 1669 vollständig zum Osmanischen Reich gehörte - intervenierten griechische Truppen im Rahmen der o. a. „*Megali Idea*" und der Vereinigung/*Enosis*. Im anschließenden Krieg siegten die osmanischen Truppen. Diesmal wurden die Osmanen bei den Friedensverhandlungen politisch unterstützt von Italien, Großbritannien, Frankreich und Russland, mussten aber im İstanbuler Abkommen 1897[262] einen griechischen Gouverneur/*Vali* unter osmanischer Verwaltung einsetzen. 1898 erhielt die Insel den Status eines internationalen Protektorats mit einem griechischen Hochkommissar. Der neue sog. „Kretische Staat"[263] gelangte jedoch - auch infolge der politischen Wirren im Osmanischen Reich - immer mehr unter griechischen Einfluss und wurde am Ende der Balkankriege nach dem Abkommen von Athen 1913[264] griechisch, wie auch Thessaloniki/Selanik.

---

[261] https://de.wikipedia.org. – Türkisch- Griechischer Krieg. https://tr.wikipedia.org. – Osmanlı - Yunan Savaşi (1897). https://en.wikipedia.org. – Greco Turkish War (1897).

[262] https://tr.wikipedia.org. – İstanbul Antlaşması (1897).

[263] https://de.wikipedia.org. – Kretischer Staat. https://tr.wikipedia.org. – Girit Devleti. In der türkischen Datei wird der Staat als „otonom" = „autonom" bezeichnet.

[264] https://tr.wikipedia.org. – Atina Antlaşması (1913)

Im zeitgleich verlaufenden sog. 30-Tage Krieg in Thessalien April - Mai 1997 und in Epirus war die osmanische Armee ebenfalls erfolgreich.

„Ancak savaşın yavaş tempoda cereyan etmesi üzerine, büyük devletlerden gelebilecek bir müdahaleyi önlemek için Sultan II. Abdülhamid, Edhem Paşa'ya yıldırım harbi emrini verdi." („Aber der Krieg fand unter einem derartigen Tempo statt, dass die Großmächte nicht mehr intervenieren konnten, bevor Sultan Abdülhamid II. Edhem Paşa den Befehl zu einem Blitzkrieg gegeben hatte." Übersetzung des Verfassers).[265]

Die osmanische Intervention auf dem Festland war eine Reaktion auf die griechische in Kreta, aber auch auf Unruhen im Gebiet des späteren Nordgriechenlands. Wahrscheinlich lagen die Gründe der schnellen Niederlage der griechischen Armee einerseits in einer politisch/militärischen Selbstüberschätzung - wie sie noch später im türkischen Unabhängigkeitskampf 1919-1922 erneut zutage treten wird - andererseits in mangelnder operativ-taktischer Vorbereitung und Einschätzung der vorangegangenen wirksamen Reformbestrebungen unter von der Goltz. Dieser hat nachfolgend den Krieg auf dem Festland ausführlich analysiert und äußert sich detailliert zur türkischen Armee.[266] Grundsätzlich sieht er diese immer noch im Übergang zur Realisierung der initiierten Reformen, einschließlich der Personalauswahl geeigneter Führer. Er sieht besonders gute Fortschritte in der Führung durch den „Großen Generalstab" vor Ort, bei der Infanterie und Artillerie, weniger gute hingegen bei der Kavallerie, dem Transportwesen, der Versorgung und dem Sanitätswesen. Er bemängelt die Führungsleistung auf der Divisionsebene und unterhalb, sieht Ursachen in einer Unterdrückung von Initiativen im Frieden, aus der im Krieg mangelnde Selbständigkeit erwächst. Von der Goltz kritisiert das langsame Tempo des Vorgehens, sieht allgemein die Armee noch nicht genügend reif für bewegliche Operationen.

„Beurtheilt man die Leistungen der Armee im Ganzen, so darf ferner nicht übersehen werden, daß dieselbe ihrer inneren Natur nach weit mehr für die passive Landesvertheidigung als für einen Offensivkrieg geeignet war."(S. 252).

---

[265] https://tr.wikipedia.org. – Osmanlı-Yunan Savaşı (1897).
https://commons.wikimedia.org. – Battle of Domokos map.
[266] Vgl. Von der Goltz „Der Thessalische Krieg und die Türkische Armee".

Diese Meinung wird Liman von Sanders Paşa noch 1918 ebenso vertreten.

Was von der Goltz nicht erwähnt ist das unverständliche Verhalten des Sultans: Von den ca. 700.000 (!) modernen Mauser-Gewehren ließ dieser nur eine von zehn Divisionen ausstatten.[267] Wahrscheinlich wieder wegen der panischen Angst vor seiner eigenen Armee.

Deutsche Berater nahmen auf beiden Seiten teil. Bei der Einnahme von Larissa/Yenişehir am 21.04.1897 war z. B. der deutsche Oberstleutnant und spätere General/Paşa Viktor Karl Ludwig von Grumbkow[268] als Artillerieinstruktor vor Ort. Er war 1982 zur Militärmission gestoßen, musste aber auf Weisung des deutschen Kaisers wieder das Gefechtsfeld verlassen. Hier spielte die verwandtschaftliche Nähe zum griechischen Königshaus eine Rolle.

Das entscheidende Gefecht fand statt in Dömeke/Domokos südlich von Pharsalos, wo schon 48 v. Chr. die Römer kämpften, mit anschließender Verfolgung der Griechen in Richtung Golos/Bolos an der Ägäisküste und mit drohendem Vormarsch auf Athen.

„Fakat Avrupa Devletleri'nin aralarında anlaşması üzerine Rus çarı II.Nikolay II. Abdülhamid bizzat telgraf çekerek savaşın durdurulmasını telep etti." („Aber um den europäischen Staaten (zeitlichen) Raum für ein Abkommen zu geben hat der Zar Nikolaus II Abdülhamid II in einem persönlichen Telegramm aufgefordert, den Krieg zu beenden." Übersetzung des Verfassers). (Türkische Datei).

Erfreulich also, dass schon damals unter Nutzung moderner Telekommunikation eine strategische „Hotline" betrieben werden konnte. Im Ergebnis mussten die Osmanen das besetzte Gebiet anschließend weder räumen. Es sollte nicht die letzte Auseinandersetzung zwischen diesen beiden Staaten gewesen sein. So dauern die Spannungen noch heute bilateral und in der NATO fort.

Der Rückblick auf das 19. Jhd. und die Osmanische Armee in dieser Zeit ist geprägt von Turbulenzen und einem weiteren politisch-militärischem Niedergang.

---

[267] Vgl. Uyar & Erickson „A Military History of the Ottomans" S. 211.
[268] https://de.wikipedia.org. – Viktor Karl Ludwig von Grumkow. Er verstarb 1901 bei der Rückfahrt nach Deutschland.

- Der Auftrag an die Armee zu Beginn des 19. Jhd. war zunächst ein interner, nämlich die ersten beiden Reformversuche von Selim III. und Mahmut II. umzusetzen - was am Widerstand des konservativem Militärs und der Ulema scheiterte. Auf z. T. erfolgreiche separatistische Bestrebungen im Westen, Süden und Nordosten sowie auf Angriffe von außen konnte die Armee nur reagieren und war auf Hilfe Anderer angewiesen. Nach dem Radikalschnitt 1826 und dem Gelingen des dritten umfassenden poltisch-militärischen Reformversuchs unter dem wohl größten Reformer Mahmut II. konnte sich allmählich die neue Armee erholen, internen und externen Gefährdungen jedoch noch nicht wirkungsvoll begegnen. Der implizite Auftrag an die Armee war notgedrungen, wenngleich so nicht propagiert, zunächst noch defensiv zu bleiben, stärker zu werden und den Status quo möglichst zu erhalten. Zum strategischen Angriff und für etwaige Gebietserweiterungen war sie mittlerweile zu schwach.

- Im Verhältnis zum Souverän und zur Politik agierte die Armee wie die Bevölkerung allgemein. Die Reformen in der Tanzimatperiode und im Zuge der Etablierung der Ersten Konstitutionellen Monarchie 1876 waren z. T. unter europäischem Druck entstanden, wenn auch langfristig nicht wirkungslos. Die Gleichstellung von Muslimen und Nicht-Muslimen wurde von der breiten Mehrheit nicht wirklich mitgetragen, das Parlament vom Sultan für 29 Jahre zur Inaktivität verdammt. Widerstand regte sich in Teilen der Armee, der Zivilbevölkerung und unter Meinungsführern im Ausland unter der Bezeichnung Jungosmanen und Jungtürken. Sie verlangten Reformen, beeinflusst von den Freiheitsgedanken der Französischen Revolution.

- Die Armee profitierte nicht nur von den Reformen von Mahmut II., sondern auch von dem Wirken zunächst französisch-britischer Reformer, später vorwiegend deutscher. Speziell unter von der Goltz Paşa kam frischer Wind in die Ausbildung und Ausrüstung des Heeres, während die Marine bis zum Ersten Weltkrieg noch rüstungstechnisch hinterherhinkte. Bis 1914 kümmerten sich z. B. aus der Seefahrernation Großbritannien der

Admiral Limpus[269] um die Marine, der französische General Baumann, basierend auf einer langen Erfahrung der Franzosen mit ihrer Gendarmerie,[270] um die *Jandarma*, bis auch in diesen beiden Teilstreitkräften die Deutschen das Ruder übernahmen. Außerdem brachte die Entsendung von osmanischen Offizieren in das westliche Ausland parallel zum Austausch von Botschaftern wichtige Erkenntnisse.

- Die Beziehung der Armee und der Bevölkerung zur Religion blieb weiterhin eng, was z. T. sogar - gepaart mit archaischem Aberglauben - militärische Entschlüsse beeinflusste. Nicht nur Moltke berichtet darüber. Die Ulema steht militärischen Reformen grundsätzlich im Weg, lässt sich aber von der überlegenen westlichen Rüstungstechnik zunehmend überzeugen, wenn es um das Schicksal des Reiches geht. Abdülhamid II. setzt sein Kalifenamt gezielt zum Machterhalt ein. Mustafa Kemal (Atatürk) muss selbst noch bis 1924 vorsichtig mit der Ulema taktieren, um sein Reformwerk mit dem Ziel einer „Republik" nicht zu gefährden.

---

[269] http://mentalfloss.com/article/30568/world war in centenial mission implausible.

[270] http://egm15-3.blogspot.de/2007/04/la gendarmerie. Die Ursprünge der französischen Gendarmerie reichen bis 1720, die formale Bezeichnung bis 1791. Auch kennt die Gendarmerie die zivil-militärische Doppelunterstellung.

VI   Der Militärputsch von 1909 und die Jungtürken

1889 bildete sich wiederum eine konspirative Gruppe, diesmal von vier militärischen Medizinstudenten. Der Gruppe, die unter dem Namen „Jungtürken/*Jön Türkler*"[271] bekannt wurde, schlossen sich bald weitere Soldaten und Zivilpersonen an. Sie knüpfte Beziehungen ins Ausland und gründete nach einem Namenswechsel 1907 eine Partei mit Namen „*İttihat ve Terakki*", „Einheit und Fortschritt".[272] Die Jungtürken waren möglicherweise beeinflusst von den nationalen Einigungsgedanken der italienischen Gruppe der Carbonari, die sich Anfang des 19. Jhd. gebildet hatte.[273] Die Ideen der Jungtürken beschreibt Lewis kurz und knapp: „*Their political ideas were simple and rudimentary – freedom and fatherland, the constution and the nation.*"[274]

Führer eines ersten gescheiterten Putschversuches 1896 war General Kâzım Paşa, Kommandeur der 1. Division in Istanbul, der wie die 78 Mitverschwörer erstaunlicherweise mit dem Leben davon kam. Ab 1906 bildeten sich weitere revolutionäre Zellen, u. a. in Damaskus, wohin Mustafa Kemal wegen revolutionärer Umtriebe nach der Zeit in der Militärakademie strafversetzt worden war. Der Schwerpunkt der Umtriebe lag vor allem beim III. Korps in Saloniki. Dortige Verschwörer waren u. a. der spätere Kriegsminister Enver Paşa und der spätere Innenminister Tâlat Paşa. Ein Versuch des Sultans, die Lage in Mazedonien in den Griff zu bekommen, endete mit der Ermordung des entsandten Şemsi Paşa. Mittlerweile zeigte sich auch das II. Korps in Edirne mit den Verschwörern solidarisch. Am 21.07.1908 wurde dem Sultan telegrafisch ein Ultimatum gesetzt: Am 24.07.1908 musste er Neuwahlen ansetzen, das Parlament wieder einberufen und die Verfassung in Kraft setzen, womit die zweite osmanische Verfassungsperiode/*İkinci Meşrutiyet* begann.[275]

---

271 https://de.wikipedia.org. – Jungtürken. https://tr.wikipedia.org. – Jön Türkler.
272 https://tr.wikipedia.org. – İttihat ve Terakki. https://de.wikipedia.org. - Komitee für Einheit und Fortschritt.
273 https://de.wikipedia.org. – Carbonari.
274 Vgl. Lewis „The Emergence of Modern Turkey".
275 https://de.wikipedia.org.–Zweite osmanische Verfassungsperiode.
https://tr.wikipedia.org.– İkinci Meşrutiyet.

Die Verfassung (die bis 1918 mehrfach ergänzt wurde) schrieb grundsätzlich die Inhalte der beiden o. a. Tanzimat-Dekrete aus dem 19. Jhd. fort. Sie bestimmte u.a., dass der Sultan Oberbefehlshaber der Streitkräfte bleibt und Beförderungen vornehmen kann (Art. 7). Mit Art. 62 wurde festgelegt, dass die Mitglieder im Senat (der zweiten Kammer) mindestens Funktionen vergleichbar dem Generalsrang eines Divisionskommandeurs der Land- oder Seestreitkräfte (*Ferik*) innegehabt haben mussten. Über den Auftrag der Streitkräfte oder eine allgemeine Wehrpflicht enthielt die Verfassung keine Aussagen.

Mit der ersten türkischen Verfassung von 1921 als Gesetz Nr. 85[276], das Werk von Mustafa Kemal, bekam die osmanische Verfassung von 1876 eine tödliche Konkurrenz; sie wurde 1923 zu Grabe getragen und 1924 durch die republikanische Verfassung ersetzt, womit die Doppelverfassungsperiode endete.

Der revolutionäre Geist von Teilen der Armee schlief allerdings nicht. Albanische konservative islamistische Offiziere des I. Korps in Istanbul, die die Scharia/Şeriat gefährdet sahen, machten in İstanbul am 12.04.1909 eine Gegenrevolution, deren Forderungen von Abdülhamid II. - z. B. die Absetzung des Großwesirs - zunächst erfüllt wurden.[277] Darunter waren viele ältere „*Alaylı* Offiziere", also die „Regimentsoffiziere", die entgegen den „*Mektebli* Offizieren" das Kriegsschulsystem nicht durchlaufen hatten und schlechtere Karrierechancen hatten. Sie fielen z. T. den Säuberungen zum Opfer, mussten dann aber für die Balkankriege wieder reaktiviert werden.[278]

Das wiederum brachte den nationalistischen Flügel der Jungtürken und die Militärs in Saloniki in Rage. Sie marschierten unter dem Befehlshaber der 3. Armee, General Şevket Paşa[279], mit einigen Truppen[280] nach İstanbul und bereiteten am 24.04.1909 dem Spuk ein Ende.

---

[276] https://de.wikipedia.org. – Türkische Verfassung von 1921.

[277] Der nachfolgende Tag war der 13. April 1909, nach dem Rumi Kalender der 31.03.1325. Daher nannte man das Ereignis „*31 Mart Vakası*", das „Ereignis vom 31. März". https://tr.wikipedia.org. – 31 Mart Vakası.

[278] Vgl. Uyar & Erickson „A Military History of the Ottomans" S. 221.

[279] https://tr.wikipedia.org. – Mahmud Şevket Paşa.

[280] Genannt „*Hareket ordusu*" – Eingreiftruppe. https://tr.wikipedia.org. – Hareket Ordusu.

„Hareket Ordusu ittihatçılerin, 1909 yılında, 31 Mart Ayaklanması'nı bastirmak için Selanık'ten Mahmut Şevket Paşa komutasında İstanbul'a gönderdikleri ordudur. Kurmay başkanı ise Kolağası Mustafa Kemal Bey'dir." („Die Eingreiftruppe der İttihat-Aktionisten wurde am 31. März 1909 unter dem Armeebefehlshaber Şevket Paşa von Selanik nach Istanbul geschickt, um den Aufstand zu unterdrücken. Der Chef des Stabes war immerhin der Stabshauptmann Mustafa Kemal." Übersetzung des Verfassers).

Er, der spätere Atatürk, war seit 1908 als Nr. 322 Mitglied dieser Partei[281], hat sich dann aber im September 1909 von ihr gelöst,[282] weil er u.a. mit einer grundlegenden Idee keine Unterstützung fand. Diese war die strikte Trennung der Parteizugehörigkeit vom Offizierstatus:

„Önceleri İttihatçılara yakın ve hatta cemiyetin kurucularından olmakla birlikte, zamanla geriye çekilmiş, 1909'dan sonra ise ordunun siyâsetten uzak kalmasını savunmuştur."[283] („Obwohl er den frühen Parteifreunden nahe stand und sogar zu den Gründern der Partei gehörte, zog er sich mit der Zeit zurück und verteidigte dies nach 1909 auch damit, dass sich die Armee von der Politik fernhalten solle." Übersetzung des Verfassers).

Bei der Vermischung von zwei „Befehlsketten" würde sonst die militärische Disziplin leiden. Dieser wichtige Grundsatz wurde von ihm bei Schaffung der Republik auch strikt verfolgt; er sollte wegweisend sein bis in die Gegenwart. Mustafa Kemal diente danach nur noch als Soldat bis zu seinem Abdanken bzw. seiner Entlassung 1919, dem Jahresbeginn des Unabhängigkeitskrieges.[284] Die Partei hat er 1923 verboten.

---

[281] *İttihat ve Terraki* – Einheit und Fortschritt.
[282] Vgl. Tröndle „Mustafa Kemal Atatürk" S. 39.
[283] Vgl. Baykara „Millî Mücâdele" S. 24.
[284] https://tr.wikipedia.org. – İttihat ve Terraki.

Der Türke dreht 1909 Abdülhamid II den Rücken zu

(Quelle: https://commons.wikimedia.org. – Abdulhamid Cartoon 1909)

Der Sultan wurde abgesetzt und das Amt mit Antritt von Mehmet V. endgültig entmachtet. Die Schlüsselpositionen wurden neu besetzt und neue Gesetze in Kraft gesetzt, die den Weg in einen repressiven türkischen Nationalismus wiesen. Wiederum blieben die Ideale von Gleichheit und Toleranz nach anfänglicher Euphorie auf der Strecke.

Der Verlust von Territorien wie Kreta an Griechenland, Bosnien-Herzegowina an Österreich-Ungarn 1908, die Unabhängigkeitserklärung der Serben im gleichen Jahr und drohende Verluste an der nordafrikanischen Küste[285] durch den Angriff der Italiener 1911 verschärften die Situation. Außerdem war durchgesickert, dass der Zar und der

---

[285] Nach dem Verlust von Algerien 1830 und von Tunesien 1881 – beide Länder gingen an Frankreich - sowie des faktischen Verlustes von Ägypten an Großbritannien waren an der nordafrikanischen Küste nur noch Libyen mit Tripolis und die Cyrenaika im osmanischen Besitz verblieben.

britische König bei einem Treffen in Reval 1908 die Absicht verfolgten, das Osmanische Reich aufzuteilen.

Das neue Regime stemmte sich mit aller Kraft gegen die innere und äußere Bedrohung, führte sogar zum ersten Mal in der osmanischen Geschichte - noch vor den Balkankriegen - zum 07.08.1909 die Allgemeine Wehrpflicht ein.[286] Erstmals wurden auch Nichtmuslime zu ca. 2/3 ausgehoben. Allerdings wurde Anfang 1919 der Einsatz der Nichtmuslime an der Front schon wieder durch die Jungtürken beendet.

Italien griff im Oktober 1911 Tripolis/Trablusgarp[287] in Libyen an. Die Osmanen, die seit 1551 das Gebiet besaßen, konnten weder eine Flotte entsenden noch ein Heer, da die Briten den Zugang über Ägypten verweigerten. So konnten nur einige Offiziere - darunter Enver und Mustafa Kemal, z. T. unter Verkleidung und auf abenteuerlichen Wegen - das Gebiet erreichen, um dort mit schwachen Kräften und mit Unterstützung der einheimischen Senusi/Sanusiya[288] zu verteidigen. Die Italiener konnten hingegen Marinestreitkräfte aufbieten zur Unterbindung osmanischer Marineoperationen und zur Verlegung italienischer Truppen. Das Kräfteverhältnis war ca. 1:3 zuungunsten der Osmanen. Nach osmanischen Anfangserfolgen ab März 1912 in Derna (unter Mustafa Kemal) und in Tobruk und Bengasi (unter Enver) wurden die Osmanen am 18.10.2012 jedoch zum Frieden von Ouchy/Uşi[289] (bei Lausanne) gezwungen. Zusätzlich hatten die Italiener noch die Dodekanesinseln besetzt, im April 1912 Dardanellen Forts bombardiert, im Roten Meer angegriffen und ein Gefecht bei Beirut geführt. Mit dem Abkommen wurden Tripolitanien und Bengasien autonom bzw. kamen de facto unter italienische Kontrolle. Die Dodekanes kamen nur temporär unter italienische Kontrolle und gingen 1948 an Griechenland.

---

[286] Vgl. Lewis „The Emergence of Modern Turkey" S. 214. Vgl. Uyar & Erickson "A Military History of the Ottomans" S. 221.

[287] Zur Unterscheidung von Tripoli im Libanon wird die Stadt mit *Trablusgarp* bezeichnet, also das „Trablus im Westen".

[288] Eine islamische Sufi-Bruderschaft in Libyen 1843-1969.
https://de.wikipedia.org. – Sanusiya.

[289] https://tr.wikipedia.org. – Uşi Antlaşması.

Die Senusi kämpften noch jahrelang gegen die Italiener mit Guerilla-krieg, wobei es mehrfach zu großen Verlusten auf afrikanischer Seite kam, besonders durch einen italienischen Giftgasangriff 1928. Die Italiener erklärten Libyen 1934 zur Kolonie; das Land wurde 1951 unabhängig

Militärisch bemerkenswert war der Einsatz von italienischen Luft-schiffen mit Bombenabwurf und von Flugzeugen.[290] Die Italiener hatten bereits zwei Luftschiffe und 22 Flugzeuge verfügbar, während auf osmanischer Seite vor Ort keine Flugabwehrkanonen oder Luft-fahrzeuge vorhanden waren. Am 22.10.1911 fand der erste italieni-sche Aufklärungsflug über afrikanisch-osmanischem Territorium mit einer Blériot XI statt, am 01.11.1911 auch ein Angriffsflug mit Ab-wurf von 4 Bomben:

„Giulio Gavotti ise 1 Kasım günü Etrich Taube model bir uçakla Libya'daki Osmanlı kuvvetlerine karşı bir hava saldırısı düzenlemiş ve bu saldırı, ilk hava saldırısı olarak tarihe geçmiştir. Herhangi bir hava taşıtı savunma silahı olmayan askerleri ise tüfek atışıyla bir uçak düşürmeyi başarmıştır. "

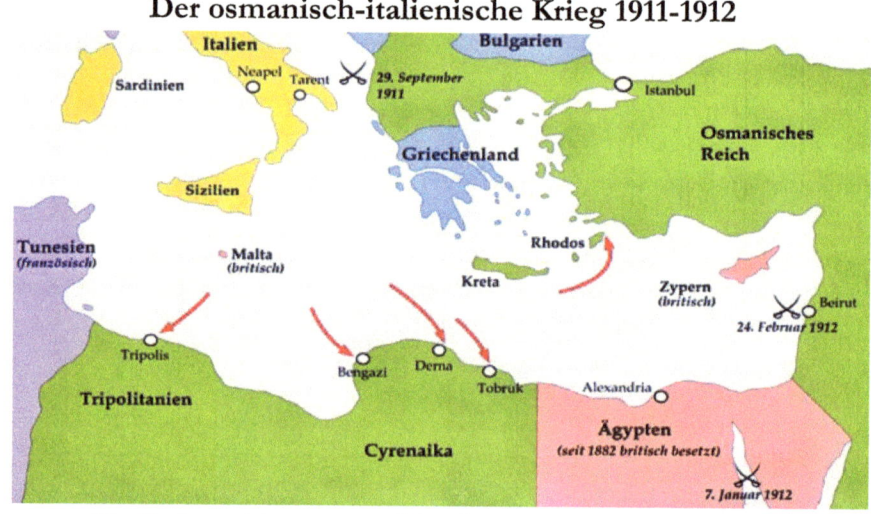

Der osmanisch-italienische Krieg 1911-1912

(Quelle: https://commons.wikimedia.org. – File Bellum 191.png)

---

[290] Über den Flugzeugeinsatz z.B. trug im Beisein des Autors ein italienischer Refe-rent in versöhnlichem Ton vor zum hundertsten Jahrestag der türkischen Luft-streitkräfte in İstanbul 2011.

(„Giulio Gavotti hat sogar am 1. November mit einem Flugzeug der Marke Etrich Taube gegen osmanische Streitkräfte in Libyen einen Luftangriff geflogen, historisch der erste Luftangriff. Die Soldaten haben dann in Ermangelung einer Flugabwehrwaffe das Flugzeug mit Gewehrfeuer zum Absturz gebracht." Übersetzung des Verfassers).[291]

„10 Mart günü İtalyanlar güdümlü balonları P-2 ve P-3'ü getirerek, Türk mevzilerini bunlarla bombardıman ettiler." („Am 10. März setzten die Italiener die beiden Luftschiffe P-2 und P-3[292] ein, indem sie die türkischen Stellungen bombardierten." Übersetzung des Verfassers). Die Italiener setzten für die Aufklärung schon Fotoapparate ein.

In die o. a. Friedensverhandlungen hinein begann der erste Balkankrieg am 08.10.1912, ausgehend von Griechenland, Serbien, Bulgarien und Montenegro. Diese Staaten hatten mit Russland den Balkanbund[293] gebildet, der eine Aufteilung der osmanischen Gebiete auf dem Balkan vorsah. Die Kämpfe fanden statt an vier Fronten, von denen die in Ostrumelien mit dem Vorgehen der Bulgaren auf Edirne die gefährlichste war. Nach Aufwuchs beim Gegner standen auf dem Balkan den etwa 340.000 Osmanen ca. 1,3 Mio. Soldaten gegenüber. Das Osmanische Reich hatte noch Kräfte im Jemen gebunden und im Nordosten Anatoliens, wo es eine russische Invasion befürchtete. Die griechische Marine zwang die osmanische, sich in die Dardanellen zurückzuziehen - mit rühmlicher Ausnahme des Kreuzers Hamidiye.[294] Dieser bombardierte Ende 1912 die bulgarische Küste um Varna, Anfang 1913 griechische Anlagen, „neutralisierte" (versenkte) den griechischen Kreuzer „Makedonya" und später noch sechs griechische Handelsschiffe. Kommandant war Rauf Orbay[295], der spätere Marineminister.

---

[291] https://tr.wikipedia.org.– Trablusgarp Savaşı. Die relativ kleinen Bomben wurden noch per Hand abgeworfen.

[292] P = Parseval.

[293] https://de.wikipedia.org. – Balkanbund.

[294] https://de.wikipedia.org. – Hamidiye (Kreuzer). https://tr.wikipedia.org. – Hamidiye (Kruvazör).

[295] https://tr.wikipedia.org. – Rauf Orbay.

Der Kreuzer Hamidiye

(Quelle: https://commons.wikimedia.org. – Savuranoğlu Hamidiye).

Den Zustand der Osmanischen Armee beschreibt das türkische Geschichtsbuch zutreffend, wenngleich mit erstaunlicher Begründung:[296]

„Osmanlı yöneticileri savaş öncesi Rusya'nın Balkanlara saldırmayacağı düşüncesiyle ordunun büyük bir kısmını terhis etmişlerdi. Balkan Savaşı başladığında Osmanlı Ordusu düzensiz bir durumdaydı. Orduda siyasi bölünmeler vardı. Bu nedenlerle Osmanlı ordusu her cephede yenildi."

(„ Die Osmanische Führung hatte vor dem Krieg nicht an einen von Russland ausgelösten Aufstand auf dem Balkan geglaubt und einen großen Teil der Armee entlassen. Zu Beginn des Balkankrieges war die Osmanische Armee in einem ungeordneten Zustand. Nur Teile der Armee waren kriegstüchtig. Daher war die Osmanische Armee an jeder Front unterlegen." Übersetzung des Verfassers).

In der türkischen Datei wird die Zahl der Entlassenen auf dem Balkan mit derselben Begründung mit 75.000 angegeben. Ein wichtiger Faktor war das Ausscheren albanischer Soldaten nach Abfall Albaniens:

---

[296] Vgl. im Schulbuch Tarih Lise 2 S. 70.

„Balkanlarda Arnavutlar Osmanlılara ihanet itti.“ („Unter den Balkanbewohnern haben die Albaner gegenüber den Osmanen Verrat begangen.“ Übersetzung des Verfassers).

Es herrschte innere Zerrissenheit in einer mittlerweile politisierten Armee. Die Rivalität zweier konkurrierender Parteien schlug auf die Armee durch: Nach einem Putsch gegen die regierende liberalere *„Hürriyet ve İtilaf Fırkası“* (Freiheits- und Einigkeitspartei) Anfang 1913 durch die ältere *„İttihat ve Terraki Fırkası”* (Einheits- und Fortschrittspartei) der Jungtürken unter Enver setzte sich diese bekanntlich bis zum Ende des Ersten Weltkrieges durch. Sie wurde im November 1918 aufgelöst; die *Hürriyet ve İtilaf Fırkası* ereilte das gleiche Schicksal im Juni 1919.

Das Osmanische Reich und die Armee hatten auch ein Qualitätsproblem im Bereich der Infrastruktur, da das Fehl an leistungsfähigen Eisenbahnlinien und Straßen sowohl den Aufmarsch erschwerten wie auch die Logistik. Das Wehrmaterial war z. T. veraltet, die Disziplin brüchig. Anders ist nicht zu erklären, warum in Selanik vor den Griechen ca. 26.000 Soldaten kapitulierten, in Yanya/Joannina die Griechen ca. 33.000 Kriegsgefangene machen konnten und die Bulgaren ca. 65.000. Nach türkischen Angaben sind insgesamt ca. 115.000 in Gefangenschaft geraten, also ca. 30 %.[297]

Den Zustand der Armee im Balkankrieg 1912 hat Mahmud Muhtar (Katırcıoğlu) Paşa [298] - der als Befehlshaber die 2. Ostarmee kommandierte - im letzten Kapitel seines Buches schonungslos beschrieben.[299] Er sagt, dass sie nicht von den Bulgaren besiegt worden seien, sondern von den eigenen gravierenden Mängeln schon im Vorlauf zum Krieg. Wichtige Ursachen lägen in der Umorganisation der Armee sowie in der Gesamtkonzeption nach 1909. Eine von vielen Ursachen sei unter den vielen Desertionen türkischer Soldaten auch die

---

[297] https://de.wikipedia.org. – Balkankriege. https://tr.wikipedia.org. – Balkan Savaşları.
    1. Balkankrieg: https://tr.wikipedia.org. - Birinci Balkan Savaşı.
    2. Balkankrieg: https://tr.wikipedia.org. - İkinci Balkan Savaşı.
[298] https://tr.wikipedia.org . – Mahmud Muhtar Katırcıoğlu.
https://de.wikipedia.org. – Mahmud Muhtar Pascha.
[299] Vgl. Mahmud Mukhtar Pascha „Meine Führung im Balkankriege 1912“. Schlusskapitel „Betrachtungen“.

Fahnenflucht der „Rum" gewesen - also der griechisch-stämmigen Soldaten - sowie die Drückebergerei der „*Sarıklı*", der Turbanträger bzw. der islamischen Geistlichen. Er fordert, dass religiöses Vertrauen und Ergebenheit in Allah zu paaren sei mit militärischem Gefühl, Nationalbewusstsein, guter Ausbildung und Ausrüstung. *„Gottesfurcht beseitigt eben nicht die Furcht vor Geschossen"* (S. 164). Zusätzlich erwähnt Muhtar die gravierenden Mängel an Bekleidung und Ausrüstung, zusätzlich die erzwungene Passivität von 12 Flugzeugen ohne Pilot. Die Ehre der Marine habe die o. a. Hamidiye gerettet. Resumierend zitiert er ein türkisches Sprichwort, welches in der Übersetzung lautet: *„Das höchste Wissen liegt in der Erkenntnis der eigenen Mängel."*

Mit dem Londoner Abkommen vom 30.05.1913 wurden der erste Balkankrieg beendet und Albanien unabhängig. Balkanterritorien wuren aufgeteilt auf Griechenland (einschließlich Selanik und Kreta), auf Serbien und auf Bulgarien, dort bis zur Linie Midye-Enez, was der Cataļca-Linie entspricht. Große Fluchtbewegungen muslimischer Teile von weit über einer Mio. Zivilpersonen der osmanischen Bevölkerung vom Balkan setzten ein in Richtung auf Ostthrakien und Anatolien, denn nach türkischen Angaben lebten 1912 von 28 Mio. Osmanen insgesamt 6,1 Mio. auf dem Balkan.

Nicht unerwähnt sollte bleiben, dass nach dem für die Osmanen verheerenden Verlauf des ersten Balkankrieges Diskussionen über die Gründe geführt wurden, ob gar die deutschen militärischen Berater bzw. Reformer an der Niederlage Mitschuld trügen. Hierzu muss festgestellt werden, dass zwar nach dem Wirken von der Goltz immer wieder Berater entsandt worden waren - eine weitere Militärmission erst wieder 1909 - diese aber wenig Einfluss ausüben konnten. Im Balkankrieg selbst hat der osmanische Kriegsminister Nâzım Paşa[300] auf eine Mithilfe der Deutschen verzichten wollen. Dennoch haben deutsche Piloten Einsätze geflogen und Oberstleutnant von Lossow sogar - erstmals mit offizieller deutscher Billigung - erfolgreich eine osmanische Division geführt.[301]

---

[300] https://tr.wikipedia.org. – Nâzım Paşa. Kriegsminister 08.01.1912-23.01.1913.
[301] Vgl. Lisec „Der Völkermord an den Armeniern im 1. Weltkrieg – Deutsche Offiziere beteiligt?" S. 41.

In der türkischen Personenbeschreibung des Kriegsministers Nâzım Paşa werden vielmehr große Planungsmängel dem 1908-1913 amtierenden Generalstabschef İzzet Paşa zugewiesen.[302] Dieser habe die Reduktionen in der Personalstärke zu verantworten und sei im Übrigen den strategischen Verteidigungsplanungen seitens von der Goltz nicht gefolgt, der großen Wert auf Mobilmachung, Aufmarsch und Operationsplanung gelegt hätte. Zudem war İzzet Paşa vor Ort nicht verfügbar, da mit einer Niederschlagung von Unruhen im Jemen beschäftigt.

Schon während des Krieges wurden Spannungen zwischen den Siegermächten deutlich, die zu einer neuen Konstellation zu Beginn des zweiten Balkankrieges führten.

Mit der Ansicht, dass Bulgarien ein zu großes Stück Kuchen erhalten hätte, schlossen sich im Juni 1913 Serbien, Griechenland, Montenegro, am 11.07.1913 das Osmanische Reich und später Rumänien zusammen gegen Bulgarien. Dieses musste nun seinerseits Niederlagen einstecken und am Schluss wieder Gebiete abtreten. Osmanische Truppen unter Enver gingen auf Edirne vor und marschierten dort am 21.07.1913 ein. In dem bilateralen İstanbul-Abkommen von Bulgarien mit dem Osmanischen Reich vom 23.09.1913 erhielt dieses Ostthrakien zurück; die Grenze wurde der heutige Grenzfluss Maritza/Meriç Irmağı. Westthrakien ging an Bulgarien, später an Griechenland. In einem weiteren bilateralen Abkommen mit Griechenland vom 14.11.1913 in Athen verzichtete das Osmanische Reich auf die Region um Selanik, auf Kreta und Inseln in der Ägäis.

---

[302] https://tr.wikipedia.org. – Ahmet İzzet Furgaç. 23.07.1908-11.06.1913. Bezeichnung *„Erkân-ı Harbiye-i Umûmiye Riyaseti"*.

Ergebnisse der beiden Balkankriege 1812-1813
(Stand nach dem 30.05.1813 und nach dem 10.08.1913)

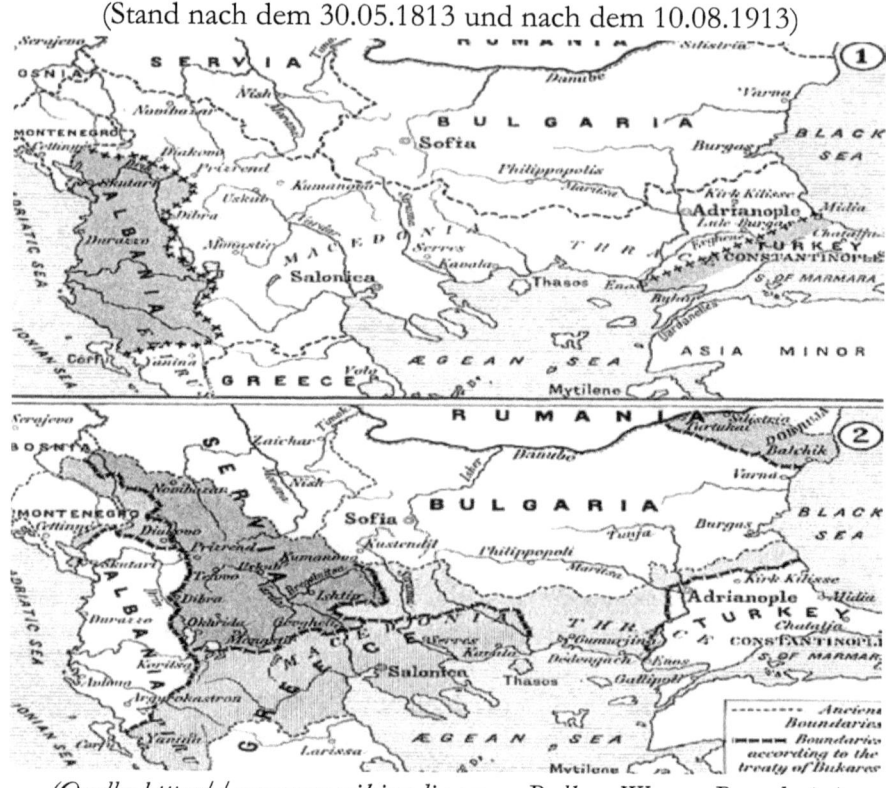

(Quelle: https://commons.wikimedia.org. – Balkan Wars – Boundaries)

In İstanbul hatten der verlorene Krieg gegen Italien 1911 und der Verlauf des ersten Balkankrieges politische Folgen. Wie o. a. putschten 1913 die Jungtürken mit den Militärs unter Führung von Enver gegen die nach ihrer Auffassung zu liberale und schwache Regierung.

„23 Ocak 1913 tarihinde Enver Bey öncülüğünde silahlı bir grubun Bâb-ı Aâli'de toplantı halindeki hükûmeti basması, Harbiye Nazırı Nâzım Paşa'yı öldürmesi ve sadrazam Kâmil Paşa'nın kafasına silah dayarak istifa zorlaması ile İttihat ve Terakki, askeri darbe ile iktidarı ele geçirdi."(„Am 23. Januar 1913 vollführte eine bewaffnete Gruppe unter Führung von Enver Bey einen Staatsstreich auf eine Sitzung im Regierungsgebäude, tötete den Kriegsminister Nâzım Paşa, hielt dem Großwesir Kâmil Paşa eine Waffe an den Kopf, zwang ihn zum Rücktritt und hat so mit einer

militärischen Aktion zusammen mit der İttihat und Terraki Partei die Macht übernommen." Übersetzung des Verfassers).[303]

Zu diesem Zeitpunkt war Enver noch Major, kurz danach aber schon General/Paşa. Als dann der neue Großwesir Şevket Paşa am 11.06.1913 ermordet wurde entwickelte sich die neue Regierung in Richtung auf eine Militärdiktatur mit einem machtlosen Sultan, mit einer Partei im Hintergrund und einem weitgehend machtlosen oder zeitweise aufgelösten Parlament.

Enver bildete später mit einem anderen Offizier mit Namen Cemal und einer Zivilperson mit Namen Talât, einem führenden Mitglied der Partei, im neuen Kabinett ein Triumvirat. Nunmehr wurden Enver Paşa Kriegsminister, Talât Paşa Innenminister und Cemal Paşa Marineminister. Da aber Cemal Paşa schon Ende 1914 die 4. Armee in Damaskus übernahm und dort auch Gouverneur/ *Vali* über ein riesiges Gebiet wurde, führte Enver Paşa de facto das Marineministeramt bis Ende 1917 in Personalunion[304], schrumpfte das Machtzentrum realiter auf ein Duumvirat.

Enver Paşa setzte Anfang 1914 die bereits vom Kriegsminister İzzet Paşa Ende 1913 begonnenen Reformen in der Armee fort, die mit dem Eintreffen der deutschen Militärmission unter General Liman von Sanders Ende 1913 mit Elan fortgeführt wurden. Die Reformen umfassten eine Reduktion der Reservetruppen auf ca. 40 % zugunsten der aktiven, die Entlassung von ca. 1.300 Offizieren, die Straffung der Ausbildung (auch der der neu Einberufenen) sowie die Durchführung von Übungen für das Zusammenwirken der Truppengattungen im sog. „Gefecht der verbundenen Waffen". Selbst die Führung eines Kriegstagebuches (*Harp ceredesi*) wurde gelehrt. Die Befehle waren in einem bestimmten Format zu erstellen mit sieben Abschnitten.[305] Die NATO hat z. B. ein ähnliches Verfahren auch in einem Standarisation Agreement (STANAG) festgelegt.

Wie bereits erwähnt, wurden auf osmanischer Seite - nach dem später festgelegten Gründungsdatum der türkischen Luftstreitkräfte 1911 -

---

303 https://tr.wikipedia.org. – İttihat ve Terraki.
304 Vgl. Lisec „Der Völkermord an den Armeniern im 1. Weltkrieg – Deutsche Offiziere beteiligt?" S. 64.
305 Vgl. Erickson „Ottoman Army Effectiveness in World War I" S. 9-11.

in den Balkankriegen 1912/1913 erstmals Flugzeuge eingesetzt. Da noch über keine eigene Flugzeugindustrie verfügend wurden diese im Ausland erworben und die Flugzeugführer/Piloten/*Tayyaretci* sowie Beobachter/*Rasıt* dort zunächst ausgebildet.

Das Triumvirat und Machtzentrum 1913-1918
(Üç Paşalar - Die drei Paschas)

(Quelle: https://commons.wikimedia.org.files)

İsmail Enver Paşa   Mehmed Talât Paşa   Ahmed Cemal Paşa

Die Geschichte der osmanischen Luftstreitkräfte 1911-1918 ist umfassend und sehr detailliert beschrieben in einem fünfbändigen türkisch-sprachigen Werk mit dem Titel „*Türk Hava Kuvvetlei Tarihi*" von Prof. Kurter aus dem Jahre 2006 - offensichtlich eine Auftragsarbeit für die Türkischen Luftstreitkräfte[306] - mit dem Fokus auf den osmanisch/türkischen Luftstreitkräften, die also unter osmanisch-türkischem Hoheitsabzeichen operierten.[307] Das heißt, dass z. B. deutsche Flugzeuge, die im Ersten Weltkrieg im Osmanischen Reich unter deutschem Hoheitsabzeichen operierten, nur am Rande dargestellt werden, wohl weil umfassende Kenntnisse hierüber nicht vorlagen oder vorliegen.

---

[306] Im Besitz des Autors. Nach seiner Kenntnis nur in Türkisch erschienen. Ohne ISBN - Nummer. Mit einem Vorwort von Orgeneral Faruk Cömert.
[307] Bei Flugzeugen, die von Deutschland erworben wurden - im Ersten Weltkrieg nahezu ausschließlich - war das Hoheitsabzeichen nur ein schwarz übermaltes Quadrat mit dem Eisernen Kreuz, später dann der Halbmond mit Stern.

Die Zusammenarbeit mit den deutschen Luftstreitkräften 1911-2011 wird dargestellt in dem zweisprachigen Buch *„Askeri Havacılıkta 100 yıllık Türk Alman İşbirliği"* bzw. „100 Jahre Deutsch/Türkische Zusammenarbeit in der militärischen Luftfahrt", eine Auftragsarbeit für das Ankara Büro der Firma EADS unter Mitwirkung des Autors, türkischen und deutschen Autoren.[308] Unter Rückgriff auf beide Werke und weitere Literatur sowie verfügbare offizielle und private Dateien im INTERNET[309] ergibt sich somit ein recht komplettes Bild der Entwicklung der türkischen Luftstreitkräfte bis zur Gegenwart. Hier zunächst die Entwicklung bis 1914 und die Einsätze in den Balkankriegen.

Erste Flugversuche mit menschlicher Muskelkraft gab es angeblich schon um 1630 vom Galataturm in İstanbul von Ahmet Çelebi, in Deutschland nachweislich von Otto Lilienthal, der 1896 tödlich abstürzte, in den USA von den Gebrüdern Wright um 1901. 1903 schaffte Orville Wright dann auch den ersten Motorflug über eine sehr kurze Entfernung. Am 25.07.1909 flog der Franzose Louis Blériot mit einer gleichnamigen Maschine über den Ärmelkanal nach England. Die Franzosen wurden danach führend im Flugzeugbau, weshalb das Osmanische Reich vor allem mit ihnen die Kooperation suchte. 1911 hielt Frankreich alle „Weltrekorde" für Flugzeugflüge.

Dieser Kooperation voraus gingen 1912 Experimente mit zwei vom Osmanischen Reich erworbenen deutschen Fesselballonen Typ Drachen und 1913 mit einem Luftschiff Typ Parseval, auf deren Technolgie Deutschland bis in den Ersten Weltkrieg hinein wegen zögerlichen Verhaltens der Militärs zu lange den Schwerpunkt gesetzt hatte. Graf Ferdinand von Zeppelins gesteuerte Luftschiffe (*Güdümli balon*) mit einer Aluminiumhaut wurden besonders bekannt. Der İstanbuler Stadtteil Yeşilköy wurde Versuchsgelände und Ort späterer Flugschulen: 1912 der ersten Schule für Land-/Heeresflieger, 1914 der zweiten Schule als Marinefliegerschule und 1917 der Stationierung einer Jagdfliegerschule und zgl. einer operativen Jagdfliegerstaffel zum Schutz der Hauptstadt. Heute ist dies der Ort des modernen Atatürk-Flughafens.

---

[308] Da nur in kleiner Auflage erschienen ist das Buch zumindest ausleihbar im deutschen Bibliothekssystem: ISBN 978-975-8559-13.-8.

[309] https://tr.wikipdia.org. – Osmanlı Tayyare Bölükleri.

Fesselballone und Luftschiffe wurden noch im Ersten Weltkrieg im Osmanischen Reich mit deutschen und osmanischen Besatzungen eingesetzt: Ballone zur Aufklärung und als Sperrkörper gegen feindliche Luftfahrzeuge, z. B. an den Meerengen und vor İzmir, und Luftschiffe z. B. über dem Schwarzen Meer zur bewaffneten Aufklärung. Sie operierten von Jamboli/Yanbolu in Bulgarien 1915 bis 1917, auch zur Überwachung osmanischer Kohletransporte an der Schwarzmeerküste. Das Aufkommen der Funkentelegrafie mit etwa 100 km Reichweite, weiterentwickelt zu einer „Richtungstelegrafie" mit der Fähigkeit zur Ortsbestimmung, und der Aufbau eines geeigneten Meldenetzes im Osmanischen Reich steigerte die zeitliche Wirkung der Aufklärungsergebnisse. Gegen Mitte des Ersten Weltkriegs wurden allerdings die Ballone und Luftschiffe verdrängt von den Luftfahrzeugen „schwerer als Luft", also den Flächenflugzeugen.

Mustafa Kemal (Atatürk) war einer der ersten Offiziere, der das neue Kriegsmittel im September 1910 in der Picardie in Frankreich im Manöver inspizieren konnte, zusammen mit dem Militärattaché Fethi Bey. Zum Einsatz kamen dort 14 Flugzeuge und 4 Luftschiffe. Als Atatürk die politische Verantwortung in der Türkei übernommen hatte förderte er diese neue dritte klassische Teilstreitkraft der Armee mit den beiden berühmten Worten, die auch im u. a. Wappen der Schule der Türkischen Luftstreitkräfte stehen: „İstikbal Göklerdedir." („Die Zukunft liegt am Himmel." Übersetzung des Verfassers). Das Gründungsdatum der Schule wird mit 1951 angegeben.

Der Kriegsminister Mahmut Şevket Paşa[310], auch ein Förderer, kaufte zwischen 1911 und 1914 französische, britische und deutsche Flugzeuge, ließ osmanische Piloten im Ausland ausbilden, die dann 1912 Maschinen nach İstanbul überführten. Am 26.04.1912 fand in Yeşilköy der erste Flug eines osmanischen Piloten, Hauptmann Fesâ Bey, auf einem Flugzeug vom Typ R.E.P. statt.[311]

---

[310] Kriegsminister und Großwesir im Zeitraum 1910 -1913. https://tr.wikipedia.org. – Mahmud Şevket Paşa.
[311] Vgl. Kurter Cilt I sayfa 83.

Zu Beginn des Balkankrieges verfügte das Osmanische Reich über zehn Einsatz-Flugzeuge von fünf verschiedenen Typen sowie vier Maschinen zur Ausbildung.[312]

Zu Beobachtungszwecken wurden zwei Sätze Ferngläser von der deutschen Firma Zeiss beschafft. Nach dem ersten Waffenstillstand am 03.12.2012 war der einsatzfähige Bestand der Flugzeuge auf sechs geschrumpft. Die gegnerischen Staaten verfügten aber auch nur über geringe Stückzahlen. Die Griechen setzten sogar schon Marineflieger ein vom Typ Maurice Farman Hydravion.

Bei der Knappheit der Finanzmittel wurde in der omanischen Bevölkerung für die Anschaffung von Flugzeugen gesammelt, was sich im Unabhängigkeitskrieg 1919-1922 wiederholen wird, aber auch zur Beschaffung moderner Schiffe vor dem Ersten Weltkrieg. Dies war ein Zeichen einer großen Solidarität der Gemeinschaft, aber auch eines stark aufkommenden Nationalgefühls.

Deutsche Piloten überführten 1911/1912 vier Flugzeuge und traten als Piloten oder Luftbeobachter in osmanische Dienste, unterstützt von deutschem Wartungspersonal.

So beschreibt der deutsche Pilot Mauricio Scherff u. a. einen abenteuerlichen gemeinsamen Einsatz in einem Doppeldecker vom Typ Mars über Ostthrakien mit einem türkischen Hauptmann Kemal als Beobachter.[313] Mit bulgarischen Treffern am Flugzeug und verzogenem Propeller landeten beide bei Starkwinden und hereinbrechender Nacht wieder heil in Yeşilköy.

Überhaupt muss hier bereits festgestellt werden, dass nach Auswertung von Statistiken noch im Ersten Weltkrieg ca. 50 % der Verluste nicht durch Feindbeschuss verursacht wurden, sondern durch Witterung, Ausbildungsmängel, taktische Fehler und technisches Versagen. Da die Flugzeuge noch zu Beginn des Ersten Weltkriegs unbewaffnet waren - abgesehen von einer Pistole oder kleiner Handbomben im Cockpit - das MG erst langsam ab 1915 eingerüstet wurde, war ohne-

---

[312] A.a.O. Cilt I sayfa 115.

[313] Nicht zu verwechseln mit Kemal Atatürk, der nie ein Flugzeug betreten hat, nachdem er von einem Rundflug zurücktreten musste - der tödlich endete. Dieser hier erwähnte Kemal ist später in Çanakkale gefallen. Vgl. Scherff „Auf Kriegspfaden im Lande des Halbmonds". Vgl. Kurter Band I S. 139.

hin der Erstauftrag der Besatzungen der der Aufklärung, nicht das Zerstören von Truppen oder Einrichtungen am Boden bzw. auf dem Wasser oder von gegnerischen Flugzeugen.

Die Wappen

Die Türkischen Luftstreitkräfte   **Die zugehörige Schule**

(Quelle: https://de.wikipedia.org Turkish Airforce Organization Logo)

(Quelle: https://tr.wikipedia.org. – HHO amblem.png.)
(HHO – Hava Harp Okulu – Schule der Luftstreitkräfte)

Als weitere Aufgaben traten dann hinzu Personentransporte, Kurierdienste und Logistik. Erstaunlich auch, wie Pilot und Beobachter miteinander kommunizieren konnten. Der geschilderte Fall von Soldaten zweier Nationen im Cockpit trat noch öfter auf: So z. B. der Pilot Fethi Bey und sein Beobachter Birkner, wiederum in einem Mars Doppeldecker. Da der Beobachter bei einer Aufklärungsmission die wichtigere Person war, später zgl. der Waffenbediener und Funker, trug er in der Regel einen höheren Dienstgrad als der Pilot.

Da in den Balkankriegen - ähnlich wie im o. a. Krieg gegen Griechenland - wiederum Deutsche auf beiden Seiten kämpften, wäre es nachweislich fast zu einem Luftkampf zwischen zwei deutschen Piloten gekommen.

Letztlich wurden bis 1914 vom Osmanischen Reich mindestens 24 Maschinen erworben[314], mit den unüberbrückbaren Nachteilen einer großen Typenvielfalt und einer noch in den Kinderschuhen steckenden technischen Zuverlässigkeit. In Ermangelung von Hangars im Gelände zum Schutz vor Witterung und Tarnung, im Hinblick auf die hoch spezialisierte Ausbildung der Piloten, die eine Austauschbarkeit des Personals erschwerten, und wegen des Mangels an qualifiziertem Wartungspersonal, wegen Treibstoffmangel und auch aufgrund der bulgarischen Erfolge war es nicht erstaunlich, dass die Einsatzbereitschaft der wenigen Flugzeuge gering war und zu Beginn des Ersten Weltkrieges auf zwei Flugzeuge geschrumpft war. Damit wurde Ende 1914 ein Neubeginn erforderlich, der im März 1915 mit Zulauf deutscher Flugzeuge einsetzte. Die Zeit der Balkankriege war somit aus Sicht der Luftstreitkräfte eine Zeit des Experimentierens, der Schulung und Ausbildung von Personal und des Erkenntnisgewinns.

Enver Paşa hatte als Kriegsminister seit 1913 den Ehrgeiz, wie in Westeuropa Fernflugwettbewerbe durchzuführen zu lassen, so über 2.500 km von İstanbul nach Ägypten über den Taurus mit 13 Zwischenstopps Eine Luftbetankung war ja noch nicht möglich. So startete der Hauptmann Fethi als Pilot mit seinem Beobachter Oberleutnant Sadık am 08.02.1914 mit einer Blériot XI B mit Namen „Muavenet-i Millîye" („Nationaler Beistand"); sie stürzten aber am 27.02.1914 in der Nähe des Tiberias See/See Genezareth in Schlechtwetter tödlich ab. Kurz danach erlitt das gleiche Schicksal der

---

[314] Vgl. Kurter Cilt V sayfa 30.

Oberleutnant und Pilot Nuri mit einer Deperdussin mit Namen „*Prens Celalettin*", während der Beobachter Hauptmann Hakkı überlebte. Im Mai 1914 gelang dann Hauptmann Salim und seinem Beobachter Major Kemal der erste Fernflug von Beirut nach Alexandria auf einer Blériot mit Namen „*Edremit*". An die Helden der frühen Jahre erinnert u. a. das Fliegerdenkmal in der Nähe der Fatih Moschee in İstanbul.

Blériot XI

(Quelle: http://www.tayyareci.com. – Blériotxi.asp)

Das Fazit für das Osmanische Reich und seine Armee für das 20. Jhd. bis zum Beginn des Ersten Weltkrieges ist aus politischer und militärischer Sicht verheerend. Weder die Politik noch die Armee haben die gewaltigen Gebietsverluste auf dem Balkan und der letzten Territorien an der nordafrikanischen Küste verhindern können:

- Der Auftrag an die Armee war im Prinzip unverändert, also zumindest den Status quo aufrecht zu erhalten. Dies ist ihr nicht gelungen.

- Durch die Armee ging ebenso ein Riss wie durch die gesamte Gesellschaft, was durch die Kette der revolutionären Ereignisse von 1908-1913 belegt ist. Bei der Frage nach dem Verhältnis zur Politik bzw. der Loyalität muss auch die Frage gestellt werden, „gegenüber wem"? Dem Parlament oder der jeweiligen Regierung incl. Großwesir oder dem Sultan? Der Sultan hatte seine Autorität verloren, die Regierungen wechselten und die durch

Mustafa Kemal ab 1920 eingeführte Idee einer „Parlamentsarmee", die immer noch Gültigkeit hat, war noch nicht in Sicht. Der Riss oder gar die Risse verliefen zwischen den Religiös-Konservativen und den Fortschrittlichen, zwischen Liberaleren und Hardlinern, zwischen zwei konkurrierenden Parteien, von denen eine 1913 die Oberhand gewinnen sollte und mit dem Triumvirat - später Duumvirat - eine Phase der Diktatur bis 1918 ausübte.

- Das traditionelle Verhältnis der Armee zur Religion war zwar noch gegeben, wurde aber nun überlagert durch den aufkommenden Nationalismus. Bei den widerstreitenden Ideologien gerieten die des Islamismus *(İslamcılık)* und Osmanismus *(Osmancılık)* ins Hintertreffen gegenüber dem Panturanismus *(Turancılık)*, vertreten durch Enver Paşa, und dem Pantürkismus *(Türkçülük)* sowie der Westorientierung *(Batıcılık)*, vertreten durch Mustafa Kemal (Atatürk).[315]

- Der innere Zustand der Armee war beklagenswert, bedingt durch Geldmangel und innere Zerrissenheit. Daran konnten auch die Reformer und ausländischen Berater kaum etwas ändern. Die Marine war schwach und veraltet, das Heer geographisch verteilt auf die instabile geographische Peripherie des Reiches und die Bedrohungs-/Kriegsfronten. Die technologische Rückständigkeit gegenüber dem Westen wurde besonders deutlich bei der Aufstellung der dritten klassischen Teilstreitkraft, der Luftstreitkräfte. Erst in jüngster Zeit ist die Türkei in die Lage versetzt, diese wichtige Technologielücke durch Forschung, Entwicklung und

---

[315] Wegen Beschränkung der Thematik dieses Buches werden die Ideologieansätze nicht weiter erläutert. Sie sind aber schon aus der Namensgebung weitgehend ableitbar. Hinter der Vision eines Panturanismus verbarg sich die Idee, eine Vereinigung zu suchen mit den Turkvölkern bis weit in den Osten ohne klare geographische Begrenzung. Eine Idee, die bis in die Gegenwart immer wieder propagiert wird als Alternative bzw. Plan „B" zur engen westlichen Bindung der Türkei. Der Pantürkismus bzw. Türkismus von Mustafa Kemal beschränkte sich geographisch im Kern auf Anatolien mit Ostthrakien, letztlich auf das spätere geografische Ergebnis des Ersten Weltkrieges. Vgl. Alp „Türkismus und Pantürkismus".

eigene Produktion zu schließen, ermöglicht auch durch die günstige Wirtschaftslage.[316]

---

[316] „Turkey seeks to use mainly local defense tech by 2020". Hürriyet Daily News vom 19.06.2017.

VII Die Osmanische Armee im Ersten Weltkrieg

Die Fülle der Ereignisse im Ersten Weltkrieg und im Vorlauf dazu erlaubt nur eine kleine Auswahl militärischer Aspekte, die im Sinne unserer zentralen Fragestellung relevant erscheint. Im Mittelpukt der Betrachtung soll weiterhin die osmanische Armee stehen, sehr bald in einer „Waffenbrüderschaft" zur deutschen stehend. Das Umfeld wird nur im notwendigen Rahmen angesprochen. Der generelle Ablauf des Ersten Weltkrieges wird als weitgehend bekannt vorausgesetzt, die Feldzüge im Osmanischen Reich werden nur kurz skizziert. Der Einsatz osmanischer Truppen außerhalb des Osmanischen Reiches in Galizien, Rumänien und Makedonien bleibt ebenfalls außer Betracht, abgesehen von dem Aspekt einer zwangsläufigen Schwächung der osmanischen Armee.

Auf Antrag des Sultans Mehmed V. trifft am 14.12.1913 erneut eine deutsche Militärmission in İstanbul ein, diesmal unter Führung von General Otto Liman von Sanders (dem späteren Marschall/*Müşir*) mit zunächst zehn weiteren Offizieren. Wiederum geht es darum, die osmanische Armee nach den Niederlagen der jüngsten Vergangenheit in einen leistungsfähigeren Zustand zu versetzen. Von Sanders ahnte damals noch nicht, dass ihm und seinen Beratern in der weiter aufwachsenden Militärmission im Zusammenwirken mit dem Kriegsminister Enver Paşa bis zum verzögerten Ausbruch des Ersten Weltkrieges im Osmanischen Reich am 29.10.1914 nur knapp elf Monate Zeit bleiben würden. Nach dem Kriegsausbruch im Westen und dem Defensivbündnis mit Deutschland am 02.08.1914 wurde diese Zeit noch überlagert durch Einberufung, Mobilmachung und Aufmarsch.

Von November 1914 bis März 1915 übernahm von Sanders das Kommando über die 1. Armee in İstanbul, von April 1915 bis März 1918 das Kommando über die neu aufgestellte 5. Armee in Gallipoli/Çanakkale und im März 1918 über die Heeresgruppe „F"/*Yıldırım*. In diesen Funktionen hat er natürlich, wann immer Zeit blieb, die Ausbildung der Truppen fortgesetzt, von Nachtmärschen über Schießausbildung und Stellungsbau bis zum Verhalten im Kampf. In seinen Stäben hat von Sanders bevorzugt mit türkischen

Offizieren gearbeitet, weil er damit die enge Verbindung mit den weit überwiegend osmanischen Truppen gewährleisten wollte.[317]

Nahezu gleichgestellt mit Enver Paşa hatte von Sanders - ausgestattet mit der notwendigen Befehlsbefugnis - Handlungsfreiheit in der Ausbildung der Soldaten, konnte sogar bald in Form einer Parade vor dem Sultan in İstanbul und internationalen Beobachtern Eindruck erwecken. Allerdings war nicht zu verbergen, dass der gute Eindruck nur unter Konzentration von Mitteln erreicht werden konnte, die Situation der übrigen Truppen im Osmanischen Reich beklagenswert blieb. Die überwiegende Auffassung der Experten blieb deshalb, dass das osmanische Heer nur zur „Verteidigung" befähigt sei, weniger zum beweglichen Gefecht im Angriff oder in der Verzögerung. Die Auffassung sollte sich auch im Krieg bewahrheiten. Diese Schwäche war Mustafa Kemal ebenso bewusst und konnte durch ihn erst in der Ausbildung im Unabhängigkeitskampf ab 1921 teilweise korrigiert werden. Das andere wesentliche Defizit war das Festhalten an der „Befehlstaktik" gegenüber der „Auftragstaktik", welche ein eigenständigeres Handeln der Führer und Unterführer erforderlich macht. Zusätzlich verleitete mitunter die Religion zu einer gewissen Passivität, ja sogar zum Fatalismus. Mustafa Kemal, vom Naturell her entgegengesetzt, hatte bereits im Gallipolikrieg 1915 durch sein eigenständiges situationsbedingtes Handeln eindrucksvolle Vorbilder gesetzt.

---

[317] Vgl. Liman von Sanders „Fünf Jahre Türkei".

Sultan Mehmed V. bemüht
um den Gleichschritt mit dem Deutschen

(Quelle: https://commons.wikimedia – Deutsche Militärmission Türkei
Kladderadatsch) (1909).

Allerdings bestand seitens der Briten, Franzosen und Russen die Tendenz der Unterschätzung des türkischen Soldaten, der im infanteristischen Kampf erstaunliche Fähigkeiten entfaltete, gestützt auf seinen Glauben und seine Vaterlandsliebe. Im Gegensatz zu Westeuropäern oder gar wenig motivierten Soldaten aus den Kolonien zeigte sich gerade der türkische Soldat zäh und anspruchslos. In Ermangelung von Gewehren oder Munition ging er zum Nahkampf über. Arabische Truppen hatten nicht diese Qualität und wurden unzuverlässiger nach der arabischen Rebellion 1916 in Mekka. Armenier und griechischstämmige Osmanen (die sog. *Rum*) wurden schon Anfang 1915 in Arbeiterbataillone gestellt oder auf weniger sensitive Dienstposten in der Armee versetzt. Insofern wurde die kämpfende osmanische Armee im Kern auf eine türkische reduziert. Kriegsmüdigkeit der Türken nach so vielen Kriegsjahren war nicht verwunderlich, Desertionen durch die Sorge um die Familie zuhause erklärbar.

Der Ausgang von Kriegen wird zumeist schon bestimmt durch die Bündnispartner auf beiden Seiten, im Fall der beiden Weltkriege vor allem durch die Teilnahme der USA. Daran können operative oder taktische Siege nichts ändern, kein noch so großer Kampfwille und keine außergewöhnliche Tapferkeit. Der deutsche Generalfeldmarschall Erich von Manstein hat das später mit dem Titel seines Buches plakativ bezeichnet: „Verlorene Siege". Ein neues strategisches Kriegsmittel kann eine Entscheidung herbeiführen oder einen Krieg verkürzen, wie die Atombombe der USA im Zweiten Weltkrieg. Weiterhin spielt die strategische Ressourcenlage eine sehr wichtige Rolle, natürlich ebenso geostrategische Faktoren wie die Tiefe des Raumes oder die Entfernungen zu den verschiedenen Kriegsschauplätzen. Im Einzelfall können weitere Faktoren mitentscheiden, wie die Kriegsdauer oder die innenpolitische Lage, z.B. die der USA im Vietnamkrieg 1955-1975.

Später traten der Entente im Ersten Weltkrieg - gebildet von Russland, Großbritannien und Frankreich - u. a. außer den USA noch Griechenland, Italien und Rumänien bei, was für das Osmanische Reich bis zu den Friedensverhandlungen von Lausanne 1923 Konsequenzen haben sollte. Auf die Seite des Dreibundes von Deutschland, Österreich-Ungarn - und zunächst noch Italien - trat später Bulgarien.

Für das Osmanische Reich begann der Erste Weltkrieg am 29.10.1914 mit dem Überfall der osmanischen Flotte unter Führung des deutschen Admirals Wilhelm Souchon auf russische Schwarzmeerhäfen - auf Drängen Deutschlands und mit Billigung bzw. vorbereiteter Weisung von Enver Paşa. Der Sultan als Oberbefehlshaber wurde erst nachträglich informiert, der Großwesir übergangen, Talât Paşa beteiligt, der Marineminister Cemal Paşa nach seinen Aussagen jedoch nicht. Der nachfolgende Text entspricht dem heutigen Stand der Forschung,[318] obwohl die Rolle Deutschlands nicht erwähnt und der konkrete Entschluss von Admiral Souchon sprachlich vernebelt wird:

---

[318] In vielen türkischen Darstellungen wird die Rolle Envers immer noch heruntergespielt, als sei der Angriff allein von Admiral Souchon (damit gemeint von Deutschland) ausgegangen, Enver nur die Genehmigung zur Aufklärung gegeben hätte. https://tr.wikipedia.org. – I Dünya Savaşı: *„26 Ekim'de Osmanlı donanması bir keşif tatbikatı için hazırlanma emri aldı ..."* („Am 26. Oktober hat die Osmanische Flotte den Befehl zur Durchführung einer Aufklärungsoperation erhalten..." Übersetzung des Verfassers). Vgl. Wolf „Gallipoli" S. 50 ff. , Wallach „Anatomie einer

„Gerçekten, 22 Ekim'den başlayarak, Enver, Karadeniz'deki Rus limanlarına saldırma emrini verecektir Amiral Souchon'a. Kimi üyeleri savaşa girmeye karşı olan Osmanlı kabinesinin son duraksamaları görülür. Ne var ki, 29 Ekim'de zarlar atılmıştır: Aldığı emirlere uygun olarak, Türk donanması, Odessa, Sivastopol ve Nevorossisk'i topa tutacaktır." („Tatsächlich gab Enver Admiral Souchon am 22. Oktober den Befehl, die russischen Schwarzmeerhäfen anzugreifen. Immerhin wollten einige osmanische Kabinettsmitglieder im letzten Moment den Kriegsbeginn verhindern. Jedoch fiel am 29. Oktober der Entschluss: In Übereinstimmung mit den gegebenen Befehlen wird die türkische Flotte Odessa, Sevastopol und Novorossiysk bombardieren." Übersetzung des Verfassers).[319]

Nach Auswertung der türkischen Datei zum Ersten Weltkrieg (https://tr.wikipedia.org.- I Dünya Savaşı) und vieler anderer Unterlagen können die Stärkeverhältnisse auf dem Boden des Osmanischen Reiches abgeschätzt werden. Der Dreibund bzw. Vierbund (*İttifak Devletleri*) brachte ca. 3 Mio. Soldaten ein, davon ca. 2 Mio. vorn an den Fronten, zu über 90 % gestellt durch das Osmanische Reich. Obwohl Deutschland gegen Kriegsende ca. 30.000 Soldaten aller drei Teilstreitkräfte vor Ort hatte,[320] Österreich-Ungarn ca. 7.000-10.000 Mann vom Heer[321] und Bulgarien eine unbekannte Zahl von Schiffen mit Unterstellung seiner Marine in 1915, kann man quantitativ von einer osmanischen Armee sprechen, obwohl sie formal eine Koalitionsarmee von vier Staaten war. Der Beitrag von Deutschland und Österreich-Ungarn war vor allem qualitativer Art, im Falle Deutschlands auch erheblicher materieller. Der Aufwuchs der deutschen Miliärmission wurde bisher in der Literatur durchgehend unvollständig und missverständlich dargestellt.[322] Von den o. a. ca. 30.000 deutschen

---

Militärhilfe" S. 165 oder Mühlmann „Deutschland und die Türkei 1913-1914" Anlage 9.

[319] Vgl. Mantran „Osmanlı İmparatorluğu Tarihi II" S. 275.

[320] Vgl. Meier-Welcker „Seeckt".

[321] Vgl. Jung & Mötz „Die K.U.K. Streitkräfte im Ersten Weltkrieg 1914-1918" S. 33. Neben umfangreicher Artillerie stellte die Monarchie vor allem Logistiktruppen, Sanitätseinheiten, Ausbilder und Spezialisten für verschiedene Aufgaben, von der Telegrafie bis hin zum Bergbau und Seilbahnbau. Der Einsatz erfolgte im gesamten Osmanischen Reich.

[322] Vgl. Lisec „Der Völkermord an den Armeniern – Deutsche Offiziere beteiligt?" S. 46 ff. So stimmt zwar die Schätzung über die Anzahl deutscher Genera-

Soldaten am Schluss waren ca. 2/3 international eingesetzt mit doppelter deutsch-türkischer Unterstellung, ca. 1/3 national mit rein deutscher Unterstellung. Bei einer Offizierqoute von ca. 8 % kann daher von ca. 2.400 deutschen Offizieren ausgegangen werden, die in den drei Teilstreitkräften dienten. In der übergeordneten Personalführung muss man allerdings alle deutschen Soldaten der Militärmission zurechnen, die dem Deutschen Reich gegenüber Rechenschaft abzulegen hatte.

Die Zahlen der Entente (*İtilaf Devletleri*) auf den Schlachtfeldern des Osmanischen Bodens unter Einbeziehung der Truppen aus vielen anderen Ländern sind in der Summe schwer ermittelbar; letztlich entscheidend für die einzelnen Schlachten sind die Kräfteverhältnisse an jeder Front. Das Osmanische Reich, verstärkt um Deutsche und Österreicher, kämpfte an fünf Hauptfronten und drei Nebenfronten[323], die nachfolgend kurz angesprochen werden sollen.

Die Schlachten im Nordosten an der Kaukasusfront dauerten vom 24.10.1914-30.10.1918.[324] Der ungeduldige Enver Paşa verlegte mit seinem deutschen Chef des Stabes General Bronsart von Schellendorf an die Front, übernahm am 21.12.1914 das Kommando über die 3. Armee, griff die Russen an und erlitt in einem Winterfeldzug ohne genügende Vorbereitung eine bittere Niederlage bei Sarıkamış:

„130.000 kişilik asker mevcudunun 90.000'i çarpışmalarda veya soğuktan donarak hayatını kaybetti." („Von 130.000 Soldaten starben 90.000 im Kampf oder an Kälte." Übersetzung des Verfassers).

Weil auch einige Tausend übergelaufene Armenier aufseiten der Russen gekämpft hatten und diese bewusst in der Front eingesetzt worden waren, entstand im Zusammenhang mit einer anderen Niederlage bei Van (19.04.-06.05.1915) eine osmanische Dolchstoßlegende:

„Bu mevcuda dört tane olan Ermeni Gönüllü Tugayları iki tugay katılmıştı. Diğer iki tugay İran Cephesinde bulunmaktaydı." („ In dieser Anzahl waren von vier armenischen Freiwilligenbrigaden zwei hier eingesetzt, die anderen beiden an der iranischen Front." Übersetzung des Verfassers).

le/Admirale mit 33, nicht jedoch die der Offiziere in https://tr.wikipedia.org. – Alman Askeri Misyonu. Vgl. Nutku „Alte Kameraden" S. 174.
[323] https://tr.wikipedia.org. – I Dünya Savaşı'nda Osmanlı cepheleri.
[324] https://tr.wikipedia.org. – Kafkasya Cephesi.

Die osmanischen Armenier wurden ähnlich wie die griechisch-stämmigen „*Rum*" noch Anfang 1915 entwaffnet und in Arbeiterba-taillone überführt oder auf unkritischere Dienstposten versetzt. Enver Paşa kehrte deprimiert schon Anfang Januar 1915 wieder nach İstanbul zurück.

In der Endphase der Kämpfe im Nordosten eroberte Nuri Paşa im Auftrag von Enver nach der russischen Oktoberrevolution und dem hinterlassenen russischen Vakuum mit der „İslamarmee" am 15.09. 1918 Baku in Verfolgung der o. a. „Turanischen Idee", aber auch um ein Faustpfand für die anschließenden Friedensverhandlungen zu haben. Die türkischen Gesamtverluste einschließlich Kriegsgefangener und Kranker werden mit 300.000 angegeben. Die Deutschen hatten in diesem Raum nur wenig Führungspersonal eingesetzt, darunter zwei Divisionskommandeure. Ab Mitte 1918 landeten deutsche Truppen in Georgien und wurden sehr bald nach İstanbul entsandt. Hier kam es zu vorübergehenden politisch-militärischen Spannungen mit Enver Paşa bezüglich Baku. Auch die deutsch-türkischen Luftstreitkräfte kamen im Nordosten praktisch nicht zum Einsatz aufgrund des Geländes, des Wetters und der notwendigen Logistik bei schwerer Erreichbarkeit der Front.

Vor der Beschäftigung mit der Çanakkale-/Gallipolifront soll zunächst einmal ein Blick auf die Fronten und auf die Befehlsbefugnisse geworfen werden, die sich aus der militärpolitischen Spitzengliederung ergeben.

Die Fronten

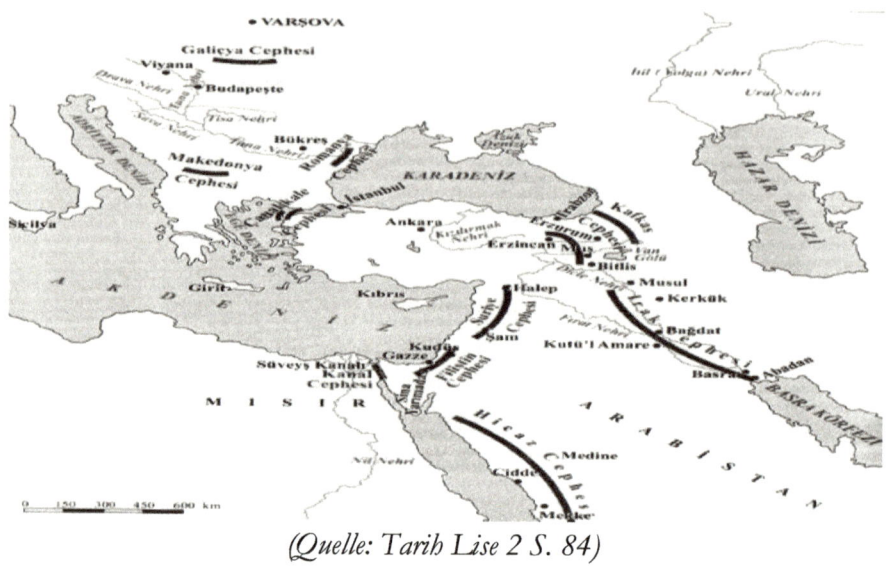

(Quelle: Tarih Lise 2 S. 84)

Die Spitzengliederung in İstanbul

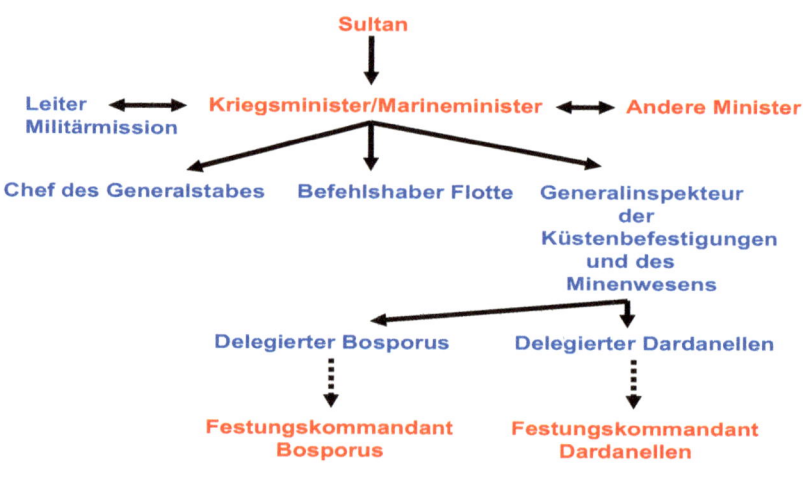

(Quelle: Autor)
(Osmanische Diensposteninhaber in Rot, deutsche in Blau)

136

Oberster Kriegsherr vor Ort und Befehlshaber war der Sultan, sein Stellvertreter der Kriegsminister Enver Paşa. Dieser übte bis Ende 1917 zusätzlich für Cemal Paşa das Amt des Marineministers aus, da dieser als Befehlshaber der 4. Armee und Gouverneur/*Vali* in Damaskus nicht in İstanbul verfügbar war.[325] Der Großwesir stand nicht unmittelbar in der militärischen Hierarchie, wirkte aber wie die anderen Minister an den Entscheidungsprozessen mit, darunter mit wachsendem Einfluss der Innenminister Talât Paşa, der 1917 auch noch Großwesir wurde.

Die deutschen militärischen Belange für den deutschen Kaiser vertrat Liman von Sanders an der Spitze der Deutschen Militärmission, die politischen die Deutsche Botschaft. Der gemeinsame Generalstab, der dem Kriegsminister unterstand und von ihm nominell geführt wurde, wurde de facto geführt vom Chef des Stabes General Bronsart von Schellendorf,[326] ab Ende 1917 von General von Seeckt. Der Stab hatte letztlich 13 Abteilungen, deren Leiter zumeist Deutsche waren. Die „schwimmende" Marine bzw. Flotte mit dem deutschen Befehlshaber Admiral Souchon, dem neben der osmanischen Marine[327] mit Eintritt Bulgariens 1915 nun auch die bulgarische Marine unterstand, stand unter dem Kommando von Enver Paşa. Diesem unterstand auch Admiral Usedom, verantwortlich für die Küstenbefestigungen und das Minenwesen an den Meerengen, diesem wiederum Unterbeauftragte für den Bosporus und die Dardanellen. Gerade diese Organisation, die vor allem die Forts an den Dardanellen betrieb, Artillerie und Minen einsetzte sowie über einige Schiffe verfügte, sollte in der Gallipolischlacht große Bedeutung erlangen. Bereits hier sei erwähnt, dass im Generalstab Offiziere der Marine und der Luftstreitkräfte dienten, es sich damit nicht nur um einen reinen Heeresstab handelte. Letztlich führte Enver alle drei Elemente der Armee[328], in unterschiedlicher Ausprägung gestellt durch vier Nationen, womit die Einheitlichkeit der Führung gegeben war und rasche Entschlüsse ohne langwierige

---

[325] Vgl. Lisec „Der Völkermord an den Armeniern – Deutsche Offiziere beteiligt?" S. 64 ff.

[326] Vgl. Uyar & Erickson „A Military History of the Ottomans" S. 238.

[327] Admiral Souchon unterstanden auch hinzukommende deutsche Schiffe, wie z. B. U-Boote, wenn sie temporär in den Küstengewässern operierten.

[328] Die Luftstreitkräfte waren zu der Zeit in Deutschland und im Osmanischen Reich noch keine eigene Teilstreitkraft.

Konsultationen gefällt werden konnten.[329] Er war aufgrund der Expertise in seinen Stäben in İstanbul in der Lage, triphibische Operationen zu führen wie die erste große Schlacht dieser Art in Çanakkale/Gallipoli. Zuvor hatten historisch gesehen noch keine bedeutenden Luftstreitkräfte und U-Boote in einer gleichartigen gemeinsamen Operation teilgenommen. Insofern ist die Hauptschlacht von Gallipoli von Ende 1914 bis Anfang 1916 ein militärhistorisches Lehrstück, was sich z. B. im Zweiten Weltkrieg mit der Landung in der Normandie 1944 erneut ergeben wird.

Die Schlachten an den Dardanellen[330] dauerten vom 03.11.1914 bis November 1918, da bereits zu Kriegsbeginn britische und französische Schiffe die Außenforts an den Dardanellen bombardierten als Reaktion auf die Ereignisse im Schwarzen Meer. Danach verringerte sich die Intensität der Operationen, erreichte einen ersten Höhepunkt in der Seeschlacht vom 18.03.1915. Nach erneuter Pause begann der Landkrieg am 25.04.1915, der Anfang 1916 jedoch mit dem Abzug der Ententestaaten endete. Bis Kriegsende folgten vorwiegend Luftkriegsoperationen geringerer Intensität. İstanbul aber war bis zum Waffenstillstand nie ernsthaft in Gefahr, vor allem nachdem in Ostthrakien keine Bedrohung von Bulgarien ausging und diese Region von Truppen ausgedünnt werden konnte zugunsten der Hauptstadt und anderer Kriegsschauplätze. Die Russen konnten ihre Absicht nicht verwirklichen, ihrerseits über den Bosporus oder auf dem Landweg bis İstanbul vorzustoßen und sich dort mit den anderern Ententetruppen zu vereinigen. Diese geostrategischen Rahmenbedingungen begünstigten den für die Weltöffentlichkeit erstaunlichen Sieg der osmanisch-deutsch-österreichischen Truppen. Hinzu kamen andere Faktoren wie große Entfernungen für die Ententestaaten (einschließlich Indien, Australien und Neuseeland) und die (notgedrungene) Behandlung Gallipolis durch die Entente als Nebenkriegsschauplatz mit verringertem Aufwand gegenüber den Operationen im Westen. Maßgeblichen Anteil an diesen strategischen, vor allem aber an

---

[329] In der NATO Terminologie genannt „Joint" (alle Teilstreitkräfte) und „Combined" (mehrere Nationen).

[330] https://tr.wikipedia.org. – Çanakkale Savaşı. https://de.wikipedia.org. – Schlacht von Gallipoli.
www.gallipoli1915.de. Vgl. Wolf „Gallipoli 1915". http://fr.wikipedia.org. – Bataille des Dardanelles.

den nachfolgenden operativen Fehlentscheidungen bzw. der Unterschätzung des Gegners hatte neben der gesamten britisch-franzö-
sischen Führung der britische Marineminister Winston Churchill, hier
maßgeblich bzgl. des Seekriegs.

Die Beschießungen der Außenforts ab 03.11.1914 durch vier Schiffe
aus Großbritannien und Frankreich waren eher als emotionale Reaktion einzustufen und aus operativer Sicht geradezu kontraproduktiv.
Für den Verteidiger waren sie ein Weckruf, der nunmehr bis zum
18.03.1915 alle Kräfte vor Ort bündelte. Die Gefährdung der verbliebenen britischen, französischen und russischen Staatsbürger im Osmanischen Reich hatte durch die Eröffnung dieser Front unter Bedrohung İstanbuls nunmehr eine weitere Dimension erreicht.

Die Dardanellen

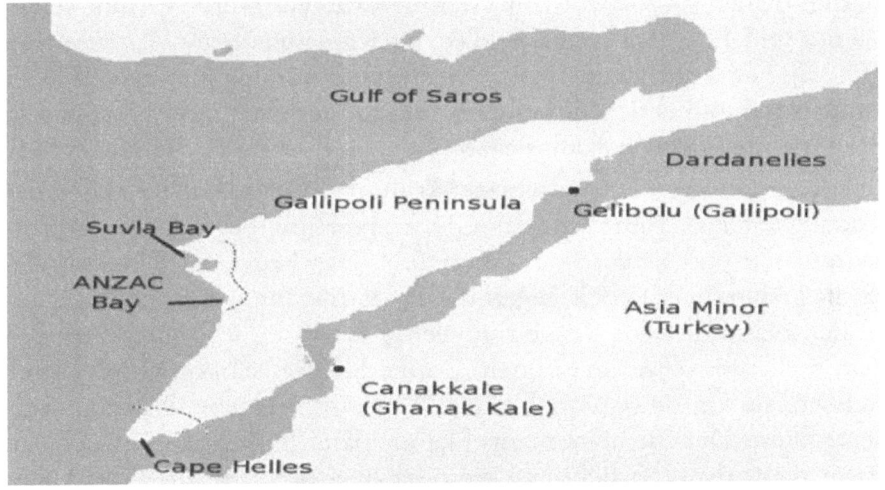

(Quelle:https://commons.wikimedia.org. – Gallipolimap2.png)

Am Vorabend des 18.03.1915 traf der deutsche Offizier und Pilot
Erich Serno in Çanakkale ein.

*„Almanlar, Türk askeri havacılığını yeniden teşkilatlandırma işini üstlerine
aldılar. Bunun için Üsteğmen Erich Serno görevlendirilmi."* („Die Deutschen
hatten die Verantwortung übernommen, erneut türkische Luftstreitkräfte aufzubauen. Hiermit war Oberleutnant Erich Serno beauftragt
worden." Übersetzung des Verfassers).

Zuvor war auf dem Schiff eine Rumpler B I auf dem Marineflugplatz Nagara/Nara nördlich Çannakkale auf dem asiatischen Ufer[331] eingetroffen. Serno meldete sich bei Admiral Usedom. Es war die erste deutsche Maschine von über 500, die im Laufe des Krieges im Osmanischen Reich die Fronten erreichten und jeweils ungefähr zur Hälfte unter osmanischer oder deutscher Flagge eingesetzt wurden. Mit der bereits vor Ort operierenden osmanischen Blériot XI-2 bildeten beide Maschinen den Kern der aufzubauenden gemischten Fliegerstaffel 1.

Nach einem Testflug noch am Abend des 17.03.1915 startet Serno mit dem Marinebeobachter Kapitänleutnant Schneider am Morgen des 18.03. mit dem Landflugzeug einen riskanten Aufklärungsflug über See gegen die Insel Tenedos/Bozcaada. Sie erkennen ca. 40 Schiffe im Anmarsch auf Gallipoli und melden dies nach Rückkehr sofort Admiral Usedom. Zur erfolgreichen Verifizierung der Meldung starten danach Oberleutnant Mehmet Cemal Durusoy mit seiner Blériot und Leutnant Frank Seidler mit Kapitänleutnant /*Denizyüzbaşı* Hüseyin Sedat als Marinebeobachter, erneut mit der Rumpler. Wieder ein Musterbeispiel des Zusammenwirkens zwischen zwei Nationen in der Luft wie in den Balkankriegen.[332]

Bei der nachfolgenden Seeschlacht kommt dem Verteidiger neben der Tüchtigkeit und Tapferkeit das Glück zur Hilfe, begünstigt von Versäumnissen und Fehlern des Angreifers. Das Feuer der Schiffsartillerie des Angreifers erzielt gegen die Forts mit ihren Schutzwällen auf beiden Seiten der Meerenge nur wenig Wirkung, weil ihre Kanonen kein Steilfeuer schießen können. Da die Schiffe selbst gefährdet sind, müssen sie in Bewegung bleiben,[333] was die eigene Wirkung verschlechtert. Der Steilfeuermangel kann später in der Landschlacht im April nicht dadurch behoben werden, dass der Angreifer das Feuer

---

[331] Ab März 1915 wird bei Çanakkale zusätzlich ein Flugplatz für Herresflieger gebaut, ab Juni 1915 nördlich von Gallipoli auf der Halbinsel erneut einer. Dieser mit der Fliegerstaffel wird dann General Liman von Sanders unterstellt.

[332] Im deutschen Sprachgebrauch wird der Pilot mit „Emil" bezeichnet, der Beobachter mit „Franz". Daher auch das Wort „Franzen", i.e. nach dem Weg suchen. In diesem Fall war es also ein Frank und ein Hüseyin.

[333] So festgelegt nach einem britisch/französischen Streit, in dem der französische Admiral Guepratte sich gegen das Schießen aus der Ruhe aussprach: *Je jugeais que cette tactique offrait de graves inconvénients pour les unités engagées.*" („Nach meinem Urteil würde diese Taktik sehr unangenehm für die eingesetzten Einheiten werden." Übersetzung des Verfassers). In „L'Expédition des Dardanelles 1914-1915" S. 57.

von Ballonschiffen oder Flugzeugen aus leitet. Dennoch erweist sich das Verfahren mit luftgestützten Beobachtern bis in die Gegenwart als sehr wirkungsvoll, wobei nunmehr die Rolle durch Drohnen übernommen wird.

Ein anderer Mangel zeigt sich beim Räumen der Minen, indem die kleinen ungepanzerten Minenräumer der Wirkung der osmanischen Küstenartillerie ausgesetzt sind, ferner der der 14 mobilen Batterien mit telefonisch verbundenen Wechselstellungen, für die „Dickschiffe" also den Weg nicht freiräumen können. Da aus der Luft durch Flugzeuge diese türkische Artillerie nicht ausgeschaltet werden konnte, hätte es also der Infanterie an Land bedurft, auf beiden Seiten der Wasserstraße.

Die Schlachtschiffe gehen in drei Reihen staffelweise vor, jeweils einander ablösend und dann wieder beidrehend. Hierbei machen sie jedoch schon beim Erproben des Verfahrens vor dem 18.03. den Fehler, immer an derselben Stelle zu drehen, parallel zur Küste vor Erenköy. Als Gegenmaßnahme wurde an dieser Stelle in einer Nachtoperation schon am 08.03.1915 der o. a. mit Nr. 11 bezeichnete Minenriegel in 4,5 m Tiefe verlegt, der trotz britischer Luftaufklärung nicht entdeckt wurde. Der Angreifer verzeichnete den Totalausfall von drei Kriegsschiffen mit vielen Toten und die Beschädigung weiterer vier, eine Verlustqoute von 7/20. Beschädigungen an Schiffen wurden hervorgerufen durch bewegliche osmanische Artillerie, vor allem operierend auf dem asiatischen Ufer. Der Gegner zog sich daraufhin zurück. Angetreten waren ein russisches Kampfschiff, 15 britische und vier französische Schiffe. Der 40 m lange osmanische Minenleger Nusret, 1911 in Deutschland gebaut und 1913 an die osmanische Marine übergeben, wurde dadurch berühmt. Die schlachtentscheidende Beobachtung und Idee waren eine deutsch-türkische Gemeinschaftsleistung von der gemischten Besatzung[334] unter ihrem Komandanten Kapitänleutnant Hafız Nazmi (Akpınar) und der Führung der Minenlegerflotille. Ein Nachbau des Schiffes liegt heute im Marinemuseum in Çanakkale. Hier jedoch gibt es leider - außer dem Ort der Kiellegung - kein Hinweis auf das Zusammenwirken beider Nationen bei dieser Operation.

---

[334] Unter den fünf Deutschen an Bord war der Ingenieur Reeder im Auftrag von Admiral Usedom. Vgl. Wolf „Gallipoli 1915" S. 90 ff.

Die Minenfelder

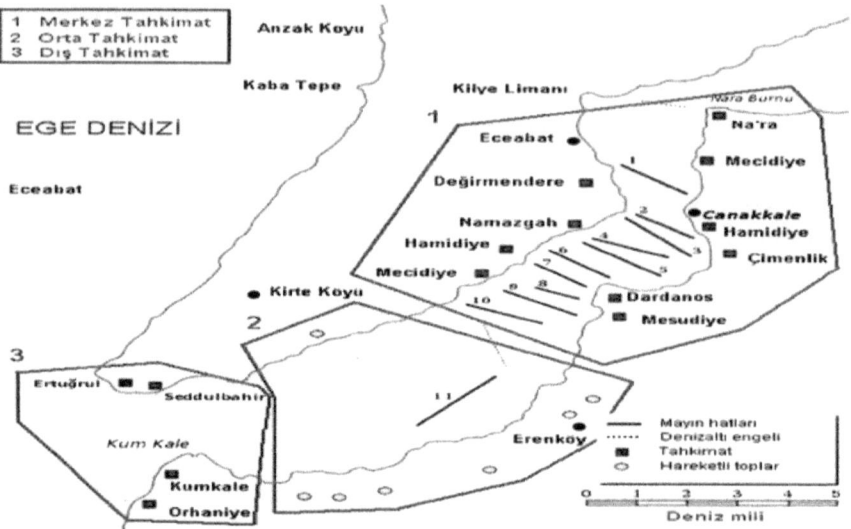

(Quelle: https://commons.wikimedia.org.- Çanakkale Deniz Savaşları Tahkimat)

Minenleger Nusret

(Quelle: https://commons.wikimedia.org. – Ottoman minelayer Nusret)

Diese Feststellung einseitiger Darstellungen trifft auch zu für die anderen Museen und Gedenkstätten der Gallipolischlachten: Fast keine Erwähnung der Deutschen oder Österreicher, dafür extensive Würdigungen Mustafa Kemals (Atatürk). Allerdings hatten die Deutschen abgelehnt, eine eigene Gedenkstätte zu errichten.[335]

Als Zwischenfazit bleibt festzuhalten, dass vor allem die britische Admiralität glaubte, die Ergebnisse früherer deutscher und britischer Studien und Meinungen[336] negierend, allein zur See ohne Landstreitkräfte den Durchbruch nach İstanbul erzwingen zu können. Churchill vertrat diese Ansicht auch noch nach der Niederlage vom 18.03.1915.[337]

Moltke hatte bereits behauptet: *„Wenn das Artilleriematerial an den Dardanellen geordnet sein wird, so glaube ich nicht, daß irgendeine feindliche Flotte der*

---

[335] Wolf hatte sich vergeblich um eine Gedenkstätte bemüht, auch unter Beteiligung des Autors. Diese Idee wurde vom Deutschen Auswärtigen Amt jedoch nicht unterstützt bzw. genehmigt.

[336] Eine britische Stabsstudie aus 1906, eine gegenteilige Meinungsäußerung von Churchill aus 1911 (in James „Gallipoli"), die Meinungen des britischen Militärattachés Col Cunliffe, des britischen Admirals Limpus u. a. m.

[337] Vgl. Churchill „Die Weltkrise 1911-1918 Band I" S. 602. Die Risiken der Armee (er meint das Heer) seien größer als die der Flotte.

Welt es wagen dürfte, die Straße hinauf zu segeln; man würde immer genötigt sein, Truppen zu debarkieren und die Batterien in der Kehle anzugreifen."[338]

Das galt bestimmt auch noch für die Zeit der Dampfschiffe. Schon die wichtigste Engstelle südlich Çanakkale konnte 1915 nicht überwunden werden, woraufhin noch ein weiterer Minen- und Artillerieriegel auf Höhe Çanakkale auf den Angreifer wartete. Und wie hätten sich die Schiffe mit nur wenig Marineinfanterie an Bord in İstanbul behaupten können? Dort wartete zusätzlich die osmanische Flotte im Bosporus unter ihrem Flaggschiff der Yavuz/Goeben mit Admiral Souchon.

Dies hatte wohl der britische Kriegsminister Kitchener erkannt. Am 16.02.1915 forderte er 50.000 Mann Landstreitkräfte für die Zeit „nach dem Durchbruch der Marine", jedoch wurden diese erst am 10.03.1915 bewilligt.

Schließlich traten die Truppen der Entente am 25.04.1915 an - neben den Luftstreitkräften und ca. 200 Schiffen der Marine - mit fünf Heeresdivisionen unter dem Kommando des britischen Generals Hamilton: Zwei britische Divisionen, eine französische und das ANZAC Korps,[339] ein Großverband mit einer australischen und einer neuseeländischen Division, insgesamt 75.000 Mann[340] Heerestruppen. Wieder hatte die Entente keinen gemeinsamen Oberkommandierenden, etwa in London, im Gegensatz zum Verteidiger in İstanbul.

Die einen Monat zuvor neu gebildete 5. osmanische Armee konnte neben der Marine und den Luftstreitkräften sechs Divisionen, d. h. 84.000 Mann unter dem Kommando von General Liman von Sanders mit Hauptquartier (HQ) in Gallipoli/Gelibolu einsetzen. Beide Seiten werden allerdings im Laufe der Schlacht noch erhebliche Verstärkungen zu Lande einführen, wobei sich das anfängliche Kräfteverhältnis von ca. 1:1 noch zuungunsten der Entente auf ca. 2:1 verschlechtern wird. Unter Berücksichtigung der o. a. geostrategischen Faktoren ergab sich also von Anfang an für die Entente eine kritische operative

---

[338] Vgl. Moltke „Briefe über Zustände und Begebenheiten in der Türkei aus den Jahren 1835-1839" S. 100. Moltke war insgesamt fünf Mal zur Inspizierung an den Dardanellen und bewertete die Festungen bei der 1,3 km breiten Engstelle südlich Çanakkale als die wichtigsten.

[339] Australian and New Zealand Army Corps.

[340] http://tr.wikipedia.org. – 5. Ordu (Osmanlı).

Situation, wenngleich ihre Flotte und ihre Luftstreitkräfte deutlich überlegen waren. Das schwierige sandige und stark durchschnittene Gelände begünstigte zudem deutlich den Verteidiger. Taktische Faktoren und Planungsfehler aufseiten der Entente, die eigentlich vermeidbar gewesen wären, traten hinzu, wie Wassermangel, schlechtes Kartenmaterial, Munitionsmangel und völlig unzureichendes Sanitätswesen, später zusätzlich der schlechte Ausbildungsstand der Verstärkungstruppen für die Operation an der Suvla Bucht.

Sehr überraschend, auch für von Sanders, war jedoch der örtliche Ansatz der Angriffskräfte: Die französische Division auf der asiatischen Seite bei Kumkale für einen Scheinangriff, die britische Royal Naval Division (eine infanteristische Division) am Saros Golf vor Bulayır (einer Landenge von ca. 4 km Breite), ebenfalls für einen Scheinangriff zur Irritierung des Verteidigers. In der Tat brauchte von Sanders eine gewisse Zeit, um vor allem die Täuschung am Saros Golf zu erkennen, reagierte aber dann durch Verlegung von Kräften und den Einsatz operativer Reserven. Er hatte dies sogar über die Wasserstraße hinweg in beiden Richtungen üben lassen. Der Vorteil aus den Scheinangriffen für den Verteidiger allerdings war dann, dass die Entente anfangs nur geringere Kampfkraft entfalten konnte.

Die nächste Überraschung bestand darin, dass die Briten ihre einzige verbleibende 29. Division an der Südspitze der Halbinsel ansetzte, also am weitesten entfernt vom Angriffsziel İstanbul. Ein Sichelschnitt aus der Bucht von Saros heraus wäre operativ wünschenswert gewesen, war aber von der britischen Marine wegen der Gewässerbeschaffenheit abgelehnt worden. Zu allem Überfluss landeten die ANZAC-Truppen auch noch an der falschen Stelle[341] - an der Westküste bei Arı Burnu -, wo sie gegen ein steiles baumloses Karst-Gelände vorgehen mussten, gegen einen Verteidiger, der sie von den Anhöhen aus niederhalten konnte, trotz heftigen Gegenfeuers der Marine. Der *Alcı Tepe* im Süden war immerhin 240 m hoch, der *Kocaçimen Tepe* gegenüber ANZAC sogar 320 m.

Während im Süden der Halbinsel der Verteidiger das Vorgehen des Angreifers wirksam verzögern konnte, spitzte sich die Situation ge-

---

[341] Das Rätsel wurde gelöst durch Freigabe von Dokumenten des British Imperial War Museums im Jahre 1975 und Veröffentlichung von Steel „Gallipoli" S. 108 ff. Es handelte sich um menschliches Versagen, so wie es im Krieg häufig vorkommt.

genüber den ANZAC- Truppen zu. Nun ergab sich die so oft geschilderte berühmte Situation, in der der Oberstleutnant Mustafa Kemal (Atatürk) seine militärische Klasse aufblitzen ließ. Zwar war er mit seiner 19. Div. die Armeereserve, hätte also eigentlich nur mit Genehmigung von Liman von Sanders handeln dürfen, erkannte aber instinktiv die brenzlige Situation. Flüchtende Soldaten schrie er an:

„Neden çekiliyorsunuz? Düşmandan kaçılmaz, düşmanla savaşılır. Cephaneniz kalmadıysa süngüleriniz vardır. Süngü tak, yere yat!" („Warum weicht Ihr zurück? Man flieht nicht vor dem Feind, man kämpft. Wenn Ihr keine Munition mehr habt, dann habt Ihr noch Eure Bajonette. Bajonett in Anschlag! Hinlegen!" Übersetzung des Verfassers).

Der Gegner war ob dieses Verhaltens zunächst irritiert und witterte vielleicht eine Finte. Mustafa Kemal sammelt sofort alle Truppen in Reichweite, gleichgültig wem sie unterstehen, und treibt sie zum Angriff mit den Worten:

„Size ben taaruz emretmiyorum, ölmeyi emrediyorum. Biz ölünceye kadar geçecek zama zarfında (içinde), yerimize başka kuvvetler ve komutanlar kaim (yerine) olabilir (gelebilir)." [342] („Ich befehle Euch nicht anzugreifen, sondern zu sterben. In der Zwischenzeit, während wir sterben, werden andere Truppen und Kommandeure an unsere Stelle treten." Übersetzung des Verfassers).

Die Maßnahme führte zum Erfolg. Sie war ein Musterbeispiel recht verstandener militärischer Auftragstaktik, die in modernen Armeen gelehrt wird. Mustafa Kemal erhielt trotz bzw. wegen der Eigenmächtigkeit eine schriftliche Anerkennung und wurde danach zum Oberst befördert. Von Sanders übertrug Mustafa Kemal als weitere Auszeichnung in einer erneuten Krisensituation am 09.08.1915 das Kommando über die Anafartagruppe, zwei Korps umfassend, bei dem er sich ebenfalls wieder auszeichnen sollte. [343]

Auf Gallipoli kämpften ca. 1.500 Deutsche des Heeres (mit ca. zehn Kommandeuren) einschließlich des Sonderkommandos Usedom sowie der Luftstreitkräfte, ohne Einberechnung vorübergehend einge-

---

[342] https://tr.wikipedia.org – Çanakkale Savaşı. Vgl. sprachliche Variante bei Erickson „Ordered to Die".

[343] https://tr.wikipedia.org. – Birinci Anafartalar Muharebesi. Ruşen, Eşref, Ünaydın „Anafartalar Kumandanı Mustafa Kemal ile Mülâkat".

setzter Schiffsbesatzungen der Flotte.[344] Die Deutschen stellten nur wenige Truppenteile, dafür zumeist Stabspersonal, Spezialisten und Material. Die Österreicher stellten ab November 1915 Mörser- und Artillerieabteilungen mit über 1.000 Mann.

Obwohl zum Landkrieg auf Gallipoli viele Facetten zu erörtern wären, sollen doch einige neue Kriegsmittel erörtert werden:

Beim Landkrieg im Osmanischen Reich war die Einführung des Maschinengewehrs/MG, welches die Osmanen schon im Balkankrieg besaßen, die wichtigste Neuerung. Es bedeutete eine enorme Verstärkung der infanteristischen Feuerkraft, obwohl zunächst für jede osmanische Division nur zwei MG verfügbar waren. Wegen erzwungener Inaktivität auf der Yavuz/Goeben und der Midilli/Breslau wurde am 03.05.1915 eine kleine Einheit Marineinfanterie mit 8 MG und 44 Mann an den Dardanellen unter Führung von Oberleutnant zur See Boltz eingesetzt. Sie wuchs nach schweren Verlusten immer wieder auf und erreichte zwischenzeitlich am 27.07.1915 eine Stärke von 153 Mann mit 12 MG, operierte danach als gemischte deutsch-türkische Landungsabteilung. Die Feuerkraft mit kleinkalibriger Munition war deswegen so wichtig, weil der Verteidiger unter einem starken Mangel an großkalibriger Artillermunition litt.

---

[344] Vgl. Uyar & Erickson „A Military History of the Ottomans" S. 259. Demnach waren von den 80 Kommandeuren und 23 Chefs der Stäbe auf Gallipoli nur 8 Deutsche.

Das Maschinengewehr (MG)

(Quelle:https://commons.wikimedia.org – Bundesarchiv Dardanellen Türkei)

Sie konnte wegen Unterbrechung der Eisenbahnlinie vor Kriegseintritt Bulgariens aus Deutschland nicht zugeführt und vor Ort in İstanbul nicht gefertigt werden. Mit Übergang vom wassergekühlten MG zum leichten luftgekühlten wurde die Einrüstung auf Flugzeuge möglich. Der Gegner gelangte in den Besitz von 15 japanischen Mörsern, die aus den Schützengräben heraus gefeuert werden konnten, denen aber auch schnell die Munition ausging. Er beschaffte sich Periskope von der Marine, um beim Schießen keine Trefferfläche zu bieten.

Zusätzlich fertigte er in einer Massenprodukion vor Ort Handgranaten aus Marmeladendosen, sog. „Jam Tin Bombs". Sowohl bei den Handgranaten als bei den Mörsern war der Verteidiger noch im Hintertreffen. Hervorgehoben werden muss, dass in Gallipoli keine Flammenwerfer oder Giftgas eingesetzt wurden.

Für alle Teilstreitkräfte wurden moderne Führungsmittel immer wichtiger.[345] Im Osmanischen Reich existierte bereits, wie o. a., ein stationäres strategisches

---

[345] Daneben wurden ergänzend noch ältere technische Führungsmittel benutzt, wie der Heliograph/*Helyograf,* also ein Mittel zur Nachrichtenübertragung durch Licht-

Telegrafennetz, welches nach Kriegsbeginn durch wenige stationäre Funken-telegrafiestationen ergänzt wurde. Mit dem Drehkreuz in Istanbul auf der Çamlıca Höhe und der Mutterstation in Nauen[346] nordwestlich von Berlin wurde ein Betrieb möglich über 6.000 km bis Damaskus und Bagdad. Hierbei erfolgte

Fernsprechvermittlung und Feldtelefon

(Quelle:https://commons.wikipedia.org – Turkish Field Telephone)

Morsebetrieb wie im drahtgebundenen Netz. Vereinzelt konnten bereits im Balkankrieg Telefongespräche geführt werden. Bei der Truppe wurden vermehrt feldmäßige Telefonnetze verlegt, die jedoch einem mobilen Gefecht nicht folgen konnten. Für diesen Fall konnten schon für wenige wichtige Bedarfsträger auf Armee- und Korpsebene verlegefähige, noch relativ schwerfällige Funkstationen betrieben werden.

Die Entwicklung der Luftstreitkräfte verlief auf beiden Seiten besonders rasant. 1915 liefen der osmanischen Heeres-Fliegerstaffel in Gallipoli insgesamt acht Maschinen zu, bei einer Personalstärke von sieben Piloten und elf Beobachtern beider Nationen im Juli 1915. Dennoch erzielte die Entente Luftüberlegenheit im Verhältnis von ca. 7:1.

---

zeichen nach dem Morsecode. So nutzte auch die Marine Signallampen bzw. Morselampen noch lange nach dem Ersten Weltkrieg.
[346] Erster Betrieb ab 1906. https://de.wikipedia.org. – Großfunkstelle Nauen.

Sie operierten von den Inseln, vorübergehend von einem Behelfsflugplatz an der Südspitze der Halbinsel Gallipoli und von Flugzeugmutterschiffen. Bei diesem Verfahren erfolgten Start und Landung noch auf dem Wasser; Flugzeugträger mit Start und Landung auf dem Schiff wurden zwar im Ersten Weltkrieg schon erprobt, kamen aber nicht mehr zum Einsatz. Die Luftüberlegenheit wirkte sich allerdings nicht so stark aus, weil die Einsatzbereitschaft der Flugzeuge (auch aus Wettergründen) gering war, ebenso ihre Waffenwirkung.

Ab Mai 1915 wurde an den Dardanellen vom Verteidiger eine Marinefliegerabteilung aufgebaut mit Zulauf von acht Wasserflugzeugen. Wegen technischer Probleme konnten sie ihren Auftrag zur Überwachung und U-Boot Bekämpfung nur unzureichend erfüllen. Eine belegbare Versenkung eines U-Boots der Entente durch ein Wasserflugzeug wurde nicht bekannt, erfolgte jedoch mehrfach auf anderen Wegen. Im Mai 1916 wurde in Yeşilköy eine weitere Wasserfliegerabteilung stationiert unter Mitwirkung des deutschen späteren Großadmirals Dönitz.[347] Erst mit Zulauf der im Luftkampf überlegenen drei deutschen Fokker E II[348] beim Abzug der Ententetruppen Ende 1915 ging die Luftüberlegenheit Anfang Januar 1916 auf die osmanisch/deutsche Seite über:

„Fokker av uçaklarının Çanakkale harekat bölgesindeki tartışılmaz üstünlüğü devam ediyordu.“[349] („Die Fokker Jagdflugzeuge haben in der Çanakkale Schlacht unbestritten die Luft-Überlegenheit erzielt." Übersetzung des Verfassers).

Bis zum Waffenstillstand am 31.10.1918 konnte İstanbul gegen die Bedrohung aus der Luft weitgehend geschützt bleiben, obwohl die Entente mit verbesserten Flugzeugen die Rüstungsspirale weiter antrieb. Hierzu gehörte u. a. ein Marineflieger mit einem Torpedo. Diese Maschine vom Typ Short 184 konnte mehrere Versenkungen erzielen.

---

[347] Vgl. Dönitz „Mein wechselvolles Leben".
[348] Diese einsitzige Fokker erzielte als wendiges Jagdflugzeug mehrere Abschüsse schon Anfang Januar 1916 infolge eines Unterbrechergetriebes mit synchronisiertem MG, das durch den Propeller schiessen konnte. https://de.wikipedia.org. – Fokker.
[349] Vgl. Kurter „Türk Hava Kuvvetleri Tarihi" Cilt II S. 225.

Auch wenn die Hauptlast des Kampfes an den Dardanellen in der zweiten Phase bei den Landstreitkräften lag, kam der Marine weiterhin große Bedeutung zu. Mitentscheidende Ereignisse für den Sieg waren die Operationen des deutschen Kapitänleutnants Otto Hersing mit U-21.[350] Die Briten hatten schon den Anmarsch des ihnen leidlich bekannten U-Bootes im Mittelmeer bemerkt und aus Furcht vor ihm wertvolle Dickschiffe von den Dardanellen abgezogen, darunter die Queen Elizabeth als ihr Flaggschiff. Der britische Autor Mackenzie schrieb:

„The Royal Navy has never executed a more demoralizing maneuver in the whole of ist history.“[351]

Hersing versenkte am 25.05.1915 das durch Anti-U-Boot-Netze scheinbar geschützte Linienschiff „Triumph" und entkam der anschließenden Verfolgung durch ein riskantes Untertauchen des sinkenden Schiffes. Zwei Tage später versenkte er das Linienschiff „Majestic". Hersing erzielte noch weitere Erfolge, wurde damit der deutsche U-Boot Kommandant mit der zweithöchsten Abschussquote des Ersten Weltkrieges.

Allgemein war der Verteidiger an den Dardanellen recht erfolgreich im Kampf gegen australische, britische und französische U-Boote und Überwasserschiffe, auch wenn U-Boote der Entente immer wieder die Sperrnetze überwinden und in das Marmara-Meer einfahren konnten. Erfolge des Verteidigers waren u. a. die Versenkung des britischen U-Boots E-14 durch Artillerie am 28.01.1918 bei Kumkale,[352] des französischen U-Boots „Joule" am 01.05.1915 nach Minenkollision,[353] des britischen Linienschiffes „Goliath" durch die *Muavenet-i Milliye*[354] am 13.05.1915 in der Morto Bucht, des britischen U-Boots E-7 im Marmara Meer[355] am 04.09.1915, des französischen U-Boots „Mariotte" am 26.07.1915 vor Kephez,[356] des britischen Zerstörers

350 http://de.wikipedia.org. – Otto Hersing.
351 Vgl. Mackenzie „Gallipoli Memories".
352 https://en.wikipedia.org. – HMS E14.
353 Pages14-18.mes.discussions.net. –joule marin sujet.
354 https://de.wikipedia.org. – Muavenet-i Milliye. https:.de.wikipedia.org. – HMS Goliath (1898).
355 https://en.wikipedia.org. – HMS E7.
356 Pages14-18.mesdiscussions.net. – mariotte marin sujet.

HMS „Louis" durch Artillerie am 31.10. 1915 in der Suvla Bucht.[357] Das französische U-Boot „Turquoise" wird am 30.10.1915 bei Nagara erbeutet.[358] Zu ergänzen wäre, dass deutsche U-Boote sehr erfolgreich im Mittelmeer operierten und dabei indirekte Unterstützung für Gallipoli leisteten. Ein später Erfolg war dann noch am 11.01.1917 die Versenkung des britischen Flugzeugmutterschiffes „Ben my Chree"[359] bei der Insel Kastelorio im Mittelmeer durch Hauptmann Mustafa Ertuğrul Aker mit seiner Küstenartillerie.[360] Dieses Schiff war mitverantwortlich gewesen für die anfängliche britische Luftüberlegenheit an den Dardanellen.

Leider waren auch aufseiten des Verteidigers große Verluste zu beklagen, darunter der Verlust des Kleinen Kreuzers Midilli/Breslau im Minenfeld vor den Eingängen zu den Dardanellen am 30.09.1917 unter dem neuen Befehlshaber der Flotte, Admiral von Rebeur-Paschwitz, mit 336 Toten. Insgesamt sind in diesen Gallipolikämpfen auf beiden Seiten über 50.000 Tote zu beklagen. 1934 hat sich Atatürk in einer sehr versöhnlichen Rede in Gallipoli, die dort in Stein gemeißelt ist, an die Angehörigen der Opfer beider Seiten gewandt und erneut seiner Friedensliebe Ausdruck verliehen. Sie gipfelt in seinem berühmten Ausspruch, den er schon 1931 formuliert hatte und der eine Aufforderung darstellt:

„Yurtta sulh, cihanda sulh!"(In neuerem Türkisch „Yurtta barış, dünyada barış!") („Frieden zuhause, Frieden in der Welt!" Übersetzung des Verfassers).

Dieses Vermächtnis Atatürks ist in besonderem Maße gerichtet an die Politiker und Militärs. Es ist als ein Kernbaustein des Kemalismus zu betrachten und den berühmten sechs Prinzipien/Altı ok hinzuzufügen.

Nach der Räumung des Südabschnittes am 09.01.1916 durch die Ententetruppen kann aus heutiger Sicht rückblickend festgestellt werden, dass die Siege in den Gallipolischlachten Ende 1914 bis Anfang 1916 eine überragende Bedeutung für das Osmanische Reich hatten und immer noch haben. Die Weltöffentlichkeit schaute ungläubig auf die

---

[357] https://en.wikipedia.org. – HMS Louis (1913).
[358] www.opex360.com. – la mission impossible du marin turquoise.
[359] https://de.wikipedia.org. – HMS Ben my Chree.
[360] https://de.wikipedia.org. – Mustafa Ertuğrul Aker.

gezeigte Leistungsfähigkeit der osmanischen Armee. Die Türkei begeht den Siegestag am 18.03. als Çanakkale Tag, nimmt aber seit 1985 auch teil am ANZAC Tag /*ANZAK Günü* Australiens und Neuseelands, dem 25.04., dem Beginn der Landschlacht.

Die anderen Schlachten im Ersten Weltkrieg auf osmanischem Boden treten hinter diesen Erfolgen zurück, sollen aber auch behandelt werden.

Praktisch zeitgleich zu den bereits beschriebenen Feldzügen begann auf Drängen Deutschlands der Angriff auf den Suezkanal/*Süveyş kanalı*, um Großbritannien vor allem seine Verbindung nach Indien zu erschweren und Kräfte der Entente zu binden.

Vorstoß am 14.01.1915 auf dem Sinai/Sina

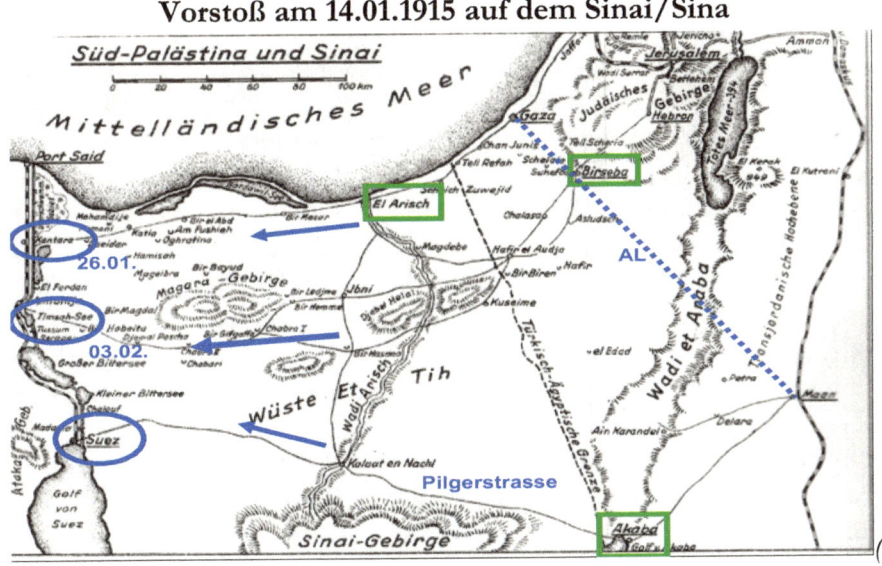

Quelle: Autor)

Im Verlaufe des Krieges verlagerte sich die Front nach Misserfolgen am Suezkanal und nachfolgender Stagnation auf der Sinaihalbinsel stetig über Palästina bis nach Adana, wo vor dem Waffenstillstand am 31.10.1918 das Kommando der osmanisch-deutsch-österreichischen Truppen von Liman von Sanders Paşa an Mustafa Kemal Paşa übergeben wurde. Im Osten angelehnt an die britisch-indisch-ägyptisch-australisch-neuseeländisch-französischen Truppen kämpften Beduinenabteilungen unter arabischer und britischer Führung mit Lawrence von Arabien im Zuge der Hedschasbahn/*Hicaz demiryolu*. An der gesamten Front (türkisch: *Sina ve Filistin Cephesi*) mit sehr unterschiedlichen Klimazonen kämpften auf osmanischer Seite auch größere Kontingente arabischer und deutscher Truppen, ab Mitte 1917 mit der neuen Gesamtbezeichnung „*Yıldırım*"[361] bzw. Heeresgruppe „F" unter General Erich von Falkenhayn Paşa. Die Entente konnte Marinekräfte in den dortigen Landkrieg mit einbeziehen, zunehmend auch immer mehr Luftstreitkräfte, mit denen sie schon im Oktober 1917 die Luftüberlegenheit für den Rest des Feldzuges erzielen konnte.

Ende September 1914 sickern osmanische Kräfte, vorwiegend Araber, über die de facto Grenze auf die Sinai Halbinsel ein, wobei es schon zu Scharmützeln um Kantara am Suezkanal und einer britischen Beschießung von Akaba am 14.11.1914 kommt. Der erste ernsthafte Vorstoß begann am 14.01.1915 mit ca. 20.000 Mann und 5.000 Kamelen (aber ohne Flugzeuge) unter Führung von Mehmet Cemal Paşa (Mersinli) als Kommandierender General (KG), der wiederum Ahmet Cemal Pascha und der 4. Armee in Damaskus unterstand. Im Stab vom „Kleinen Cemal/*Kücük Cemal*" diente Oberst Kress von Kressenstein. Die osmanischen Truppen waren z. T. ohne Schuhwerk und Tornister, um z. B. Wasser oder Proviant mitzuführen. Die Artillerie kam im Sand nur sehr schwer voran. Wasser war sehr knapp, trotz beginnenden Brunnen- und Wasserleitungsbaus, auch mithilfe deutscher Experten. Türkische Offiziere sprachen in der Regel kein Arabisch, was die Führung der arabischen Verbände erschwerte. Der Anmarsch wurde bereits am 17.01.1915 von den Briten aus der Luft aufgeklärt. Nach Einsatz von Pontons am Suezkanal und der Bildung eines ersten Brückenkopfes wurde der Angriff aber abgewiesen, am 03.02. von der Armeeführung der Befehl zum Rückzug gegeben.

Am 29.12.1915 wurde Kress von Kressenstein, der zuvor schon als „Kommandant der Wüste" von Ibni aus die Operationen auf dem Sinai geführt hatte, ein Expeditionskorps unterstellt mit dem Hauptquartier (HQ) in Birseba/Beersheba.

Bis Juli 1916 erfolgten nur noch Sabotageaktionen, kleinere „Nadelstiche" und Operationen gegen den Suezkanal unter britischer Luft-

---

[361] Türkisch: der „Blitz". Auch benannt nach dem Beinamen von Sultan Bayezit I.

bedrohung, erschwert durch Hitze, Heuschreckenplagen, Durst, Hunger und Holzmangel.

Nach Eintreffen des deutschen Kontingentes Paşa I mit ca. 2.000 Mann ab April 2016 mit Artillerie, Mörsern, Funkgeräten, Experten für Brunnenbau und Eisenbahnbau sowie mit der Heeresfliegerstaffel 300 verbesserte sich die Lage.

Es kam sehr bald zum ersten Luftkampf über dem Suezkanal am 28.05.1916 gegen eine Farman Maschine mit Heckmotor und Front-MG, von dem sich die durchlöcherte deutsche Rumpler noch gerade zurückziehen konnte. Diese konnte sich nämlich nur mit Pistole und Gewehr verteidigen. Sehr bald hatte die Fliegerstaffel 300 es auch geschafft, für zwei Maschinen die Synchronisation zwischen MG und Rotor mit „Bordmitteln" zu realisieren, wodurch mindestens Chancengleichheit hergestellt werden konnte mit den Flugzeugen der Entente. Im September 1916 trafen noch sechs „synchronisierte" Rumpler und zwei Fokker E III ein. Nun ging für ca. ein Jahr die Luftüberlegenheit auf die osmanische Seite über. Cemal Paşa meldete Enver Paşa u.a. am 18.09.1916:

„İngiliz uçakları hava muharebesine girmekten kaçınmaktadırlar." („Die britischen Flugzeuge gehen Luftkämpfen aus dem Weg." Übersetzung des Verfassers). Allerdings setzten sie die Bombardierungen fort, so am 29.09.1916 auf den Flugplatz in El Ariş.[362]

Im Mai und Juni 1916 wurden darüber hinaus Luftangriffe auf das britische Flugzeugmutterschiff „Raven"[363] geflogen mit guten Teilerfolgen, dann erneut am 01.09.1916 beim Angriff mit fünf Rumpler auf militärisch wichtige Einrichtungen in Port Said. Das Fliegen musste jedoch wegen Hitze zumeist auf die Abendstunden beschränkt bleiben, außerdem litt es unter Sandwinden, verunreinigtem Flugbenzin und Benzinmangel. Die im Wechsel 1916/1917 zulaufenden weiteren Maschinen hatten bereits Funk an Bord, zunächst nur im Sendebetrieb nach dem Morseverfahren.

Zeitgleich mit den Deutschen traf auch ein österreichisches Kontingent ein mit über 1.000 Mann, Artillerie, Lkw, einer Sanitätseinrichtung und einem Musikkorps. Insgesamt haben die Österreicher ca. 3.500 Mann im Osmanischen Reich eingesetzt, darunter Spezialisten

---

[362] Vgl. Kurter „ Türk Hava Kuvvetleri Tarihi" Cilt II S. 355.

[363] https://en.wikipedia.org. – HMS Raven II. Ein urspünglich deutsches Schiff.

für Ski-Ausbildung in Erzurum, im Bergbau, zur Erstellung eines Richtfunknetzes für Luftschiffe, im Vermessungswesen und Maschinenbau.[364]

Ein zweiter großer Angriff ging am 09.07.1916 von Birseba/Birüssebi/Beerşeba aus, erreichte Romani ostw. des Suezkanals, wurde aber schon Anfang August wieder abgebrochen. Man ging zur Verzögerung über. Im Februar 1917 verlief die Front wieder auf Höhe der de facto Grenze zu Kriegsbeginn; weitere Verzögerungsgefechte schlossen sich an. Die osmanischen Truppen erlitten zusätzlich Verluste durch Kälte. Im März 1917 verlief die Front zwischen Gaza und Birseba. Die Entente hatte bereits eine Stärke von 156.000 Mann erreicht, darunter 13.000 Mann des Labour Corps. Ihre neue Eisenbahnlinie vom Kanal hatte mittlerweile El Arisch erreicht.

Die Proklamation des Großscherifen von Mekka Hussein ibn Ali[365] am 27.06.1916 blieb nicht ohne Wirkung auf die Kampfmoral der Araber an allen Fronten. Er erhoffte nach Versprechungen Großbritanniens, gegen die jungtürkische Regierung arabische Stämme einigen und ein haschimitisches Königreich errichten zu können. Sein Sohn, der Emir Faisal, wird daraufhin zusammen mit dem britischen Offizier Lawrence und Beduinenkriegern an der Seite der Entente erfolgreich mit Guerillataktik operieren und dadurch den osmanischen Zusammenbruch an der Palästinafront beschleunigen. Dem Osmanischen Reich gelang es jedoch, Medina/Medine/Yesrib bis zum 10.01.1919 unter dem Kommando von Fahrettin Paşa[366] mit heroischem Widerstand zu verteidigen. Er hatte noch im September 1918 eine Aufforderung des britischen Generals Allenby zur Übergabe abgelehnt. Dieser wollte wiederum einen blutigen Häuserkampf vermeiden. Er sparte Medina aus. So fand hier lange nach dem Waffenstillstand die letzte Kriegshandlung, d. h. Rückzug osmanischer Truppen im Ersten Weltkrieg statt. Fahrettin Paşa gelang es damit, wichtige Reliquien der Muslime für den Topkapı-Palast in İstanbul zu retten. Aufenthalte in Medina wurden von Nicht-Muslimen selbstver-

---

[364] Vgl. Jung & Mötz „Die KUK Streitkräfte im Ersten Weltkrieg 1914-1918".
[365] https://de.wikipedia.org. – Hussein ibn Ali (Hedschas).
[366] https://tr.wikipedia.org. – Medine Müdafaası. https://tr.wikipedia.org. – Ömer Fahreddin Türkkan.

ständlich möglichst vermieden, Flüge dorthin daher grundsätzlich nur von muslimischen Besatzungen unternommen.

Piloten der Fliegerstaffel 300 unternahmen im Zeitraum April-August 1917 dreimal Sabotageflüge hinter die feindlichen Linien und konnten im Raum um Salmana im Grenzgebiet zum Sinai temporäre Unterbrechungen der Eisenbahnlinien, Telegrafen- sowie Stromleitungen und der Wasser-Pipeline erzielen. Der Staffelkapitän berichtet, dass im Zeitraum April 1916-September 1917 keine Maschine durch Feindeinwirkung verloren gegangen, jedoch 16 Abschüsse erzielt worden seien. Die technische Ausstattung der Maschinen wurde verbessert durch Wechselverkehrsfunk und den Einbau einer Kamera, eines sog. „Reihenbildners" (*Seri fotoğraf*), der das Gelände filmt zur anschließenden Erstellung von Kartenmaterial im Maßstab 1:100.000. Auf dem Flugplatz wurden Stromaggregate aufgestellt, sog. „Lichtwagen". Mit dem Anlegen von Scheinflughäfen gelang es, den Gegner zeitweise zu täuschen.

Der erste britische Angriff auf Gaza erfolgte überraschend, nachdem General Murray noch zuvor vergeblich Verstärkungen für die Verteidigung gefordert hatte. Die Schlacht endete für die Briten in einem Fiasko aufgrund gravierender taktisch-operativer Fehler: Ungenügende Kräfte, übergroße Entfernung zur Eisenbahn, kein Einsatz von Reserven, Wassermangel, Mangel an Führungsmitteln, verzögertes Antreten wegen Morgennebels. Der Einsatz von britischen Gasgranaten aus einem Bestand von 4.000 blieb wirkungslos, da entweder der Detonationspunkt zu hoch gewählt war oder die Hitze das Gas verflüchtigte. Umgekehrt haben die Verteidiger unter Führung von nunmehr Paşa Kress von Kressenstein mit zwei Divisionen an der Linie Gaza-Birseba zäh verteidigt, vor allem das Schlüsselgelände südostwärts Gaza, den Berg Ali Muntar, auf dem ein österreichischer Artilleriebeobachter postiert war. Trotz zahlenmäßiger Überlegenheit der Ententeflugzeuge im Verhältnis von ca. 3:1, darunter moderne Bristol Scout (Jäger), konnten die Verteidiger eigene Flugzeugverluste vermeiden und noch zwei Abschüsse erzielen. Cemal Paşa hat dann klugerweise trotz des Sieges eine anschließende Verfolgung wegen eigener Schwächen untersagt.

Beim zweiten britischen Angriff am 19.04.1917 auf Gaza mit Schwerpunkt vor der frisch eingeführten 53. osmanischen Division und einem Vorausangriff zwischen Gaza und Küste - wohl zur Täuschung über den Schwerpunkt - trat General Murray diesmal mit stärkeren Kräften an im Verhältnis von ca. 2:1, darunter acht Tanks (Panzern) vom Typ Mark I 4 und gepanzerten Kraftwagen der Marke Rolls Royce. Von den schwerfälligen Tanks, einem neuen Kriegsmittel im Ersten Weltkrieg, fielen vier aus. U. a. Bild zeigt unter einem abgeschossenen Tank drei wichtige Paşas: Den ehemaligen und zukünftigen Kriegsminister Ahmed İzzet[367], den Befehlshaber der 4. Armee Cemal und den Befehlshaber der Sinaifront Kress von Kressenstein. Zusätzlich erfolgte Artilleriebeschuss durch Schiffe der Entente schon am 16.04.1917 auf Gaza und bis zum Berg Ali Muntar. Nach 14 Stunden brach Murray das Gefecht ab. Cemal Paşa hat dann erneut eine anschließende Verfolgung wegen Munitionsmangel untersagt.

---

[367] Er hatte im März 1917 die 2. Armee an der Kaukasusfront an Mustafa Kemal übergeben.

Die zweite Gaza/Gazze Schlacht am 19.04.1917

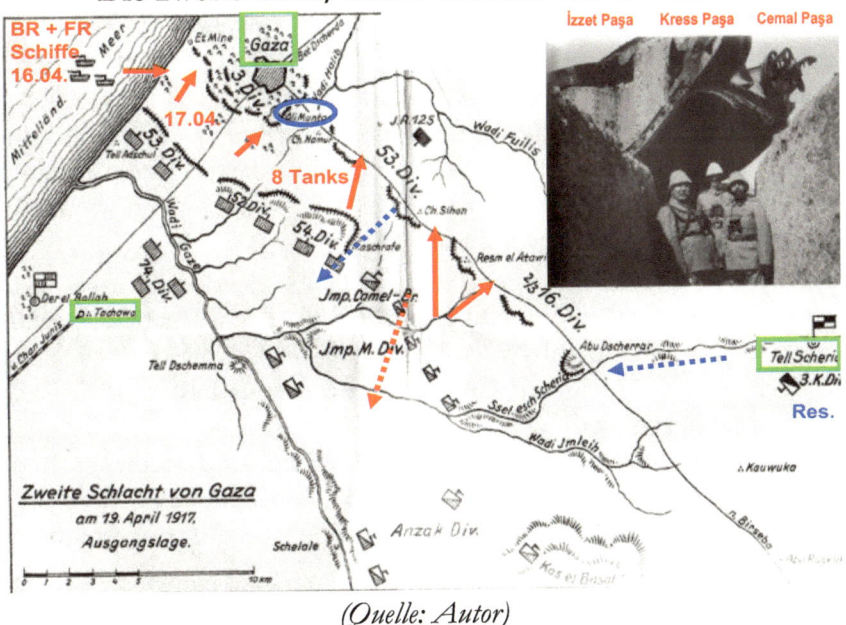

(Quelle: Autor)

Die nächsten Monate sind geprägt von erheblichen Truppenverstärkungen aufseiten der Entente, darunter der Eingliederung französisch-italienischer Kräfte sowie der Kommandoübernahme durch General Allenby am 29.06.1917, der bis zum Schluss des Feldzuges führen wird. Nach dem Kriegseintritt der USA und dortiger Pilotenausbildung auch für die Verbündeten erfahren ebenso die Luftstreitkräfte der Entente materiell und personell einen starken Aufwuchs.

Auf osmanischer Seite wird am 27.10.1917 die o. a. Heeresgruppe *Yıldırım* mit drei Armeen gebildet unter dem Befehlshaber General Erich von Falkenhayn unmittelbar vor Beginn der dritten Gaza Schlacht am 30.10.1917. Der General löst nicht nur Kress Paşa ab, sondern kommt als Marschall auch mit dem in der Verantwortung herabgestuften Cemal Paşa als Befehlshaber der 4. Armee nicht klar. Beide erfahrenen und einflussreichen Offiziere, Cemal zudem als *Vali*, verlassen diesen Kriegsschauplatz - im Falle Kress nach der dritten Gaza Schlacht am 02.12.1917 mit Übergabe der 8. Armee[368] an Cemal

---

[368] https://tr.wikipedia.org. - 8._Ordu (Osmanlı).

Paşa (Mersinli), der danach die 4. Armee von seinem Namensvetter übernimmt. Dafür übernimmt der erneut überragende Mustafa Kemal Paşa die neu gebildete 7. Armee[369] vom 05.07.-09.10.1917, übergibt sie an Fevzi (Çakmak) Paşa[370], um sie am 07.08.1918-07.11.1918 erneut zu übernehmen. Hier wird Mustafa Kemal wieder auf die bewährte Konstellation mit Liman von Sanders Paşa - nun als Befehlshaber einer Heeresgruppe seit 01.03.1918 - treffen, wenn auch in einer äußerst schwierigen Gesamtlage.

Die dritte Gazaschlacht geht am 08.11.917 verloren nach einem Einbruch bei Birseba und Durchbruch bei der 8. Armee, bei einer Überlegenheit von Allenby von ca. 2:1, starker Kavallerie (u. a. gestellt durch das Desert Mounted Corps)[371] und erneut Panzern. Ein Clorgaseinsatz blieb erneut zum Glück wirkungslos, da der Verteidiger zudem über keine Gasmasken verfügte. Die Ententeflieger beherrschen ab jetzt den Luftraum bis zum Kriegsende. Die Marine der Entente unterstützt die britischen Operationen von See aus mit Artillerie und Flugzeugen.

Auf Antrag von Enver Paşa wurde Beirut im Februar 1917 U-Boot Stützpunkt. Im Mai 1917 operieren 28 U-Boote Deutschlands und Österreichs im Mittelmeer und versenken erhebliche britische Tonnage: Z. B. am 14.04.1917 vor der syrischen Küste den britischen Kreuzer „Veronika" durch UB 42, am 11.11.1917 den britischen Zerstörer „Staunch" und den britischen Monitor M 15 vor Gaza durch UC 38[372]. Dieses U-Boot hat allein 1917 im Mittelmeer 43 Schiffe versenkt.[373]

Gaza fällt am 07.11.1917, Jerusalem/Kudüs, die Heilige Stätte von drei Religionen und der wichtigste Ort für die Muslime nach Mekka und Medina, am 09.12.1917. Major Lawrence zieht mit seinen

---

[369] https://tr.wikipedia.org. - 7. Ordu (Osmanlı).
[370] https://tr.wikipedia.org. - Fevzi Çakmak.
[371] https://de.wikipedia.org. - Desert Mounted Corps. Hierzu gehören u. a. ANZAC Truppen und Kamelabteilungen.
[372] Vgl. Staunch: uboat.net/wwi/ships_hit/5763.html. Monitor M 15: https://en.wikipedia.org. HMS-M15. Die Bezeichnung „Monitor" ist entlehnt von dem ersten US-Panzerschiff dieses Namens, ein Schiff für flache Gewässer zur Bombardierung der Küste. https://de.wikipedia.org. _ USS_Monitor.
[373] uboat.net/wwi/boats/successes/uc38.html.

arabischen Truppen neben General Allenby ein. Auf seiner Seite kämpfen nun auch armenische und jüdische Freiwilligenverbände.

Das deutsche Kontingent Paşa II, Asienkorps genannt, fließt erst jetzt mit ca. 15.000 Mann in Palästina ein, darunter fünf weitere Heeresfliegerstaffeln. Ab Februar 1918 kommen noch einmal ca. 4.000 Mann (nach von der aus Deutschland zuvor befohlenen Rückverlegung des Reservejägerbataillons 11) dazu, so dass die Paşa Kontingente, die allein in Palästina eingesetzt wurden, letztlich ca. 21.000 Mann umfassen werden. Im Winter 1917/1918 leiden alle Truppen unter Kälte, Regen und morastigen Böden sowie Unterspülungen von Eisenbahnabschnitten.

Liman von Sanders Paşa reorganisierte mit Kommandoübernahme am 01.03.1918 den Heeresgruppenstab wieder in seinem Sinne, indem er vor allem türkische Offiziere hineinnahm mit Oberst Kazım Bey als seinen vertrauten Vertreter und Chef des Stabes. Liman lehnte die von Enver Paşa angebotene Gouverneur-/*Vali*-Funktion ab. Nun folgten verlustreiche Rückzugskämpfe, unterbrochen von vereinzelten taktischen Siegen wie in den Jordankämpfen die Rückeroberung von Es Salt ostwärts des Jordans am 30.04.1918. Das Kräfteverhältnis beträgt zu diesem Zeitpunkt ca. 1:4 zugunsten des Angreifers.[374] Von Sanders muss erkennen, dass seine Truppen aus verschiedenen Gründen nicht mehr zu Angriffsoperationen in der Lage sind. Außerdem wird wegen britischer Dominanz in der Luft osmanische Luftaufklärung unterbunden.

Im Juli 1918 nimmt die Zahl der Desertionen[375] deutlich zu, auch wegen Mangel an Nahrungsmitteln, Kleidung u. a. m. Flugblattaktionen von General Allenby untergraben zusätzlich die Moral. Sein Desert Mounted Corps mit ca. 12.000 Reitern ermöglicht ihm hohe Beweglichkeit, auch für die Verfolgung und Gefangennahme von ca. 8.000 Mann im September, darunter ca. 3.000 Deutsche. Am 28.09.1918 löst von Sanders die 8. Armee auf und lässt die 7. Armee unter Kemal Paşa und die 4. unter Cemal (Mersinli) Paşa überschlagend verzögern, wobei gerade Kemal Paşa wieder seine Führungs-

---

[374] https://tr.wikipedia.org. – Sina ve Filistin Cephesi.
[375] Vgl. Uyar & Erickson „A Military History of the Ottomans" S. 277. Demnach erreichte die Zahl der Fahnenflüchtigen im gesamten Osmanischen Reich im Jahr 1917 ca. 300.000, im Jahr 1918 ca. 500.000.

kunst unter Beweis stellt. Wegen Ausschreitungen von Arabern, die sich keiner Kriegspartei zugehörig fühlen, kommt es südlich Amman beim II. osmanischen Korps sogar dazu, dass die Briten Oberst Ali Bey gestatten, Waffen zu behalten, um sich gegen die Araber verteidigen zu können. Eine „Gentleman Geste".

Nach der Unterbrechung der Eisenbahnlinie nach Norden ab 12.10.1918 und der massiven Wirkung von ca. 700 Flugzeugen der Entente ziehen ihre Truppen am 01.10.1918 in Damaskus ein.

Nach dem Waffenstillstand Bulgariens tritt das osmanische Kabinett am 13.10.1918 zurück, İzzet Paşa bündelt für wenige Tage die Funktionen des Großwesirs, Kriegsministers und Generalstabchefs. Am 25.10.1918 wird Aleppo geräumt und zum Waffenstillstand am 30.10.1918 Liman Paşa mit Antreten einer Ehrenkompanie in Adana vom Amt entbunden. Mustafa Kemal übernimmt die Heeresgruppe, verweigert zunächst deren kampflose Übergabe, muss dann jedoch ihrer Auflösung mit zuletzt ca. 18.000 Mann am 07.11.1918 zustimmen.

In der Kriegsgefangenschaft auf Malta schreibt Marschall a. D. Liman von Sanders nüchtern realistisch und zutreffend: *„Es scheint, dass die Gedanken an die Märchen von 1001 Nacht oder an die Luftspiegelungen der arabischen Wüste das scharf abwägende Urteil in der Heimat getrübt hatten.* [376]

Eine weitere große Front im Ersten Weltkrieg entstand im Süden Mesopotamiens. Schon im September 1914 patrouillierten britische Kriegsschiffe auf dem *Şatt'ül Arab*/Schatt al Arab[377]. Wie in Gallipoli glaubten die Briten an einen schnellen Sieg, bezeichneten den Feldzug daher als *„Mesopotamian Picknick"*. Auch hier sollten sie sich irren, denn sie standen zum Waffenstillstand 1918 nach zähem Ringen erst hart südlich des ölreichen Mosul, marschierten dann unter Verletzung der Waffenstillstandsbedingungen nachträglich in die Stadt ein. Von dem Feldzug soll nur ein Blick auf die entscheidende Phase geworfen

---

[376] Vgl. Liman von Sanders „Fünf Jahre Türkei".
[377] Vgl. Gehrke „Persien in der deutschen Orientpolitik während des ersten Weltkrieges" S. 72.
https://de.wikipedia.org. – Schatt al Arab. Vereinigter Fluss von Euphrat/Fırat und Tigris/Dicle beiderseits Basra, zgl. Grenzfluss zwischen dem damaligem Osmanischen Reich und Persien (ab 1935 genannt Iran).

werden im Zeitraum 1916/1917, der Zeit osmanischer Erfolge und vor dem Fall von Bagdad.

Der Feldzug war von Anfang an geprägt von extremen Klimabedingungen, von Hitze, Überflutungen, Sandstürmen, aber auch Schnee und Kälte, zahlreichen Plagegeistern wie Sandflöhe und Fliegen, was zu vielerlei Krankheiten und Ausfällen bei den Truppen führte. Zusätzlich erschwerten Trinkwasser- und Futtermangel für die Tiere die Operationen, im Süden Holz- und Steinmangel den Brückenbau u. a. m. Hinzu kamen unkalkulierbare Beduinen, die gerade im Süden den Türken feindlich gesonnen waren, so dass auch versprengte Soldaten des Verteidigers überfallen wurden und zu Tode kamen. Nördlich Bagdad war der Tigris i. Allg. nur mit Flößen (*Kelek*)[378] zu befahren, der Euphrat nur mit flachgängigen Schiffen (*Şahtur*)[379]. Kriegsschiffe mussten ebenso extrem flachgängig sein. Transportmittel wie Lkw waren in der Landschaft kaum zu gebrauchen, der Eisenbahnbau der Briten vom Süden her äußerst beschwerlich. Die Bagdadbahn wies Engpässe bzw. Unterbrechungen auf im Taurus und Amanus sowie eine große Lücke ostwärts des Euphrat bis Samara. Von dort hatte der deutsche Eisenbahningenieur in osmanischen Diensten Meißner Paşa[380] schon ein Teilstück nach Bagdad gebaut; im Krieg wurde zusätzlich eine Feldbahn zwischen Risvaniye am Euphrat und Bagdad betrieben.

Die Infrastruktur und das Gelände in Mesopotamien waren also sehr nachteilig für die Logistik der osmanischen Truppen, behinderten aber auch das Fortkommen und die Logistik der britisch-indisch-australischen Truppen. Die wenigen britischen Flugzeuge konnten die Logistikschwächen nicht kompensieren. Den Osmanen standen Beuteflugzeuge und eigene Maschinen erst ab Anfang 1916 zur Verfügung. Überschwemmungen und bereits überdehnte Versorgungswege der Briten waren mitentscheidend für die Niederlage der Briten in der

---

[378] Floß aus aufgeblasenen Ziegenhäuten für ca. 40 Mann. Zeitdauer von Mosul bis Bagdad 1-2 Wochen.

[379] Doppelschachtur für max. 33 Mann oder 12 to. Der Tigris damals ab Birecik befahrbar, wie bereits von Moltke und Sven Hedin erkundet. Fahrzeit bis auf Höhe Bagdad 3-8 Wochen.

[380] https://de.wikipedia.org. – Heinrich August Meißner. Zuvor schon erfolgreich als „Vater der Hedschasbahn"/*Hicaz Demiryolu*.

Schlacht von *Selman-ı Pak*/Ktesiphon[381] im November 1915 und der zweiten Schlacht von *Kût'ül-Amare*/Kut el Amara[382] im April 1916 - neben gravierenden operativ-taktischen Fehlern der britischen Führung. Die infanteristische Stärke der osmanischen Truppen, speziell nach Zulauf der bekannt anspruchslosen und zähen türkischen Truppen unter Halil Bey, stellten darüber hinaus eine erhebliche Kampfkraftverstärkung dar - zusammen mit der überwiegend technischen Unterstützung durch Deutsche und Österreicher.

Ab Dezember 1915 hatten Oberstleutnant Süleyman Askeri Bey[383] und ab Mai 1916 Nureddin Paşa[384] - unterbrochen von taktischen Gegenangriffen und Sabotageaktionen auf die britische Pipeline nach Persien entlang des Flusses Karun - operative Verzögerungsoperationen geführt bis vor die Tore Bagdads. Die erste Schlacht um Kut el Amara war am 29.10.1915 verloren gegangen. Dem britischen General Townshend[385] war angeblich von General Nixon befohlen worden, weiter auf Bagdad vorzugehen. *„All my study indicated disaster to me. However, the die was cast; my superior had judged otherwise."*[386]

Der erste Fehler von Townshend war, dass er einer Meldung des britischen Piloten Maj Reilly Vertrauen schenkte, dass keine osmanischen Verstärkungen im Raum Bagdad gesichtet worden seien. Townshend trat am 11.11.1915 mit ca. 25.000 Mann an. Die ursprüngliche britische Absicht war gewesen, den für Sunniten und Schiiten wichtigen Tag des 10. *Muharram* zu vermeiden, den *Aşura* Tag des 18.11.1915.[387] Er hätte zuvor noch einmal Aufklärung am Boden ansetzen müssen, denn die Lage kann sich in einigen Wochen bekanntlich verändern. Als Reilly am 21.11.1915 erneut aufstieg, hätte er wohl eine gegenteilige Meldung abgegeben, konnte dies aber nicht

---

[381] https://tr.wikipedia.org. – Selman-ı Pak Muharebesi. An dem Ort soll angeblich der ehemalige Barbier des Propheten begraben sein, daher von Muslimen mit Respekt betrachtet.

[382] https://tr.wikipedia.org. – Kût'ül-Amare Kuşatması.

[383] https://tr.wikipedia.org. – Süleyman Askeri.

[384] https://tr.wikipedia.org. – Nuredin İbrahim Konyar.

[385] Vgl. Townshend „My Campaign in Mesopotamia" und „Desert Hell: The British Invasion of Mesopotamia". https://de.wikipedia.org. – Charles Vere Ferrers Townshend.

[386] Vgl. Townshend „My Campaign in Mesopotamia".

[387] Für die Schiiten der Todestag des 3. Imam Husain. https://de.wikipedia.org. – Aschura.

mehr, da er in *Selman-ı Pak*/Ktesiphon[388] strandete und in Kriegsgefangenschaft geriet. Aus ihr kehrte er nicht mehr zurück. Außerdem
war Reilly noch eine wichtige Karte verloren gegangen, die die
Osmanen zu ihrem Vorteil nutzen konnten.

Nureddin hatte mit ca. 19.000 Mann, allerdings aufwachsend, die o. a.
Stellungen entlang der Diyala Linie bezogen.[389] Nach harten Kämpfen
und Verlusten auf beiden Seiten von ca. 20 % - 25 % bricht
Townshend am 25.11.1915 das Gefecht ab wegen zusätzlicher Sand-
stürme, logistischer Probleme (Wasser, Munition, Bergung von Verwundeten) und seiner Vermutung oder Erkenntnis, dass der Verteidiger sich verstärke. *„...and then is no soldier in Europe – I underline that
statement – to compare with the Turk when on the defensive and entrenched.”*[390]
Statt zu verteidigen geht Townshend zur verlustreichen Verzögerung
über bis Kut el Amara. *„If anyone fell behind the rearguard, his throat was at
once cut by the Arabs“.* Außerdem musste Townsend sein Kanonenboot
„Firefly” zurücklassen, welches die Osmanen dann gegen ihn einsetzen konnten. Die britische Besatzung hatte vergessen, den Verschluss
der 4.7-inch Kanone mitzunehmen. Auch die britischen Raddampfer
„Comet“ und „Shaitan“ wurden von den Osmanen erbeutet.[391]

Britische Kriegsgefangene und Verwundete wurden mangels eigener
Versorgungskapazität den Briten überstellt. Diese erreichten Kut am
03.12.1915 nach einem Eilmarsch über 140 km in acht Tagen. Einige
britische Truppen wie Kavallerie, Teile der Marine und Luftwaffe
verlegten jedoch noch weiter in den Süden nach *Sheikh Sa'ad* und *Ali
Garbi*. Kut el Amara ist nun eingeschlossen. Nach altem Brauch fordert Nureddin am 07.12.1915 die Übergabe der Stadt und der bri-
tisch-indischen Poona Division, was aber Townshend ablehnt.

---

388 https://tr.wikipedia.org. – Tızpon.
389 https://tr.wikipedia.org. – Selman-ı Pak Muharebesi.
390 Vgl. Townshend „My Campaign in Mesopotamia“, S. 177.
391 Vgl. Nunn, „Tigris Gunboats“.

Die zweite Schlacht um Kût'ül-Amâre/Kut al Amara
April 1916

(Quelle: Autor)

Der Autor teilt die Auffassung von Moukbil neben den bereits ange-sprochenen Ursachen, darunter das unzureichende Stärkeverhältnis, dass die Briten und Inder bisher in den Kolonialkriegen gegen unter-legene Gegner gekämpft hätten, nun aber erstmals gegen einen eben-bürtigen. Praktisch zeitgleich zu Gallipoli hatte sich die Fehleinschät-zung wiederholt.[392] Sie hatte erneut schwerwiegende Folgen.

Aufgrund deutscher Weisung vom 18.10.1915, bekräftigt von Enver Paşa, trifft der 72 Jahre alte von der Goltz Paşa am 12.12.1915 in Aziziye ein, wo er das Kommando über die jetzige 6. Armee von Nureddin Paşa übernimmt. Der Auftrag an von der Goltz umfasst nun aber auch fatalerweise die Ausdehnung der Operationen auf Per-sien, was schließlich zu einer Verzettelung der Kräfte führen wird und zu einem frühen Fall Bagdads. Von der Goltz gibt Nureddin die strik-te Weisung, Kut zu belagern und den Feind weiter flussabwärts mit Kavallerie zu überwachen. Nureddin greift aber danach dennoch in

---

[392] Vgl. Moukbil „La campagne de l'Irak".

Abwesenheit von der Goltz weiter an und nimmt in verlustreichen Kämpfen vorübergehend *Sheikh Sa'ad*. Dies wird dazu führen, dass er später in Absprache mit Enver Paşa durch Halil Bey (ab 19.04.1916 Paşa)[393] ersetzt wird.

Aufgrund der örtlichen Lage beantragt von der Goltz am 20.12.1915 bei Enver Paşa Verstärkungen und zunächst Abstand zu nehmen von einer großen Operation nach Persien und Afghanistan.[394] Im Zeitraum 28.12.1915-07.01.1916 erkundet von der Goltz die Lage in Persien zusammen mit Oberst Bopp, der für die dortigen Operationen verantwortlich wird, bis in das 320 km entfernte Kermanschah.[395] Das eigentlich neutrale Persien war im Norden von Russland, im Süden von Großbritannien besetzt. Deutschland und das Osmanische Reich hatten aber auch Interessen und wollten unter Kooperation mit örtlichen Kämpfern und persischen Gendarmen (die schwedische Ausbilder hatten) die Macht übernehmen, nachdem am 15.11.1915 ein Putsch durch den deutschen Gesandten Prinz von Reuß[396] gescheitert war, ebenso Bemühungen des deutschen Militärattachés Georg Emil von Kanitz mit seinem Tod am 15.01.1916.[397]

Da vor Ort außer 800 Türken, deutschen Offizieren, ca. 1.000 persischen Gendarmen und einigen Österreichern nur 6.000 unzuverlässige persische Stammesreiter präsent waren, erfolgte im Februar 1916 eine Verstärkung durch weitere vier türkische Bataillone. Vorrangiges Ziel war nunmehr zunächst die Ausschaltung der russischen Flankenbedrohung aus Richtung Hamadan. Nach einem Gegenangriff unter Halil Paşa am 09.05.1916, unterstützt von deutschen Pionieren, wurde am 01.07.1916 Kermanschah zurück erobert, am 10.08.1916 Hamadan genommen. Zur Unterstützung aus der Luft stand hier die Fliegerstaffel 12 zur Verfügung, die - wegen Mangel an Betriebsstoff, Maschinen und Ersatzteilen - nur eine geringe Einsatzbereitschaft aufwies. Dennoch war der hier dargestellte Aufklärungsflug nach Hamadan am 28.11.1916 mit einer bewaffneten Albatros erfolgreich. Wiederum hatte eine gemischte Besatzung mit einem deutschen Piloten

---

[393] https://tr.wikipedia.org. – Halil Kut.
[394] Vgl. Kiesling „Mit Feldmarschall von der Goltz in Mesopotamien und Persien".
[395] https://tr.wikipedia.org. – Kirmanşah (Şehir).
[396] https://de.wikipedia.org. – Liste der deutschen Botschafter im Iran.
[397] https://de.wikipedia.org. – Kanitz (Adelsgeschlecht)

und einem türkischen Beobachter eine riskante Operation bewältigt.[398]

Aufklärungsflug nach Hamadan am 28.11.1916

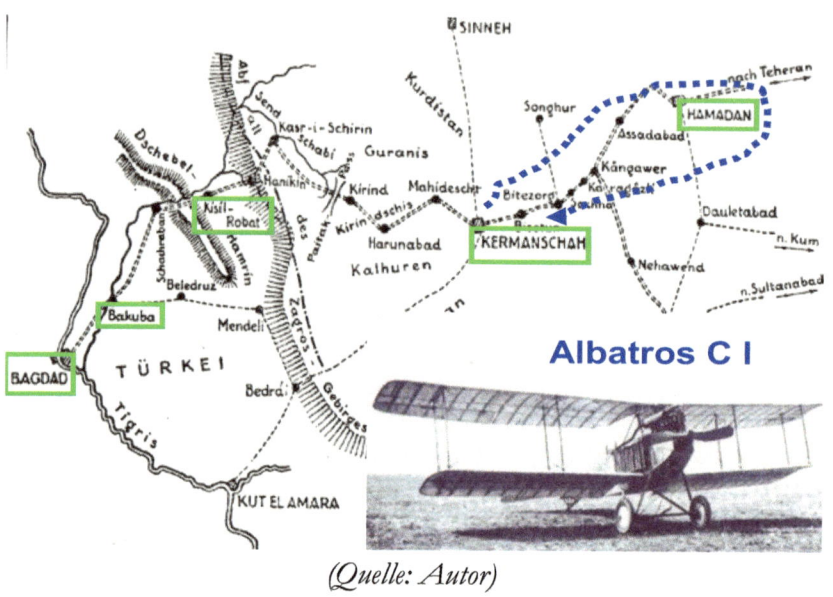

(Quelle: Autor)

Türkische Piloten hatten den Mut, ihnen unbekannte Maschinen zu fliegen: Neben zwei erbeuteten Maschinen eine weitere britische Caudron G.III, die am 16.09.1916 mit einem Gewehr zur Landung gezwungen worden und deren Besatzung in Gefangenschaft geraten war.

„İngilizlerin uçak müfrezesinin bu kayıplarına karşılık, Türk biliklerinin 16 Eylülde ele geçirdikleri Caudron G.III oldukça iyi durumda olup, kullanılabilecek vaziyetteydi." („Im Gegenzug zu diesen Verlusten der englischen Fliegerstaffel konnte eine Caudron G.III wieder in einen guten flugfähigen Zustand versetzt werden, die von türkischen Ein-

---

[398] Pilot Uffz Konrad, Beobachter Olt Nüzhet. Vgl. Kurter „Türk Hava Kuvvetleri Tarihi" Cilt V Sayfa 95.

heiten am 16. September erbeutet worden war." Übersetzung des Verfassers).[399]

Im Übrigen rüsteten die Briten wegen der schwierigen Geländebedingungen Landflugzeuge um in Wasserflugzeuge, die auf den Flüssen starten und landen konnten.

Im Zeitraum Januar 1916-Mai 1918 liefen den beiden Flugzeugstaffeln dieser osmanischen Front insgesamt 64 Maschinen zu, ab April 1916 auch die erste Fokker. Im Sommer 1916 konnte sogar vorübergehend Luftüberlegenheit (*Hareket Üstünlüğü*)[400] erzielt werden, bis weit in 1917 hinein zumindest Ebenbürtigkeit.

Mit dem Vorrücken der Russen auf Bagdad fiel Kermanschah am 11.03.1917. Die Vereinigung mit den britischen Truppen in *Kızıl Robat* westlich der persischen Grenze erfolgte am 02.04.1917, jedoch nahmen die Russen nicht mehr an den Kämpfen in Mesopotamien teil. Die russische Revolution im März 1917 hatte eine neue Situation geschaffen. Das aus Persien ausweichende XIII. osmanische Korps unter Oberst Ali İhsan[401] kam zu spät für die Entlastung der 6. Armee beim Kampf um Bagdad/Bağdat.

Als von der Goltz Anfang Januar 1916 nach Ausfall seines Kfz und einem nächtlichen Husarenritt wieder vor Kut el Amara eintrifft und die Situation des britischen Entsatzangriffes beurteilt, befiehlt er ein stufenweises Zurückgehen am Nordufer des Tigris in Anlehnung an die dortigen Sumpfgebiete. Nach vergeblichem Anrennen der Briten kommt es am 21.01.1916 zu einem Waffenstillstand auf britischen Antrag. Die Einschließung von Kut hat bereits zu deutlichem Nahrungsmangel geführt, Pferde müssen geschlachtet werden. Die muslimischen Inder verweigern aber trotz Fetva den Verzehr von Pferdefleisch, was z. T. zur Fahnenflucht führt. Die Sikhs, Hindus und Ghurkas bereiten Townshend diese Probleme nicht. Gegen Hunger wird auch Opium gereicht. Am 03.02.1916 befiehlt daraufhin der britische „Chief Imperial General Staff" die Rückverlegung nicht eingeschlossener muslimisch-indischer Truppenteile. Schon vor Selman-ı

---

[399] Vgl. Kurter „Türk Hava Kuvvetleri Tarihi" Cilt II Sayfa 165.
[400] Ebda S. 234.
[401] https://tr.wikipedia.org. - 13. Kolordu (Osmanlı), https://tr.wikipedia.org. – Ali İhsan Sabis. KG des Korps Februar 1916 - Oktober 1917, danach Befehlshaber der 6. Armee bis zum Waffenstillstand.

Pak war es zu Disziplinschwierigkeiten gekommen, weil die Muslime wie o. a. den Ort als Heilige Stätte betrachten, erst recht jedoch die Stadt Bagdad als langjährige Kalifenstadt der Abbasiden.[402] Halil Bey löst am 20.01.1916 an der Front Nureddin ab. Von der Goltz führt weiter von vorn, überlässt dann am 31.03.1916 die örtliche Führung Halil Bey und kehrt nach Bagdad zurück.

Die Briten unternehmen einen letzten vergeblichen Entsatzangriff im Zeitraum 12.04.-26.04.1916 auf dem Südufer gegen geflutetes Gelände und mit Kampfschiffen auf dem Tigris, können aber seit Wochen die Versorgung aus der Luft mit 14 Flugzeugen und 140 Flügen ab 15.04.1916 nicht annähernd sicherstellen.

Es kursierte der Spruch: *„Too much water for the army, too little for the navy.“*[403]

Am 29.04.1916 erfolgt die Kapitulation: 13.000 gehen in Kriegsgefangenschaft, darunter 1/3 Briten und fünf Generäle. Bis zu diesem Zeitpunkt haben die Briten während des Mesopotamienfeldzuges ca. 40.000 Mann verloren.[404] Erickson wertet dies später als die schwerste Niederlage Großbritanniens zwischen 1783 (Yorktown/USA) und 1942 (Singapore).[405]

Von der Goltz hatte sich bei der Rückfahrt nach Bagdad auf dem Schiff infiziert und starb am 19.04.1916 an Fleckfieber. Er wurde schließlich im Juni 1916 auf dem deutschen Botschaftsgelände in Istanbul/Tarabya beigesetzt.

Halil Paşa wird Befehlshaber der 6. Armee. Er gewährt britischen Offizieren generöse Behandlung, gibt sogar nach einem Bericht von Sven Hedin am 11.05. 1916 ein Abschieds- bzw. Verbrüderungsfest ohne deutsche Offiziere.

„Die Stimmung an der Tafel war sogar heiter; es war ein wirkliches Verbrüderungsfest, und der Champagner floß in Strömen.“[406]

Leider führten die Spannungen zwischen Halil Paşa und den Deutschen nach dem Tod von der Goltz zu Reibereien in der Zusammenarbeit, konzentriert in der Auffassung von Halil: *„Osmanlı Ordudir“*.

---

[402] https://de.wikipedia.org. - Abbasiden.
[403] Vgl. Townshend, „Desert Hell", S. 249.
[404] https://tr.wikipedia.org. – Kût'ül Amâre Kuşatması.
[405] Vgl. Erickson, „Ottoman Army Effectiveness in World War I".
[406] Vgl. Hedin „Bagdad, Babylon, Ninive", S. 204.

(„Es ist eine Osmanische Armee" bzw. „Die Armee ist osmanisch".
Übersetzung des Verfassers). Damit meinte Halil wohl, dass ihm die
Mitsprache der Deutschen zu weit ginge.[407] Dies zeigte sich noch
einmal später in der Entlassung seines deutschen Chefs des Stabes in
der Heeresgruppe Ost, des Oberstleutnant Paraquin im September
1918.[408] Dieser hatte schon unter Halil im Stabe der 6. Armee gedient.
Immerhin hatten im späteren Rückblick die Deutschen erhebliche
personelle und materielle Unterstützung für die 6. Armee in Mesopotamien geleistet mit MG-Abteilungen, Artillerie, Pionieren, Führungsmitteln, Kraftwagen, Sanitätsmaterial, Flugzeugen und beim
Aufbau einer Tigris Flotille.

General Townshend wird angenehmes Quartier auf einer der Prinzen-
inseln beziehen, ist im Oktober 1918 sogar in İstanbul an den Waf-
fenstillstandsverhandlungen beteiligt. Seine Soldaten mussten jedoch
einen verlustreichen langen Hungermarsch zu Fuß in die Kriegsge-
fangenenlager antreten.

Die Briten benötigten ein Dreivierteljahr, um sich personell und materiell wieder zu verstärken und einen erneuten Angriff beginnen zu
können. Sie traten am 13.12.1916 mit großer Überlegenheit unter
General Maude an, eroberten Kut el Amara erneut am 25.02.1917[409],
Ktesiphon am 06.03.1917 und Bagdad am 11.03.1917, zeitgleich zum
Fall von Kermanshah. Der weitere Verlauf des Feldzuges glich einem
langen osmanischen Verzögerungsgefecht mit einem vorübergehenden zeitlichen Abflauen der Kämpfe ab Dezember 1917 nach dem
Fall von Tikrit am 05.11.1917.[410] Die britische Front verlagerte Trup-
pen ins benachbarte Persien-Aserbeidschan zur Unterstützung von
General Dunsterville im Kampf um Baku.[411] Ab März 1918 kamen

---

[407] Mit dieser Auffassung unterschied er sich nicht von Mustafa Kemal (Atatürk),
der dies auch mehrfach deutlich zum Ausdruck brachte. Die Erzählungen über sein
angeblich gutes Verhältnis zu Liman von Sanders (Uhrengeschenk) muss daher mit
Skepsis gesehen werden. Mit Enver Paşa an der Spitze wurde jedoch der Zusammenhalt gewahrt.
[408] Vgl. Lisec „Der Völkermord an den Armeniern – Deutsche Offiziere beteiligt?"
S. 145 ff.
[409] Nach türkischem Verständnis ist dies erst die zweite Schlacht um Kut el Amara.
https://tr.wikipedia.org. – İkinci Kut Muharebesi. In Wirklichkeit war es die dritte,
auch wenn in der ersten kaum gekämpft wurde.
[410] https://tr.wikipedia.org. – Tikrit.
[411] Vgl. Dunsterville, „The Adventures of Dunsterforce".

die Briten sowohl am Euphrat als auch am Tigris voran. Am 03.07.1918 wechselte das Kommando von Halil auf İhsan Paşa, wobei die 6. Armee auf das XIII. Korps reduziert wurde. Zum Waffenstillstand war die Front am Euphrat bis Hit vorgedrungen, am Tigris bis Kalat Schergat südlich Ninive/Mosul.

Zwei Wochen nach dem Waffenstillstand marschierten britische Truppen in die unverteidigte Stadt Mosul ein - unter Berufung auf § 7 des Waffenstillstands-vertrages:

„The Allies to have the Right to occupy any strategical points in the event of a situation arising which threatens the security of the Allies.“[412]

Die Stadt hatte jedoch keinerlei Anlass dieser Art geboten. Im Text der türkischen Datei heißt es:

„15 Kasım 1918 tarihinde İngiliz askerleri Musul'a asker çıkarıp işgal ettiler.“[413] („Am 15. November 1918 besetzten die britischen Soldaten das von osmanischen Soldaten verlassene Mosul.“ Übersetzung des Verfassers).

Die Mosulfrage sollte erst mit einem Entscheid des Völkerbundes 1925 entschieden werden[414] und einer nachfolgenden Übereinkunft zwischen der Türkei und Großbritannien - welches das Mandat über Irak erhalten hatte - über eine materiell-finanzielle Entschädigung.

Townshend hat sich abschließend zur Mesopotamienkampagne lobend über die Türken geäußert, indem er schreibt, dass sie im Laufe des Krieges dort insgesamt ca. 900.000 Mann des Gegners gebunden hätten: *„... the Turks should claim the campaign as a moral victory.“*[415] Die Zahl erscheint jedoch im Vergleich mit der u. a. Schätzung von Churchill überhöht.

An dieser Stelle soll ein Fazit über dieses Kapitel gezogen werden, ohne die anderen Kriegsschauplätze osmanischer Truppen im Ersten Weltkrieg noch zu untersuchen: Den Hicaz, den Yemen und die europäischen Kriegsschauplätze, in die Enver Paşa noch erhebliche Truppen überstellt hatte. Dies war sicherlich eine Schwächung und hat die Gefechte speziell in Palästina und Mesopotamien negativ beeinflusst. Zu dieser Schwächung trug aber auch seine Entscheidung

---

[412] Vgl. Moberly „History of the Great War", Band III, S. 323.
[413] https://tr.wikipedia.org. – Musul Sorunu.
[414] https://de.wikipedia.org. – Mossul.
[415] Vgl. Townshend „Desert Hell", S. 520.

bei, gegen Ende des Krieges den Schwerpunkt auf die Kaukasusfront mit Richtung auf Baku zu verlagern in Verfolgung seiner panturanischen Vorstellungen oder aber zur Gewinnung eines Faustpfandes für die erwarteten Friedensverhandlungen. Nach türkischen Angaben waren im Ersten Weltkrieg ca. 2,850 Mio. Soldaten eingesetzt.[416]

Hinsichtlich unserer eingangs gestellten Grundfragen kann wohl ein differenziertes Urteil gefällt werden.

- Die osmanische Armee konnte im Rahmen einer Koalitionsarmee ihren Auftrag, die Rettung des Vaterlandes, nur zum Teil erfüllen. Ostthrakien und Anatolien waren beim Waffenstillstand noch nicht von den Truppen der Entente besetzt, einige osmanische Truppenkörper noch intakt. Der indirekte Auftrag jedoch, speziell im Interesse Deutschlands, nämlich die Bindung starker Kräfte der Entente, wurde voll erfüllt. Nach Churchill wurden an den Fronten in Palästina-Syrien und Mesopotamien allein 480.000 Mann britisch-indischer Truppen gebunden.[417] Eine Schwächung für die Verteidigung im Inland war sicherlich die Überstellung von sechs osmanischen Divisionen im Zeitraum von 1916-1918 nach Galizien, Rumänien und an die Bulgarien-Saloniki Front.[418] Darüber hinaus konnten die kämpfenden osmanischen Truppen, die wegen des Fehlens der Armenier und „Rum" fast ausschließlich türkische und arabische waren (einschließlich Einheiten der Jandarma) vor den Augen der Welt beeindruckende Siege erzielen: In Gallipoli, in Kut el Amara, in zwei Gaza Schlachten. Es zeigte sich wieder einmal, dass die Armee, wenn es drauf ankommt, zu großen Leistungen fähig ist.

- Gegenüber der Politik, vertreten durch den Jungtürken Enver Paşa als Oberbefehlshaber, blieb der türkische Anteil der Truppen loyal, wenngleich in den beiden letzten Kriegsjahren die Zahl der Fahnenflüchtigen deutlich zunahm. Der arabische Anteil wurde mit den Ereignissen 1916 in Mekka weniger zuverlässig bzw. wurde sogar zum Gegner.

---

[416] https://tr.wikipedia.org. – Türk Silahlı Kuvvetleri.
[417] Vgl. Churchill „Die Weltkrise 1914-1918" II S. 194.
[418] Vgl. Uyar & Erickson „A Military History of the Ottomans", S. 264.

- Neben einem wachsenden Nationalbewusstsein spielte die islamische Religion immer noch eine große Rolle, selbst bei muslimischen Truppen der Entente. Zwar hatte die Erklärung des Heiligen Krieges durch den *Şeyh-ül İslam* im November 1914, verstärkt durch den Sultan und schiitische hohe Geistliche in Mesopotamien, nicht die erhoffte Wirkung erzielt, aber der Glaube des türkischen Soldaten war immer noch ein wichtiger Motivationsfaktor. Townshend urteilt über den Türken:

  > *„He does not and will not understand patriotism, nor does he care, I believe, for the patrie – but his religion in his life and world, and for that he will fight in the most dogged and tenacious manner."*[419]

- Die Armee konnte aufgrund der vorhergehenden Kriegsjahre und der wirtschaftlichen Verhältnisse mit den erforderlichen Erneuerungen nicht ganz Schritt halten. Dies zeigte sich nicht nur beim Mangel an großkalibriger Artilleriemunition oder der Anzahl an MG, sondern vor allem am Zustand der Marine und der Luftstreitkräfte. Die Mängel konnten allerdings teilweise ausgeglichen werden durch die Beiträge der Verbündeten.

Die sog. Waffenbrüderschaft mit Deutschland im Ersten Weltkrieg wirkt immer noch positiv auf das politische Verhältnis zwischen der Türkei und Deutschland, aber auch zwischen ihren Armeen im Rückblick auf die größte gemeinsame militärische Bewährungsprobe in der Geschichte.

---

[419] Vgl. Townshend, „My Campaign in Mesopotamia".

VIII   Mit der Osmanischen Armee zur Republik

In der Zeit zwischen dem Waffenstillstand von Mudros/Mondros 1918 und dem Friedensschluss von Lausanne 1923 fanden in einer großen politischen Umwälzung vom Osmanischen Reich zur Türkischen Republik zeitgleich intensive militärische Kampfhandlungen statt. Sie hatten wegen innerer Bedrohungen zeitweise den Charakter eines Bürgerkrieges, wegen äußerer Bedrohungen als Folge des Ersten Weltkrieges und der Verhandlungen in Sèvres bis 1920 sowie des griechischen Angriffs 1919 den Charakter konventioneller Kriegshandlungen regulärer und irregulärer Kräfte in verschiedenen Regionen des Osmanischen Reiches. Diese komplexe politische Lage in einer Phase der inneren Zerrissenheit hatte natürlich erhebliche Auswirkungen auf die Armee, zentriert auf die Frage der Loyalität unter verschiedenen Staatsformen.

Mustafa Kemal Paşa, der im Vorgriff auf seinen späteren Nachnamen zur Vereinfachung nunmehr nur noch Atatürk genannt werden soll, war vom Sultan und den Briten beauftragt worden, die Demobilmachung der osmanischen Armee in Anatolien durchzusetzen. Die präsenten Kräfte der Verbündeten in der Größenordnung von ca. 200.000 Mann[420] reichten hierzu nämlich nicht aus. Dabei erkannte man zu spät, dass es Atatürk - immer noch im Status Soldat - um das genaue Gegenteil ging, nämlich zunächst um die Erhaltung und Stärkung der noch vorhandenen Teile der Armee. Ob er bei seiner Landung in Samsun am 19.05.1919 schon die Vision der geeinten unbesetzten Türkischen Republik von 1923 vor Augen hatte, bleibt offen. Schließlich schien der Weg dorthin nahezu unmöglich, war nachträglich betrachtet fast als Wunder zu bezeichnen. Wahrscheinlich war es wieder einmal eine falsche Lageeinschätzung der Briten - ähnlich wie in Gallipoli - vor allem aber eine völlige Unterschätzung der Qualitäten Atatürks und des Lebenswillens des türkischen Volkes.

Die Erkenntnis von Gallipoli hätte sein müssen, dass Atatürk ein ausgewiesener, hervorragender und patriotischer Offizier war. Noch nicht erkennbar für Außenstehende war, dass er sich schon früh als

---

[420] Landesweit ca. 38.000 Briten, 59.000 Franzosen, 17.000 Italiener und nach Einmarsch 90.000 Griechen. Etwa die Hälfte aller Truppen war in İstanbul konzentriert.

175

ein mutiger Revolutionär gegen den Sultan betätigt hatte, losgelöst von den Jungtürken. Seine Eigenschaften als strategisch denkender Politiker wurden erst jetzt sichtbar, wobei er jeweils pragmatisch die jeweilige Situation nutzte. Man hatte also „den Bock zum Gärtner" gemacht, konnte das Rad der Geschichte aber nicht mehr zurück drehen - weder mit Versuchen, seiner habhaft zu werden bzw. zu beseitigen, nach Verhängung einer Todesstrafe und einer entsprechenden Fetva im April 1920. Schon zuvor im Juli 1919 war Atatürk seiner Entlassung aus der Armee auf Antrag zuvor gekommen. Dies war aber - nunmehr ohne formale miltärische Befehlsbefugnis - dennoch keine Schwächung seiner Position, weil er von seinem überragenden Ruf in der Armee zehrte und noch viele Kameraden zu ihm hielten, ihn beschützten. Zu ihnen zählte damals Kasım Karabekir Paşa, der noch das Kommando über ein beachtliches reguläres Truppenkontingent innehatte. Wichtig war, dass das wohl überwiegend soldatische Betriebspersonal des landesweiten Telegrafensystems loyal zu Atatürk stehen würde, ebenso ein Teil der zivilen Gouverneure/Vali.

Nach Özakman[421] existierten im Wechsel 1918/1919 noch ca. 35.000-40.000 reguläre Truppen und ca. 400.000 unkontrollierte Freikorpstruppen, deren politische Orientierung noch unklar oder z. T. sogar der von Atatürk entgegengesetzt war. Sie rekrutierten sich überwiegend aus entlassenen ehemaligen Soldaten, die sich so „durchschlugen" und die öffentliche Sicherheit und Ordnung gefährdeten. Da die Jandarma, die mit Kontingenten im Ersten Weltkrieg teilgenommen hatte, noch nicht wieder funktionsfähig war, entstanden Selbsthilfegruppen in der Bevölkerung zur Schließung dieser Sicherheitslücken. Zu ihnen gehörte z. B. die berittene bewaffnete Partisanengruppe um Kara Fatma Seher (Erden) mit ca. 43 Frauen, die auf eigene Faust Polizeifunktionen ausübte und dann mit den meisten irregulären Truppen 1921 in die Streitkräfte eingegliedert wurde.

Atatürk hatte erkannt, dass er zunächst die inneren Bedrohungen beseitigen musste, bevor er sich den äußeren zuwenden konnte. Dies

---

[421] Vgl. Özakman „Şu Çılgın Türkler". Dieser Tatsachenroman, der nach Wissen des Autors noch nicht übersetzt worden ist, stellt das Standardwerk über den hier behandelten Zeitrahmen 1919-1923 dar. Er bildete die Grundlage für Dokumentar- bzw. Spielfilme über diese Zeit. Auch der Autor hat aus den tiefen Recherchen von Özakman geschöpft in seinem Buch „Der Unabhängigkeitskrieg und die Gründung der Türkei".

musste parallel einhergehen mit dem revolutionären nationalen politischen Einigungsprozess.

Der größte innere Gegner war der Sultan und Kalif Mehmet VI., der mit seinem Kabinett hoffte, in Kooperation speziell mit den Briten möglichst viel von der alten Ordnung retten zu können, dabei aber nationale Interessen der Einheit und Unabhängigkeit opferte. Der Sultan hatte sogar - in seiner Eigenschaft als Kalif - mit Unterstützung einer Fetva des *Şeikh-ül İslam* und mit britischer materieller bzw. finanzieller Hilfe gegen die aufwachsenden national orientierten *Kuva-yi Milliye*[422] Truppen Atatürks eigene Truppen aufstellen lassen, die *Kuvâ-yi İnzibatiye*[423] (auch *Hilafet Ordusu*/Kalifatsarmee genannt) in einer Größenordnung von 4.000 Mann. Sie bestand nur zwischen April und Juni 1920, wurde kommandiert von dem Tscherkessen Ahmet Anzuvur und unterstand dem Kriegsminister des Sultans, Süleyman Şefik Paşa.[424] U. a. im Raum İzmit kam es zu einer Konfrontation, als nationale Truppen diesen unter Kontrolle nehmen wollten.

„Hilafet ordusu birlikleri Nisan ve Mayıs aylarında İzmit bölgesinde yığınaklanmalarını bitirdiler. Britanya birlikerli de Hilfat ordusunun arkasında konuşlandı. İzmit limanına demirleyen Britanya savaş gemileri mevzileri top ateşi iledestekleyebilecek bir konum aldılar.“ („Einheiten der Kalifatsarmee unterdrückten in den Monaten April und Mai im Raum İsmit Konzentrationen. Einheiten der Briten und der Kalifatsarmee hatten zuvor Absprachen getroffen. Die vor İzmit ankernden britischen Kriegsschiffe „bereinigten die Lage“ durch unterstützendes Artilleriefeuer auf die Stellungen.“ Übersetzung des Verfassers).

Ende Juni 19120 gelang es Ali Fuat Cebesoy Paşa, KG des XX. Korps und von Freikorpstruppen, die Kalifatsarmee zu zerschlagen. Er war am 11.09.1919 vom Kongress in Sivas eingesetzt worden und wurde am 18.06.1920 formaler Befehlshaber der Westfront.

Dabei sei erwähnt, dass İzmit am 24.06.1921 noch ca. 300 Tote zu beklagen hatte im Rahmen des späteren griechischen Vormarsches. Der britische Schriftsteller Toynbee hat hierüber berichtet.[425]

---

[422] https://tr.wikipedia.org . – Kuvâ-yi Milliye.

[423] https://tr.wikipedia.org. – Kuvâ-yi İnzibâtiye.

[424] https://tr.wikipedia.org. – Süleman Şefik Paşa.

[425] https://tr.wikipedia.org. – İzmit Katliamı. Toynbee „The Western Question in Greece and Turkey“.

Festzuhalten bleibt also, dass gerade die Briten im Unabhängigkeits-kampf nicht neutral geblieben sind und aufseiten der Griechen inter-veniert haben, nicht nur im Juni 1920. Nach Özakman ist es insge-samt 15 Mal zu begrenzten Gefechten mit britischen Truppen ge-kommen, wobei die letzte Konfrontation Ende September 1922 in Çanakkale durch Einlenken des britischen Generals Harington und entgegen der Weisung aus London ohne Blutvergießen verlief.[426]

Eine weitere innere Bedrohung für Atatürk stellten die Freikorps-truppen des Überläufers Çerkez Ethem[427] dar, die *Kuvâ-yi Seyyâre*[428] in Stärke von anfangs ca. 4.600 Mann. Diese Truppe hatte noch Ende 1920 die Seite gewechselt, auch weil die Briten gut bezahlten, wurden dann aber im Januar 1921 zerschlagen.

Atatürk konnte sich nunmehr den äußeren Bedrohungen zuwenden, obwohl innere und äußere, wie gesehen, nicht immer sauber zu tren-nen waren.

Dies gilt z. B. auch für die griechisch-stämmigen osmanischen Staats-bürger, die sog. „*Rum*", die beim Einmarsch der griechischen Division in İzmir[429] am 15.05.1919 verdeckt oder offen Unterstützung leiste-ten. Das griechisch orthodoxe Patriarchat in İstanbul stellte sich offen auf die Seite der Invasoren. Es bleibt unklar, wie viele *Rum* sich in den Dienst der griechischen Armee stellten, in Uniform oder in Zivil. Nach Aussagen des griechischen Generals Papoulas vom Juli 1921 und des Metropoliten von İzmir vom Juni 1922 muss - auch unter Einbeziehung eines größeren Kontingentes aus der Schwarzmeerregi-on um Trabzon und der Mittelmeerküste - von wahrscheinlich 100.000 Mann ausgegangen werden. Diese Schätzung ist sicherlich noch konservativ im Hinblick auf ca. 1,25 Mio. Rum, die 1923 mit dem Bevölkerungsaustauschabkommen von Lausanne das Land ver-lassen mussten.

Vor Erörterung des griechisch-türkischen Krieges 1919-1922 sollen allerdings zunächst die anderen Nationen betrachtet werden. Diese verhandelten seit Januar 1919 über ein Friedensabkommen in Sèvres

---

[426] Vgl. Harington „Tim Harington looks back".
[427] https://tr.wikipedia.org. – Çerkez Ethem.
[428] https://tr.wikipedia.org. – Kuvâ-yi Seyyâre.
[429] https://de.wikipedia.org. – Besetzung von Izmir.   https://tr.wikipedia.org. – İzmir'in İşgalı.

(nahe Paris), was letztlich im August 1920 scheiterte, weil die militärischen Erfolge Atatürks die Papiere zur Makulatur werden ließen. Obwohl vom Großwesir Damat Ferit Paşa als Leiter der Delegation des Sultans gezeichnet, wurde das Papier von keinem osmanischen oder gar türkischen Parlament ratifiziert.

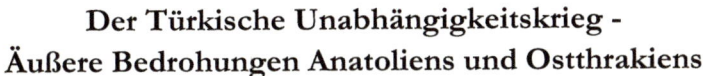

Der Türkische Unabhängigkeitskrieg - Äußere Bedrohungen Anatoliens und Ostthrakiens

(Quelle: Autor)

Das Abkommen von Sèvres[430] sah in einem geheimen Zusatzabkommen Einflusszonen für die Siegermächte vor, zudem noch eventuelle Ansprüche der Kurden im Südosten Anatoliens (vertreten durch Großbritannien) und der Armenier im Nordosten. Die Einflusszone Frankreichs im Süden reichte bis Sivas, die der Italiener im Südwesten bis Bursa und Konya, die der Griechen erfasste Ostthrakien und ei-

---

[430] https://www.lib.byu.edu/index.php/Section I Articles 1-260. (Vertragstext Hauptvertrag).
https://de.wikipedia.org. – Vertrag von Sèvres (Osmanisches Reich) https://tr.wikipedia.org. – Sevr Antlaşması.

nen Raum um İzmir. Die Wasserstraßen sollten entmilitarisiert werden unter alliierter Verwaltung. Damit wäre das Osmanische Reich bis auf ein Kerngebiet von Ankara bis Samsun zerschlagen worden, im Einklang mit verschiedenen Vorkriegsplänen der Siegermächte.

Atatürk hatte zunächst keine Kenntnis von diesen Plänen. Er konzentrierte sich neben der politischen Arbeit auf die militärischen Operationen an den Fronten, widmete sich der Hauptbedrohung durch die Griechen jedoch erst, nachdem andere Frontabschnitte unter Kontrolle waren. Seine Strategie war also die des pragmatischen seriellen politischen und militärischen Vorgehens. Nach geschickter Verhandlungsführung und militärischen Erfolgen im Süden und Nordosten erreichte er den Abschluss von Verträgen mit Italien, Frankreich und Russland.[431] Italien zog sich bis Juli 1921 zurück und unterstützte danach sogar Atatürk mit Lieferungen von angeblich nicht-militärischen Gütern. Mit Frankreich schloss er am 20.10.1921 zum Zorn der Briten das Franklin-Bouillon[432] Geheimabkommen ab. Frankreich und die armenischen Freiwilligenverbände zogen sich bis Anfang Januar 1922 aus Kilikien/der Çukurova zurück. Frankreich unterstützte dann Atatürk durch Lieferungen militärischer Güter, allein in 1922 durch Lieferung von zehn modernen Flugzeugen. Im Nordosten drängte Karabekir Paşa bis 18.11.1920 die Armenier zurück. In den anschließenden Verhandlungen mit den Armeniern und Russen wurde letztlich mit dem Vertrag von Kars[433] vom 13.10.1921 nicht nur die alte Osmanische Ostgrenze wiederhergestellt, sondern auch eine Kooperation mit Lenin vereinbart.

Die Lieferungen militärischer Güter durch Russland waren mitentscheidend für den erfolgreichen Verlauf des Krieges gegen Griechenland.[434] Im Verbund mit geschmuggelten osmanischen Waffen und Munition aus den durch die Alliierten bewachten Depots (speziell aus dem Raum İstanbul) und durch geschicktes Umarbeiten unpassender Kaliber von Artilleriemunition verfügte Atatürk im Sommer 1922

---

[431] Dem Vertrag mit Russland am 16.03.1921 sollten noch weitere folgen in den Jahren 1925, 1929 und 1931. Erst 1945 erfolgte eine Lösung aus den Verträgen.
[432] https://de.wikipedia.org. – Vertrag von Ankara (19219. www.hri.org/docs/FT 1921/Franco.Turkish Pact 1921.pdf. https://tr.wikipedia.org. – Kars Antlaşması.
[433] http://groong.usc.edu/treaties/kars.html.
[434] Vgl. Lisec „Der Unabhängigkeitskrieg und die Gründung der Türkei".

dann doch noch über die Ressourcen für einen Blitzkrieg von wenigen Tagen.

Der Höhepunkt der Auseinandersetzungen war das Zurückschlagen der griechischen Invasion in mehreren Phasen, mit der Griechenland die Verwirklichung ihrer „Megali Idea" anstrebte.[435] Diese Phasen erstreckten sich aus osmanischer Sicht über die Anfangsphase territorialer Verluste, Siege in den Schlachten İnönü I und II, Verzögerungsgefechte bis zur Sakarya, dem vorentscheidenden Sieg an der Sakarya, dem Endsieg bei Dumlupınar mit dem nachfolgenden Einmarsch in İzmir und dem letzten britischen Aufbäumen um Çanakkale am 28.09.1922. Der Autor[436] hat die einzelnen Phasen im u. a. Buch mit Skizzen beschrieben. Einige Elemente aus diesem Krieg und Ursachen für den Sieg sollen jedoch noch einmal hervorgehoben werden. Zunächst liegen diese im Mangel einer einheitlich politisch-militärischen und kontinuierlichen Führung der Griechen, die unklare Absicht ihres Kriegszieles, ihre erneute Unterschätzung der türkischen Armee, ihren mangelnden Ressourcen, ihrer militärischen Resignation bzw. Lethargie nach der Niederlage an der Sakarya bis zur Schlacht bei Dumlupınar. Hinzu kommt, dass Griechenland schon früh die Unterstützung der Italiener und Franzosen verlor, zuletzt auch noch die der Briten. Speziell dem britischen Premier David Lloyd George[437] hatten sie vertraut, fühlten sich zum Einmarsch in İzmir ermuntert.

Auf osmanischer Seite lagen die Ursachen für den Erfolg z. T. genau auf der entgegengesetzten Seite, zunächst begründet in der überrragenden Persönlichkeit Atatürks als der wirkliche Retter und zgl. Gründer seines neuen Vaterlandes. Mit Wiederanlegen der Uniform vereinte er in den entscheidenden Monaten politische und militärische Macht als Oberbefehlshaber. Die Einheit in der militärischen Führung wurde gewahrt durch seine überaus fähigen Mitstreiter İnönü Paşa[438] als Befehlshaber der Westfront und Çakmak Paşa[439] als Chef des Generalstabes. Mitentscheidend waren die Befehle Atatürks vom

---

435 https://en.wikipedia.org. – Megali Idea.

436 Vgl. Lisec „Der Unabhängigkeitskrieg und die Gründung der Türkei".

437 https://en.wikipedia.org. – David Lloyd George.

438 https:de.wikipedia.org. – Ismet Inönü. https://wikipedia.org. – İsmet İnönü.

439 https://tr.wikipedia.org. – Fevzi Çakmak. https://de.wikipedia.org. – Fevzi Çakmak.

08.08.1921 über die nationalen Requirierungsauflagen *(Tekâlif-i Milliye Emirleri)*,[440] die praktisch eine totale Ausschöpfung der nationalen personellen und materiellen Ressourcen vorsahen. In dieser Beziehung handelte es sich schon um den Übergang zu einem „Totalen Krieg", wenngleich nicht mit den völkerrechtswidrigen Ausweitungen späterer Kriege in der Kriegführung selbst. So trugen z.B. die Frauen die Hauptlast in der Logistik, während die Männer an der Front kämpften. Die Frauen sind u. a. verewigt in Stein am nationalen Denkmal auf dem Taksimplatz in İstanbul. Wesentlich zum Erfolg trug auch bei die strategisch/operative militärische Weitsicht Atatürks. So machte er während der Rückzugsgefechte dem ungeduldigen Parlament mehrfach klar, dass nur durch vorübergehende Preisgabe von Raum die notwendige Zeit zum Erstarken gewonnen werden kann, während die Griechen verwundbar wurden durch ihre überlangen Versorgungswege. Ein historisches Beispiel für sie wäre das Scheitern Napoleons vor Moskau 1812 gewesen.

Atatürk setzte Zeichen, indem er die bewegliche Gefechtsführung nicht nur im großen Stil, sondern auch taktisch in der Verteidigung forderte.

„Hatt-ı müdafaa yoktur, sath-ı müdafaa vardır. O satıh, bütün vatandır." (Der Kampf spielt sich nicht an einer Linie ab, sondern in einer Fläche. Und diese ist das ganze Vaterland." Übersetzung des Verfassers).[441]

Dies wurde von der Truppe in der Schlacht an der Sakarya dahingehend umgesetzt, indem sie eine zweite, z. T. sogar eine dritte Schützengrabenlinie vorbereitete, auf die sie zurückgehen konnte, um dann anschließend wieder den Gegner durch den Einsatz operativer Reserven aufzuhalten oder zurück zu werfen. In der entscheidenden Schlacht führte Atatürk erneut von vorn, ein psychologisches Mittel guter Führung. Er suchte den Erfolg in der Überraschung sowie Schnelligkeit auch unter Einsatz der Kavallerie und durch Massierung von Feuer der Artillerie. Dem Gegner ließ er in einer Operation der Spaltung mit anschließender Umschließung keine Chance.

---

[440] Vgl. Atatürk, Nutuk Band II S. 822 f. In modernem Türkisch in Söylev „Ulusal Vergi Buyruğu" S.823 f.

[441] Vgl. Atatürk, Nutuk Band II S. 826. In modernem Türkisch in Söylev „Savunma hattı yoktur. Savunma alanı vardır. O alan bütün yurttur." S. 827.

Obwohl die politischen Ereignisse nur am Rande beleuchtet werden können, soll ein wesentliches Element seines politischen Vermächtnisses dennoch nicht unerwähnt bleiben: Der Nationalpakt/*Misak-ı Milli*[442] als das politische Manifest der Unabhängigkeitsbewegung unter Atatürk. Es wurde noch vom osmanischen Parlament am 28.01.1920 in einer Sechs-Punkte-Version beschlossen (gegenüber der vorherigen Acht-Punkte-Version) und bildete nachfolgend für Atatürk die Grundlage aller einschlägigen Verträge - auch für Lausanne 1923 - und für türkische Verfassungen. Die Kernbegriffe sind die Einheit der Nation und ihre Unabhängigkeit.

Misak- ı Milli / Nationalpakt vom 28.01.1920

§ 1...*Osmanlı İslam çoğunluğuyla meskûn bulunan kısımlarının tamamı hakikaten veya hükmen hiçbir ayrılma kabul etmez bir bütündür.*
...**die Gesamtheit der Teile, bewohnt von einer osmanisch islamischen Mehrheit**, bildet eine **Einheit**, deren tatsächliche oder verfügte **Teilung nicht zugelassen** wird.

§ 6 ...*tam bağımsızlık ve serbestiye mazhar olmamız ...*
...**wir vollständige Unabhängigkeit** und Freiheit genießen ...

Die geograhischen Grenzen wurden erst mit dem Friedenschluss von Lausanne 1923 festgelegt. Hierbei musste Atatürk gegenüber seinen Vorstellungen verzichten auf die Provinz/das *Vilayet* Musul/Mosul, Zypern und einige Inseln in der Ägäis. Änderungen ergaben sich noch 1939 durch den Anschluss der Provinz Hatay[443] und die Regelung für die Wasserstraßen im Abkommen von Montreux 1936.[444]

---

[442] http://www.webcitation.org/mainframe.php. - Türk Tarih Kurumu. Diese Fassung ist gegenüber dem o. a. Text sprachlich modernisiert. Die ältere türkische Fassung steht z.B. in Baykara „Milli Mücadele" S.61.
https://tr.wikipedia.org. – Misakı Milli.
[443] https://de.wikipedia.org. – Hatay (Provinz) https://tr.wikipedia.org. – Hatay Devleti.
[444] https://de.wikipedia.org. – Vertrag von Montreux.

Der Unabhängigkeitskrieg endete nahezu zeitgleich mit der Gründung der Türkischen Republik am 29.10.1923. Ihr erster Präsident wurde Atatürk. Bereits ein Jahr zuvor war das Sultanat abgeschafft worden, 1924 folgte die Abschaffung des Kalifats.

Noch im Zusammenhang zu sehen mit den revolutionären Ereignissen sind die neue Verfassung vom 24.05.1924[445] mit den nachfolgenden Änderungen. Einige Artikel hieraus werden Auswirkungen auf die Armee und ihre Führungsspitze haben, ja die Armee von Atatürk wird sogar als Beschützer einiger fundamentaler Prinzipien gesehen.

Mustafa Kemal Atatürk

1922 als Oberbefehlshaber   und   1923 als Staatspräsident
        Marschall Gazi
        (Quelle: Atatürk ve Kurtuluş Savaş Müzesi)

---

445 www.verfassungen.eu/tr/tuerkei24.htm.

Im Artikel 2 wird zwar noch der Islam als Staatsreligion festgestellt, jedoch wird diese Passage am 10.04.1928 ersatzlos gestrichen. Das gilt gleichermaßen für die im Artikel 26 getroffene Aussage über die Scharia/Şeriat und die Erwähnung von Allah im Artikel 38. Die erneute wesentliche Änderung des Artikels am 05.02.1937, u. a. mit dem Gebot des Laizismus, wird noch später im Rahmen des Kemalismus zu erörtern sein.

Im Artikel 5 wird die Vollziehende Gewalt (*İcra Kudreti*), also die Exekutive, im Kern der Türkischen Großen National Versammlung (TBMM - *Türkiye Büyük Millet Meclisi*) zugesprochen, auch wenn weitere Exekutivrechte in der Ausübung beim Präsidenten und dem „Rat der Vollzugsbeauftragten" (dem Vorläufer des Kabinetts) liegen. Für die Armee bedeutet das bis auf den heutigen Tag, dass sie eine Parlamentsarmee ist ähnlich der deutschen Bundeswehr. Grundsätzlich bestimmt also das Parlament über den Einsatz der Armee, von Ausnahmen abgesehen. Diese wurden in den neueren Verfassungen festgelegt.

Art. 40 der aktuellen Verfassung bestimmt:

„Başkumandanlık Türkiye Büyük Millet Meclisinin şahsiyeti maneviyesinde mündemiç olup Reisicumhur tarafından temsil olunur. Kuvayı Harbiyenin emir ve kumandası hazarda kanunu mahsusuna tevfikan Erkânı Harbiyei Umumiye Riyasetine ve seferde İcra Vekilleri Heyetinin inhası üzerine Reisicumhur tarafından nasbedilecek zate tevdi olunur."

(„Der Oberbefehl über das Heer liegt bei der Großen Nationalversammlung der Türkei als juristische Instanz und wird durch den Präsidenten der Republik repräsentiert. Die Befehlsgewalt über die Armee wird im Frieden nach Maßgabe eines besonderen Gesetzes dem Chef des Großen Generalstabs, im Kriege einer Persönlichkeit übertragen, die auf Vorschlag des Rats der Vollzugsbeauftragten vom Präsidenten der Republik zu ernennen ist." Übersetzung des Verfassers).

Hier wird also einmal mehr der Charakter einer Parlamentsarmee betont.

Mit der neuen Staatsform der Republik, einer modernen Verfassung, die noch nicht die Gewaltenteilung zwischen Legislative und Exekutive komplett etabliert hat, den folgenden Verfassungsänderungen bis 1928 und den personellen Besetzungen der höchsten Staatsämter beginnt für die Armee nach endlos erscheinenden Kriegsjahren eine neue Epoche äußeren Friedens. Mit Normalisierung der politischen Beziehungen zu den anderen Staaten geht einher eine Normalisierung der militärischen Beziehungen, des Austausches von Militärattachés, der internationalen Kooperation in der Ausbildung und der Rüstung. Es erscheint somit angemessen, an dieser Stelle wieder eine Zwischenbilanz der so wichtigen Jahre unmittelbar nach dem Ersten Weltkrieg im Sinne unserer eingangs formulierten Fragestellung zu ziehen.

- Der offizielle Auftrag der Restarmee 1918 war eigentlich die weitere Abrüstung auf Weisung der Siegermächte und des Sultans. Der neue Auftrag des revolutionären Atatürk an die wieder aufwachsende reguläre Armee mit den zu integrierenden Freikorpstruppen war entgegengesetzt, nämlich die Bereinigung der Lage im Innern und Vertreibung aller Besatzungstruppen.

- Die Frage nach der Loyalität der Armee gegenüber „dem Souverän" muss also unterschiedlich ausfallen. Während reguläre Truppen erkennbar dem Sultan zunehmend keine Folge mehr leisten, lassen sie sich von den freiheitlichen, nationalistischen und republikanischen Ideen Atatürks überzeugen und werden Garant der Realisierung seiner Vision. Das Volk musste lernen, dass in der Republik „der Souverän" nicht mehr eine Person ist, sondern sie selbst, vertreten durch das Parlament. Die Armee nimmt nun für Atatürk eine Sonderstellung im Staate ein, indem er sie als Bewahrer des u. a. Kemalismus sieht.

- Das Verhältnis der Armee zur Religion, konkret zum Kalifen, wich zwar zunehmend dem Gedanken eines türkischen Nationalbewusstseins, war aber immer noch stark ausgeprägt. In Kenntnis dieser Tatsache hat Atatürk vorsichtig taktiert, indem er das Kalifat und religiöse Institutionen erst abgeschafft hat, als die Republik 1923 Wirklichkeit geworden war. Der letzte Schritt hierzu waren die Verfassungs-änderungen von 1928. Atatürk war sich aber bewusst, dass der Islam wieder seinerseits eine neue reaktionäre oder gar revolutionäre Kraft entfalten kann, weshalb der Trennung von Religion und Staat, dem Laizismus bzw. Säkularismus, so große Bedeutung zukommen wird.

- Die vergangenen Jahre hatten gezeigt, dass die ausgeblutete türkische Armee im Unabhängigkeitskampf gegen Griechenland und im Kampf gegen andere Besatzer erneut erstaunliche personelle Qualitäten aufwies. Die materiellen Voraussetzungen für den baldigen Sieg waren aus eigener Kraft aufgrund der Besatzungssituation nur mit Hilfe Russlands, später Italiens und Frankreichs gegeben. Nach Überzeugung des Autors hätte Atatürk aber sein Ziel auch ohne fremde Hilfe erreicht, wenngleich später. Die Kriegsmüdigkeit der Siegermächte und die strategischen Fehler Griechenlands kamen ihm dabei zugute.

IX Die Armee unter Atatürk und Inönü

Da Atatürk 1938 starb hat er den Zweiten Weltkrieg nicht mehr mit-erlebt, aber die internationalen Gefahren schon erkannt, die am Horizont sichtbar wurden. Als Staatspräsident bestimmte er weiterhin zusammen mit dem Kabinett und der Partei, der *Cumhuriyet Halk Partisi (CHP),* die Geschicke der Nation politisch weiter mit, während er nicht mehr aktiver Soldat war. Für ihn blieb die Trennung beider Funktionen überaus wichtig, um das Prinzip von Befehl und Gehorsam nicht zu verwässern, selbst wenn in einer nationalen Notlage wie im Unabhängigkeitskampf für ihn selbst eine Ausnahme geboten erschien und er als Persönlichkeit ein Glücksgriff war.

Atatürk hat daher auch darauf gedrungen, dass Offiziere im Parlament sich für die eine oder andere Seite entscheiden müssten, weil für ihn Parteizugehörigkeit und gleichzeitiger soldatischer Status unverträglich sei. Im September 1909 hatte er schon auf dem Kongress der Partei *İttihat ve Terakki* in Selanik gesagt:

„Ordu mensupları Cemiyet içinde kaldıkça hem fırka kuramıyacağız, hem de ordumuz olmıyacaktır. Mensuplarının pek çoğu Cemiyet âzası olan Üçüncü Ordu günün mânasile modern bir ordu sayılama."[446]

(„Wir Mitglieder der Armee, die derzeit im Komitee sind, können nicht sowohl der Partei angehören als auch unserer Armee. Da recht viele Mitglieder Beziehungen zum Komitee haben, wird die heute noch bedeutsame 3. Armee nicht mehr eine moderne Armee sein können." Übersetzung des Verfassers).

Dies hat in späteren Verfassungen seinen Niederschlag gefunden. Dennoch durchzieht Atatürks Denken seit der o. a. Dissonanz mit den Jungtürken schon vor dem Ersten Weltkrieg eine Ambivalenz beim Verhältnis von Militär und Politik - d. h. Enthaltsamkeit versus Einmischung - was wiederholt zum Ausdruck gekommen ist. So soll er nach Bayar erneut am 01.03.1924 geäußert haben:

„...die Trennung von Armee und Politik ist ein fundamentaler Gesichtspunkt, den die Republik immer im Auge hatte. Dank dieser Konzeption, der wir gefolgt sind, haben die Armeen der Republik, die die wahren und standhaften Wächter

---

[446] Vgl. Bayar „Atatürk'ten Hatıralar" S. 18. https://de. wikipedia.org. – Komitee für Einheit und Fortschritt.

unseres geliebten Landes sind, dauerhaft eine Position des Ansehens und der Stärke erreicht.“

Schon der zweite Generalstabschef in der neuen Republik, Marschall Fevzi Çakmak (1922-1944!), war ab 1924 nicht mehr Angehöriger des Kabinetts.[447] Im Februar 1931 soll Atatürk geäußert haben, dass die Armee die Speerspitze der Realisierung nationaler Ideale sei und in den Offizierkasinos soll ein Spruch von ihm an den Wänden gehangen haben mit dem Satz, dass die Armee immer Führer beim Fortschritt des Volkes gewesen sei. Dieser Satz war enthalten in den Lehrbüchern für die Ausbildung des Generalstabes.[448]

Das Parteiprogramm der regierenden CHP aus dem Jahre 1935, beschlossen auf dem vierten Parteitag, enthält im § 72 einen Passus, der der republikanischen Armee eindeutig auch eine politische Rolle zuweist mit der Formulierung:„*...ve ulusal ülküyü, ulusal varlığı ve devremi kollayan ve koruyan...*“ („...und das nationale Ideal, den nationalen Bestand und die Revolution zu bewahren und zu schützen...“. Übersetzung des Verfassers).[449]

Die Armee, vertreten durch den Generalstab, sah sich bis in die jüngste Zeit in einer Wächterrolle des Kemalismus, getragen von großen Teilen der Bevölkerung und der CHP. Im Einparteienstaat bis 1950 war die Kontrolle über den Senat und die Große Nationalversammlung gegeben, später zusätzlich über das Kabinett durch den Militärischen Sicherheitsrat (MGK – *Milli Güvenlik Kurulu*). Solange die Personalauswahl für militärische Spitzenfunktionen und Karrieren noch weitgehend in militärischer Hand lag, war für die Kontinuität im Denken des Offizierkorps gesorgt. Im Urteil der meisten Sachkenner und Autoren gab es diesbezüglich keinen Zweifel. So urteilt z.B. Nye:

„The Guardian role of the military was institutionalized by Atatürk in the 1920's.“[450]

---

[447] Mit Gesetz vom 03.03.1924 wurde der Generalstab unter der Bezeichnung *Erkân-ı Harbiye-i Umûmiye Reisliği bzw.Riyaseti* unabhängig, d. h. von den politischen Instutionen des Verteidigungsministers und Ministerrats getrennt. 1935 erhielt er die heutige Bezeichnung *Genelkurmay Başkanlığı*. Vgl. Homepage *Türk Silahlı Kuvvetleri Genelkurmay Başkanlığı*.

[448] Vgl. Birand „Shirts of Steel: The Military Academy“.

[449] TBMM – Kütüphane ve Arşiv Hizmetleri Başkanlığı - CHP Programı 1935.

[450] Vgl. Nye „The Military in Turkish Military Politics“ S. 248.

Atatürk hat auch in seinen Reden mehrfach die Jugend in einer ähnlichen Wächterfunktion bzw. testamentarischen Rolle gesehen,[451] da ja sie die Politik der Zukunft bestimmen würde. Aus der dem Miliär zugeteilten Wächterfunktion hat dieses sicherlich die Berechtigung gezogen für die späteren Interventionen. Der Putschversuch von 2016 fällt hierbei augenscheinlich aus dem Rahmen, zumal dieser wohl auch nicht von der Spitze der Armee ausging mit dem bisherigen Ziel der Bewahrung kemalistischer Prinzipien.

Dabei ist der Begriff des Kemalismus nicht leicht zu fassen. Er wird zumeist verkürzt mit Erläuterung der sechs Prinzipien (*Altı Ok* = wörtlich sechs Pfeile, auch seit 1931 auf dem Emblem der CHP) beschrieben, die als ein Teil des Parteiprogramms der CHP 1935 danach Eingang in die Verfassung fanden. Mit dem Gesetz vom 05.02.1937 wurde nämlich der Artikel 2 der Verfassung neu gefasst, die sechs Prinzipien/Eigenschaften im ersten Satz beinhaltend:

„Türkiye Devleti, Cümhuriyetçi, milliyetçi, halkçı, devletçi, lâik ve inkılâpçıdır. Resmî dili Türkçedir. Makarrı Ankara şehridir."

(„Der Türkische Staat ist republikanisch, nationalistisch, volksverbunden, interventionistisch, laizistisch und revolutionär. Seine Amtssprache ist türkisch. Seine Hauptstadt ist die Stadt Ankara." Übersetzung des Verfassers).

Ein zentrales Anliegen Atatürks war hierbei die Trennung von Religion und Staat, also der Laizismus, von anglikanischen Autoren eher mit dem Begriff des Säkularismus beschrieben. Neben anderen Gründen war die Verletzung dieses Prinzips jeweils Ursache der Interventionen von 1960 bis 2007.

Zu bedenken ist, dass der Nationalpakt, die Reformen und das Handeln Atatürks zu seinen Lebzeiten noch weitere Prinzipien deutlich werden ließen, z. B. seine Forderung nach staatlicher Unabhängigkeit und Einheit, seine Friedensliebe, sein Gleichheitsdenken beim Frauenwahlrecht, seine Westorientierung. Übersehen wird häufig sein pragmatisches Prinzip des *İnkılâpçılık*, mitunter auch *Devrimcilik* genannt, d. h. des evolutionären oder gar revolutionären Prinzips des

---

[451] Atatürks mehrtägige Rede, genannt NUTUK, mit der Aussage vom 20.10.1927: „Türkische Jugend! Deine erste Pflicht ist es, die nationale Unabhängigkeit, die Türkische Republik immer zu bewahren und zu verteidigen".

Reformismus. Atatürk war eben kein statischer Ideologe, sondern ein pragmatischer Mann des Fortschritts und der Modernisierung. Wie in jeder Zielhierarchie kann es dabei fallweise zu konkurrierenden Zielen kommen, z. B. zwischen der Unabhängigkeit der Nation und der Westorientierung. Sein Nachfolger, der kemalistische Präsident İsmet İnönü, hat nach dem Zweiten Weltkrieg die Frage mit der Zuwendung zur UNO, zur NATO und den USA eindeutig beantwortet - wissend, dass dies einhergehen würde mit einem Teilverlust staatlicher Souveränität. Eine noch gravierendere Entscheidung betrifft die Frage der Mitgliedschaft in der EU, die die nationalen Parlamente durch Mehrheitsbeschlüsse in vielen Belangen übersteuert, oder durch ihre überstaatliche Rechtssprechung.

Für die Armee hätte das erste Vierteljahrhundert der Republik eine Zeit der Ruhe und Konsolidierung werden können, was jedoch nur z. T. eintraf. Innere Unruhen forderten sie erneut, Spannungen mit Nachbarstaaten wie Griechenland verlangten stets Gefechtsbereitschaft, ganz zu schweigen von der unklaren Lage und den kritischen Jahren des Zweiten Weltkriegs. Sie führte zu einer notwendigen Mobilmachung und Erhöhung der militärischen Präsenz auf 1,5 Mio. Mann, was erneut große Opfer der Bevölkerung nach sich zog.[452]

Eine erste große Krise im Innern war der Kurdenaufstand von 1925, nachdem schon ab 1832 Kurden dem Sultan Schwierigkeiten im Raum Homs, Aleppo und Arbil bereitet hatten, wie von Moltke 1839 berichtet. Weitere Beispiele sind die Kurdenaufstände von 1879 unter dem Scheich Ubeydallah mit ca. 900 Mann, der von der Armee erstickt wurde, oder die von 1887 im Raum Erzurum und Van.[453] Abdülhamid II. hatte seine Hamidiye-Regimenter nicht nur gegen die Armenier aufgestellt, sondern er wollte auch die Kurden in Schach halten, u. a. durch ausgewogene Zuwendungen und Stellenbesetzungen. Die politische Schwäche des Sultans um 1908 provozierte Gründungen kurdischer Organisationen und Aktionen bis hin zu deren Streben nach Unabhängigkeit, die ebenfalls von der Armee unterdrückt wurden.[454] 1920/1921 kam es wieder zu Unruhen im Raum Dersim (ab 1937 Tunceli) und Sivas durch alevitische Kurden, wäh-

---

[452] Vgl. Kreiser „Kleine Geschichte der Türkei" S. 393.
[453] https://de.wikipedia.org. – Scheich Ubeydallah. Vgl. Arfa „The Kurds". S. 22ff.
[454] Vgl. Van Bruinessen „Agha, Scheich und Staat" S. 337.

rend ca. 2/3 der Kurden sunnitisch-schafiitisch[455] orientiert ist. Der Kern der Unruhen 1921 wird auch als Koçgiri-Aufstand bezeichnet. Er wurde im Juni 1921 niedergeschlagen.[456] Wegen kultureller Heterogenität und resultierender mangelnder Einigkeit der Kurden untereinander waren ihre Aufstände bis heute zwar blutig, aber nicht wirklich erfolgreich.

Atatürk soll im Juni 1920 dem Befehlshaber der Südfront Nihat Anılmış Paşa den Auftrag gegeben haben: „ *As for areas inhabited by Kurds, we consider it a necessity both of our domestic and of our foreign policy to set up a local government gradually.*" Später noch: „...*to prepare gradually for the establishment of local government bodies and thus win for us the hearts of the Kurds and to strengthen the links which bind Kurdish leaders to us by appointing them to civil and military positions.*"[457]

Zur Wiederherstellung der öffentlichen Ordnung *(toplumsal düzen)* erließ das Parlament am 04.03.1924 das Gesetz Nr. 578 *Takrir-i Sükûn Kanunu,* zur Einstellung der Kämpfe und zur Aburteilung von Tätern durch Unabhängigkeitsgerichte *(İstiklal Mahkemesi).*[458] Oberhalb dieser gab es keine Berufungsinstanz.

Der nachfolgende Kurdenaufstand von 1925 übertraf jedoch die bisherigen Aktionen. Der Scheich Sait/Sex Seid rebellierte nach einem vorangegangenen Kongress 1924 mit vielen Offizieren in seinen Reihen im Raum westlich des Van-Sees. Die Gründe waren eine Mischung aus konservativem Protest gegen den neuen politisch-laizistischen Kurs nach Abschaffung des Kalifats, türkisch-nationalistische Einschränkungen der kurdischen Sprachen und Kulturen, der Zugang zu Ämtern, Einschränkungen des Landbesitzes (Gesetz Nr. 1505) bis hin zur offiziellen Tilgung des Begriffs „Kurdistan".[459] Natürlich ging es auch um Autonomie oder Unabhängigkeit. Die Kurden griffen die osmanischen Truppen in Diyarbakır an mit dem bewährten Trick, kleine Korane an die Bajonette der Gewehre zu heften, um das geg-

---

[455] Die türkische Religionsbehörde DIYANET unterstützt primär das hanafitische Sunnitentum im Gegensatz zur schafiitischen Rechtsschule. https://de.wikipedia.org. – Schafi'iten.

[456] https://tr.wikipedia.org. – Koçgiri İsyanı.

[457] Vgl. Mango in Kedourie „75 Years of the Turkish Republic" S. 13.

[458] Vgl. Gülbeyaz „Mustafa Kemal Atatürk".

[459] Ebda. S. 541 ff. S. 572. S. 586. https://de.wikipedia.org. – Scheich Said. https://tr.wikipedia.org. – Şeyh Said İsyanı.

nerische Gewehrfeuer zu unterbinden. İsmet Paşa „bereinigte" die Situation im März 1925 mit ca. 35.000 Mann und unter Einsatz der Luftwaffe. Der Scheich und viele seiner Mitstreiter wurden gefangen genommen, von den o. a. Sondergerichtshöfen zum Tode verurteilt, kurdische Dörfer zerstört. 1928 wurde eine diesbezügliche Amnestie erlassen.

1926, 1927 und 1930 setzten sich die kurdischen Aufstände fort mit dem Zentrum um den Ağrı Dağı/Ararat, z. T. unterstützt von Armeniern und iranischen Kurden.[460] Die Zahl der Aufständischen soll insgesamt 5.000-8.000 betragen haben. Während die ersten beiden Aufstände von türkischer Jandarma und türkischen Truppen noch nicht vollständig eliminiert werden konnten, gelang dies 1930 unter Einsatz der Luftwaffe. Die Ausrufung einer „Republik Ararat" blieb Wunschdenken, so wie der zweite Versuch der Gründung eines kurdischen Staates 1946 in Mahabad im Nordwesten Irans eine elfmonatige Episode blieb.[461] Das Umsiedlungsgesetz von 1934 war ein weiterer Grund für Unruhen, denn es gab dem Innenminister freie Hand für interne Umsiedlungen in der Türkei, damit auch der Kurden.[462]

---

[460] https://de.wikipedia.org. – Ararat Aufstand.
[461] https://de.wikipedia.org. – Republik Ararat. https://tr.wikipedia.org. – Ağrı ayaklanmaları.
https://de.wikipedia.org. – Mahabad. O.a. van Bruinessen S. 549 ff.
[462] Gesetz 2510 vom 14.06.1934 bzw. Resmi Gazete Nr. 2733 vom 21.06.1934 İskan kanunu.

Die Aufstände am Ağrı Dağı/Ararat 1926-1930

(Quelle: Zeitung Cumhuriyet vom 19.09.1930)
(Text: „Hier liegt der Traum von Kurdistan begraben",
Übersetzung des Verfassers).

Der größte und blutigste Aufstand der Kurden jedoch ereignete sich erneut im Raum Dersim 1937/1938.[463] Atatürk äußerte sich sehr besorgt vor dem Parlament:

„Mustafa Kemal Atatürk, 1 Kasım 1936 tarihinde yatığı TBMM konuşmasında Dersim'deki ağalık düzeni sorununuTürkiye'nin en önemli iç sorunu olarak tanımladı." („Mustafa Kemal Atatürk bezeichnete am 01. November 1936 in einer anberaumten Parlamentssitzung das Dersim-Problem dem Range nach als das wichtigste innenpolitische Problem der Türkei." Übersetzung des Verfassers). Auch in diesem Fall bewies Atatürk seine weitreichende visionäre Fähigkeit.

Erneut waren die Ursachen unterschiedlicher Art, darunter das Besiedlungsgesetz (*Tunceli Kanunu* Nr. 2884) von 1936, welches wiede-

---

[463] https://de.wikipedia.org. – Dersim Aufstand. https://tr.wikipedia.org. – Dersim İsyanı.

rum Unruhen in der Bevölkerung hervorrief und Forderungen nach lokaler Autonomie. Die türkische Armee führte unter dem Namen *„Tedip ve Tenkil"* („Bestrafung und Deportation", Übersetzung des Autors) eine Schlussoperation mit ca. 50.000 Mann und 40 Flugzeugen durch, deportierte ca. 12.000-50.000 Bewohner, setzte angeblich Giftgas ein und ließ Rädelsführer aburteilen. Ca. 13.800 Aufständische sollen den Tod gefunden haben. 1964 gab es wieder eine Amnestie.

Am 01.01.1995 versuchte die Premierministerin Tansu Çiller vergeblich, durch eine moderne Abwandlung des berühmten Satzes von Atatürk das Zusammenwachsen der verschiedenen Volksgruppen zu fördern, indem sie nicht auf das Türkentum abhob, sondern auf die Staatsbürgerschaft:

„Ne mutlu Türkiye'nin Vatandaşıyım diyene." („Glücklich kann sich schätzen, wer von sich sagen kann, dass er ein Staatsbürger der Türkei ist." Übersetzung des Verfassers).[464]

Als 1980 die Terrororganisation PKK[465] wieder in diesem Raum agierte, kam es erneut zu Evakuierungen bzw. Deportationen. 2011 entschuldigte sich der damalige türkische Ministerpräsident Erdoğan für die Ereignisse der Jahre 1937/1938 mit den Worten:

„Eğer devlet adına özür dilenecekse,böyle bir literatür varsa, ben özür dilerim, diliyorum." („Wenn im Namen des Staates eine Entschuldigung auszusprechen ist und wenn die Literatur so stimmt, dann möchte ich diese Entschuldigung zum Ausdruck bringen." Übersetzung des Verfassers). Das Vorgehen des Staates war sicherlich unverhältnismäßig gewesen.

Dennoch dreht sich seitdem - mit Unterbrechungen - die Spirale von kurdischer und staatlicher Gewalt weiter, ohne aktuelle Hoffnung auf Befriedung. Natürlich führt die Situation zu starken Spannungen in der Armee zwischen Kurden und Türken, untergräbt die Zuverlässigkeit und damit die Einsatzfähigkeit der Streitkräfte.

Mit dem Gesetz Nr. 2590 von 1934[466] wurden die osmanischen Titel abgeschafft - wie z. B. Paşa - andererseits die Dienstgradbezeichnungen für Generale und Admirale neu festgelegt. Für das Heer und die

---

[464] Vgl. Poulton „Top Hat, Grey Wulf and Crescent".
[465] https://de.wikipedia.org. – Arbeiter Partei Kurdistans.
[466] Gesetzestitel: *„Efendi, Bey, Paşa gibi lakap ve unvanların kaldırılmasına dair kanun".*

Luftwaffe in absteigender Folge: Mareşal, darunter die Generals-dienstgrade Birinci Ferik, Ferik und Liva; für die Marine die Admi-ralsdienstgrade Birinci Ferik, Ferik und Liva.

Die Kurdenaufstände 1925 - 1937

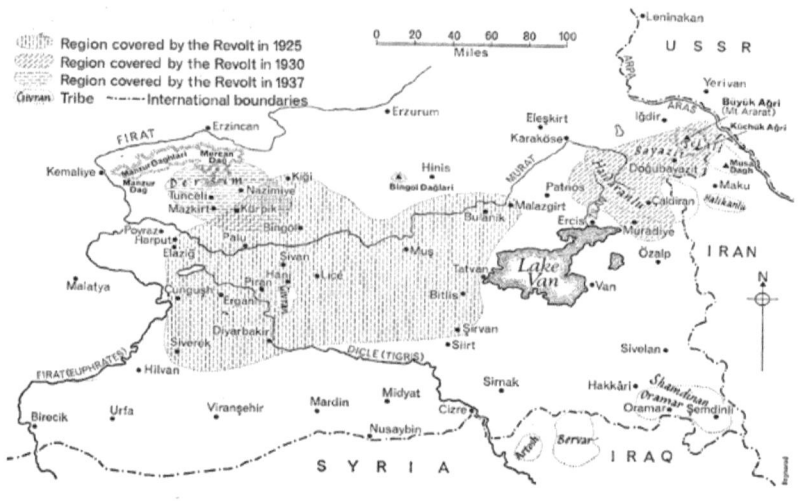

(Quelle: Hassan Arfa „The Kurds" S. 35)

Für die Armee galt es eigentlich, sich in den Jahren nach 1923 zu kon-solidieren und trotz finanzieller und wirtschaftlicher Probleme rüs-tungstechnisch im Vergleich zum Westen aufzuholen. Für das Heer war so ein Meilenstein 1934 die Aufstellung der ersten Panzerkompa-nie in Lüleburgaz, nach 1939 die Aufstellung von Luftlandetruppen, für die Marine ein umfangreiches Instandsetzungsprogramm, die Rückübernahme des Kreuzers Hamidiye im September 1924 von den Briten und seine Wiederinbetriebnahme sowie der Erwerb von zwei Fernaufklärungsflugbooten Ro III A Rodra der deutschen Firma Rohrbach im Zeitraum 1926-1936.

Die größten Fortschritte aber wurden erzielt bei der zivilen Luftfahrt und den türkischen Luftstreitkräften, die 1944 eine eigene Teilstreit-kraft wurden (ihr Gründungsdatum aber auf 1911 festgelegt hatten). Neben umfangreichen Beschaffungen in Deutschland, Italien, Groß-britannien, Polen, USA und Frankreich gelang es, ab 1932 in der Kay-seri Flugzeugfabrik (KTF- *Kayseri Tayyare Fabrikası*) zahlreiche Flug-

196

zeuge in Lizenz herzustellen und technisches Know-how zu erwerben. Die Lieferungen in die neutrale Türkei setzte Deutschland während des Krieges bis April 1944 fort, während die USA und Großbritannien ein diesbezügliches Embargo verhängten. Die Lieferungen aus Deutschland endeten mit dem Abbruch der diplomatischen Beziehungen im August 1944, eine erzwungene Konzession der Türkei zugunsten eines bevorstehenden Beitritts zu den Vereinten Nationen.[467] Die Türkei hatte schon vor 1935 die Ausbildung ihrer Piloten mit Frankreich vereinbart, später auch mit Großbritannien und den USA. So verfügte sie 1945 mit ca. 26.000 Mann, davon 1.000 Piloten, und 749 Flugzeugen über eine beindruckende Kapazität, obwohl sie noch weiterhin auf Lieferungen spezieller Ersatzteile und von Flugbenzin angewiesen war.[468]

Wiederum ein berühmtes Beispiel für die Förderung der Emanzipation von Frauen durch Atatürk ist die erste Kampfpilotin der Türkei, wahrscheinlich sogar der Welt, Sabiha Gökçen.[469] Sie hatte schließlich ca. 8.000 Flugstunden und 32 Kampfeinsätze, darunter gegen die Kurden 1937/1938. Sie hat 22 Flugzeugtypen geflogen, das Fallschirmspringen erlernt und noch am Koreakrieg teilgenommen. Atatürk hatte sie als Heranwachsende adoptiert und gefördert. Nach ihr ist bekanntlich der Flugplatz auf der anatolischen Seite von İstanbul benannt.

---

[467] Vgl. EADS „100 Jahre Deutsch/Türkische Zusammenarbeit in der Militärischen Luftfahrt" S. 71 ff.
[468] Ebda. S. 97.
[469] https://de.wikipedia.org. – Sabiha Gökçen. https://tr.wikipedia.org. – Sabiha Gökçen. Vor ihr gab es schon eine türkische Zivilpilotin.

Atatürk und Sabiha Gökçen -
Die erste Kampfpilotin

(Quelle:http:///www.ctie.monash.edu.auhargrave/images/goken 4500 jpg)

İsmet İnönü hatte mit einer klugen Außenpolitik und durch Verträge mit den Kriegsgegnern die Türkei aus dem Zweiten Weltkrieg heraushalten können, zum Wohle der Republik. 1945 führte er die Türkei als Gründungsmitglied in die UNO, nachdem schon eine Mitgliedschaft beim Völkerbund seit 1932 bestanden hatte. Die Türkei war zwar keine Siegermacht des Zweiten Weltkriegs, nahm aber diesmal - anders als nach dem Ersten Weltkrieg - als eingeladenes Mitglied gleichberechtigt an den Konferenzen der UNO teil. İnönü beendete als Präsident und Repräsentant der alten kemalistischen Garde 1950 vorübergehend seine politische Laufbahn, die er nur noch einmal als Ministerpräsident nach dem Militärputsch 1961-1965 fortsetzen wird. İnönü hatte die Einführung des Mehrparteiensystems nach zwei gescheiterten Ansätzen unter Atatürk unterstützt, was dazu führte, dass die Demokratische Partei (DP) 1950 die Wahlen gewann und die kemalistische CHP bis zur Gegenwart nie wieder allein die Regierung stellen konnte. Das Jahr 1950 stellte somit eine Zäsur für die noch junge Republik dar, auf die weitere stürmische Jahre folgen würden, auch für die Armee.

Das Fazit für die Zeit unter den beiden Staatspräsidenten Atatürk und İnönü 1923-1950 im Sinne unserer Fragestellung fällt auch diesmal gemischt aus:

- Der Auftrag der Armee umfasste keine Operationen gegen einen äußeren Feind, wohl aber mehrfach gegen die Kurden. Eine wirkliche und endgültige Beruhigung der Lage konnte und kann aber die Armee nicht leisten; das bleibt der Politik vorbehalten. Leider beeinträchtigen Einsätze im Innern und gravierende politische Zerwürfnisse immer den Zusammenhalt der Armee, gefährden die Loyalität der Truppe.

- Die gegen die Kurden eingesetzten Teile von Heer und Luftwaffe verhielten sich offensichtlich loyal gegenüber dem politischen Auftraggeber, vertreten durch das Parlament und die Exekutive.

- Das kemalistische Prinzip des Laizismus verlangte von der Armee nicht nur die Trennung von der Religion im täglichen militärischen Dienstbetrieb, sondern weit darüber hinaus ihr Eintreten für das ausgegebene Staatsziel in einer Wächterfunktion. Hiermit war der Konfliktherd gelegt zwischen der Armee und der Politik, falls kemalistische Prinzipien bzw. die allgemeine innere Sicherheitslage gefährdet erschienen.

- Die wirtschaftliche Lage nach 1923 erlaubte es der Armee nur langsam rüstungstechnisch zum Westen aufzuschließen. Mit der einsetzenden Industrialisierung in den 50er Jahren wurde erst die dazu erforderliche zivile Infrastruktur geschaffen. Atatürk hatte aus der Not heraus das Prinzip des „*Devletçilik*" vertreten, auch „Etatismus" genannt, also das einer dirigistischen Planwirtschaft. In ihr wurden über Jahre Ressourcen gebündelt, um vorrangige Projekte zu realisieren. Mit dem späteren Übergang in eine weitgehend freie Marktwirtschaft verschwand das Prinzip aus der Verfassung.

X Militärische Interventionen im Innern 1950-2007 sowie die aktuelle Verankerung der Armee in der Verfassung und den Gesetzen

Die nächsten Jahrzehnte brachten für die Armee wieder mehrere Zerreißproben als Folge von militärischen Interventionen im Innern, auch neue Anforderungen im Rahmen von nationalen und internationalen Einsätzen. Letztere werden erst im nächsten Kapitel behandelt.

Die Jahre 1950-2007 wurden bestimmt durch große politische Instabilitäten. Während seit Gründung der Republik bis zur Gegenwart mehr als 40 Kabinette gebildet wurden, also im Schnitt alle zwei Jahre ein neues Kabinett, war die Periode bis 1950 noch bestimmt von einer gewissen Stabilität durch die Staatspräsidenten Atatürk und İnönü. Militärputsche gegen die Regierung zur Wahrung kemalistischer Prinzipien erübrigten sich in dieser Zeit, denn die Kemalisten stellten ja die Regierungen und die Staatspräsidenten. Nach 1950 ergab sich durch den Übergang auf ein Mehrparteiensystem eine neue Lage durch einige Regierungen, die nach Auffassung des Militärs kemalistische Grundsätze missachteten. Das Militär sah sich somit wiederholt zum Einschreiten gezwungen, aber auch aus anderen Gründen.

Die Ursachen des Eingreifens und ihre Begründungen waren zumeist eine Mischung aus:

- Islamisierung bzw. Verletzung des Laizismusprinzips

- Verletzungen der Verfassung oder von einfachen Gesetzen

- Unterdrückung der parlamentarischen und außerparlamentarischen Opposition

- Separatismusbestrebungen

- Links- oder Rechtsradikalismus

- Gewalt auf der Straße, zahlreiche Morde und Ansätze zur Anarchie

- Folgen der Verkündigung des Ausnahmezustandes

- Gefahr von Bürgerkriegen

- Staatlicher Autoritätsverlust

- Soziale sowie wirtschaftliche Probleme, Inflation
- Korruption
- Pressezensur
- Muslimische Ausrichtung eines Präsidentschaftkandidaten (2007).

Die größeren Interventionen bis 2007 verliefen entweder blutig von Anfang an oder im Nachgang (1960, 1980) bzw. unblutig (1971, 1997, 2007) und gingen mit Ausnahme der von 1960 von der Spitze des Generalstabes aus. Sie waren im Sinne der Akteure erfolgreich (1960, 1971,1980, 1997) oder erfolglos (2007). Allen erfolgreichen Eingriffen vor 2007 ist gemeinsam, dass die Armee nach einer vorübergehenden Machtübernahme wieder eine zivile Regierungsbildung ermöglichte. Die ersten drei großen Putsche wurden begleitet von neuen Verfassungen oder zumindest Verfassungsänderungen. Das ist der Grund, warum Teile der Bevölkerung die Armee als stabilisierenden Faktor für die Republik bzw. sich entwickelnde Demokratie empfanden und das Ausland das Verhalten der Armee milde betrachtete. Schließlich war die Türkei ein wichtiges Mitglied der NATO seit 1952. Außerdem hatte die Türkei mit der Teilnahme am Koreakrieg 1950[470] ihre Westbindung bestätigt. Zum Ende der 50er Jahre wurden sogar amerikanische ballistische Mittelstrecken Boden-Boden Raketen vom Typ Jupiter/Redstone in der Türkei stationiert, die auch mit nuklearen Sprengköpfen bestückt werden konnten.[471] Ein weiterer vertrauensvoller Schritt der militärischen bilateralen Zusammenarbeit, der im Rahmen der nuklearen Abschreckung der NATO bis in die Gegenwart grundsätzlich Bestand hat.

Mit Bildung der Kabinette des Ministerpräsidenten Adnan Menderes[472] 1950-1960 mit der Demokratischen Partei (DP- *Demokrat Parti*) und dem Nachsehen der CHP regte sich politischer Widerstand, verstärkt durch die autoritäre Amtsführung von Menderes. Dieser hatte u. a. gefordert, dass der türkische Staat muslimisch bleiben möge.

---

[470] https://de.wikipedia.org. – Militärputsch in der Türkei. https://tr.wikipedia.org. – 27 Mayıs Darbesi.

[471] https://de.wikipedia.org. – Redstone (Rakete). Vgl. Robins „Suits and Uniforms".

[472] https://de.wikipedia.org. – Adnan Menderes. https://tr.wikipedia.org. – Adnan Menderes.

Schon zu Beginn seiner Regierungszeit hatte der Gebetsruf wieder auf Arabisch zu erklingen, nachdem er seit 1932 auf Türkisch zu erschallen hatte.

Huntington stellt verallgemeinernd fest, dass in den Ländern mit muslimischer Bevölkerung in den 70er Jahren - also nahezu zeitgleich - eine „Islamische Resurgenz" stattgefunden habe. Hierbei hält er die Großschreibung des Begriffes wegen der Bedeutung der Entwicklung für angemessen. 1969 trat der laizistische Staat Türkei als Gründungsmitglied der OIC (Organisation of Islamic Cooperation) bei, nachdem ein Beitritt zur Vorgängerorganisation, dem Kongress Islamischer Staaten, 1964 noch nicht gelungen war.[473]

Beim Militär rumorte es, so dass der Regierungschef Menderes den Generalstabschef Nafiz Gürman mit weiteren 14 Generalen und 150 Offizieren wegen Vorbereitung eines Putsches schon am 06.06.1950 ablösen ließ.[474] 1957 gab es einen erneuten Putschversuch.[475]

Ab 1948 begann die US-Ausbildungshilfe zu greifen, gesteuert von der JAMMA (Joint American Military Aid Mission to Turkey), was zu erheblichen Modernisierungsschritten führte. Spannungen mit den USA ergaben sich jedoch durch die Präsenz und den umstrittenen Status der Ausbilder sowie Militärberater vor Ort und die Durchführung von Infrastrukturmaßnahmen im Rahmen von Stationierungen. Bis in die Gegenwart umstritten ist hierbei häufig die Frage der zuständigen Gerichtsbarkeit für die stationierten Soldaten. Ein weiterer temporärer Brennpunkt war die Nutzung türkischer Häfen durch die US-Marine. Am 03.07.1969 kam es zu einem bilateralen Kooperations- und Stationierungsabkommen mit den USA über die Nutzung der US-Basen und zu Regelungen über die Militärpräsenz.[476] Mittlerweile haben sich derartige Verfahren zumindest zwischen den NATO-Staaten eingespielt. Am Anfang von Stationierungen auf fremdem Boden wird ein „Status of Forces Agreement" (SoFA) geschlossen mit den notwendigen Zusatzabkommen.

---

[473] Vgl. Huntington „Kampf der Kulturen" S. 170.
[474] https://tr.wikipedia.org. – Nafiz Gürman. Vgl. Gülbeyaz, „Musta Kemal Atatürk".
[475] Vgl. Firuz, „The Turkish Experiment in Democracy".
[476] Vgl. Weiher „Militär und Entwicklung in der Türkei, 1945-1973" S. 104.

1952 trat die Türkei der NATO bei. Mit dieser Maßnahme wurde die Westorientierung untermauert. Ab 1955 wurden auch die ersten weiblichen Kadetten ausgebildet.[477] Seitdem nehmen die Frauen in der gesamten Armee einen wichtigen Platz ein.

Der Putsch vom 27.05.1960 ging aus von dem gerade zurückgetretenen Befehlshaber der Landstreitkräfte General Cemal Gürsel, Wegbegleiter von Atatürk, der nach dem Putsch Ministerpräsident und Oberbefehlshaber der Armee wurde sowie bis 1966 Staatspräsident.[478] Er weilte aber am Tag des Putsches in İzmir, während ca. 38 jüngere Offiziere unter dem rechtsextremen Pantürkisten Oberst Alparslan Türkeş[479] vor Ort agierten, was ein wenig an die „Jungtürken" erinnerte. Staatspräsident Bayar, Premier Menderes und Generalstabschef Erdelhun wurden verhaftet, dessen Nachfolger Gümüşpala zum Rücktritt gezwungen. Menderes und zwei weitere Minister wurden 1961 hingerichtet, aber alle drei 1990 in einem Staatsakt rehabilitiert. Die Armee wurde umfangreichen Säuberungen unterzogen.[480] Sie hatte nicht mehr homogen hinter der Atatürk-Partei CHP gestanden - die mehrheitlich den Putsch nachträglich begrüßte - sondern z. T. hinter der gestürzten DP (*Demokrat Parti*) von Menderes. Vielfalt in der heterogenen Parteienlandschaft hinterließ von nun an auch ihre Spuren in der Armee.

In der Rechtfertigung des Umsturzes konnten sich die Putschisten - die glimpflich davonkamen - stützen auf das Gesetz Nr. 2771, welches noch unter der Verantwortung von İnönü und Atatürk 1935 erlassen worden war, wenngleich hier nur von der Armee als Ganzes die Rede war.

---

[477] Vgl. Robinson „The First Turkish Republic".

[478] https://tr.wikipedia.org. – Cemal Gürsel. https://de.wikipedia.org. – Cemal Gürsel.

[479] https://de.wikipedia.org. – Alparslan Türkeş. https://tr.wikipedia.org. – Alparslan Türkeş. Der Offizier und Politiker saß mehrfach in Haft, bekleidete aber auch Ministerämter 1975-1978, gründete 1969 die nationalistische MHP (*Milliyetçi Harekat Partisi*) und die rechtsextreme Untergruppe der Grauen Wölfe (*Bozkurtlar*), die für über 600 Morde verantwortlich gemacht werden.

[480] Vgl. Weiher „Militär und Entwicklung in der Türkei", S. 157.

Ordu Dahili Hizmet Kanunu - Gesetz für den Dienst der türk. Streitkräfte im Innern, Nr. 2771

(Stand 18.06.1935)

§ 34

„Ordunun vazifesi; Türk yurdunun ve teşkilâtı esasiye kanunile tayin edilmiş olan Türk Cümhuriyetini kollamak ve korumaktır." („Die Pflicht der Armee:

Das türkische Territorium und die mit dem grundlegenden Gesetzsystem/der Verfassung verankerte Türkische Republik zu schützen und zu verteidigen." Übersetzung des Verfassers).

Es ging also nicht nur um die Verteidigung eines Territoriums, sondern auch um den Schutz einer Staatsform, also ggf. gegen Jedermann.

Nach dem Putsch wurde das Gesetz 1961 überarbeitet und mit neuem Titel verabschiedet. Der Auftrag der Armee - nunmehr enthalten im ersten Satz des § 35 - besagte mit anderen Worten grundsätzlich das Gleiche wie das Vorläufergesetz.

Türk Silahlı Kuvvetleri İç Hizmet Kanunu - Gesetz für den Dienst der türk. Streitkräfte im Innern, Nr. 211 (Stand 04.01.1961)

§ 35

„Silahlı Kuvvetleri vazifesi; Türk yurdunu ve Anayasa ile tayin edilmiş olan Türkiye Cumhuriyeti kollamak ve korumaktır."

(„Die Pflicht der Streitkräfte: Das türkische Territorium und die in der Verfassung verankerte Türkische Republik zu schützen und zu verteidigen." Übersetzung des Verfassers).

Die EU merkt noch im Kommissionsbericht zur Türkei vom 10.10.2012 an:

„No change was made to the Internal Service Law for the Turkish Armed Forces, which defines the duties of the military and contains an article leaving the military significant potential scope for intervention in politics."

Die derzeit gültige Fassung des § 35 aus dem Jahre 2013 enthält diese Rechtfertigung zum Putsch nicht mehr.[481] Die neuere Formulierung nimmt Auslandseinsätze mit auf und betont noch einmal die zentrale Rolle des Parlamentes. Diese Formulierung steht wohl im Einklang

---

[481] http://www.mevzuat.gov.tr. (Vgl. Gesetz Nr. 211 mit Änderungen).

mit den Vorstellungen der Bündnispartner in der NATO und der EU, die der Armee als Teil der Exekutive keine undemokratische Sonderrolle zubilligen.

§ 35

(Stand 01.07.2013)

„Silahlı Kuvvetler'in vazifesi, yurtdışından gelecek tehdit ve tehlikelere karşı Türk vatanını savunmak, caydırıcılık sağlayacak şekilde askeri gücün muhafazasını ve güclendirilmesini sağlamak, TBMM kararıyla yurtdışında verilen görevleri yapmak ve uluslararası barışın sağlanmasına yardımcı olmaktır. "

(„Die Pflicht der Streitkräfte ist es, Bedrohungen oder Gefährdungen des Vaterlandes von außen abzuwehren, in die Lage versetzt, die militärische Macht zum Schutz und Machterhalt zu gewährleisten, Parlamentsentscheidungen für Missionen im Ausland durchzuführen und den Erhalt des internationalen Friedens sicherzustellen." Übersetzung des Verfassers).

Im Art. 38 des o. a. Gesetzes wird festgelegt, dass Truppen von Heer, Luftwaffe und Marine auch einem Regierungsbezirk/Provinz/*Sancak* zugeteilt werden können, also zum Einsatz im Innern. Die hierbei eingeschränkten Kompetenzen des Generalstabes gegenüber dem gesamtverantwortlichen Innenminister bzw. einem aufnehmenden Gouverneur (*Vali*) einer Provinz (veraltet *„vilayet* oder *sancak"*, neuerdings *„il"*) sind dabei zu beachten.

In der gültigen Verfassung mit Stand 16.04.2017 gibt es weiterhin keinen Artikel, der nur dem Auftrag der Streitkräfte gewidmet ist. Im Art. 5 ist der Staat (*Devlet*) pauschal gefordert, die Unabhängigkeit und Einheit der Türkischen Nation, die Einheit des Volkes, die Republik und die Demokratie zu schützen. Indirekt wird der Auftrag der Armee nur erwähnt im Art. 117 bzgl. des Oberbefehls:

„Milli güvenliğinin sağlanmasından ve Silahlı Kuvvetlerin yurt savunmasına hazırlanmasından, Türkiye Büyük Millet Meclisine karşı, Cumhurbaşkanı sorumludur. " („Der Staatspräsident ist gegenüber der Türkischen Großen Nationalversammlung verantwortlich für die Sicherstellung der nationalen Sicherheit und die Bereitschaft der Streitkräfte zur Verteidigung des Vaterlandes." Übersetzung des Verfassers).

Dieser Passus enthält somit keine Aussage über Einsätze im Ausland u. a. m.

Eine Folge des Umsturzes war die Verfassung von 1962 nach einem vorausgegangenem Referendum[482]. Ein Blick auf diese Verfassung[483] weist auch noch weitere wichtige Artikel über die Streitkräfte auf: „Grundsätzlich" haben alle Bürger im Einklang mit den Gesetzen das aktive und passive Wahlrecht (Art. 55); das passive Wahlrecht setzte allerdings den abgeleisteten Wehrdienst voraus (Art. 68). Dieser ist allgemeine Pflicht nach Art. 60. Offiziere und Unteroffiziere müssen vor Wählbarkeit aus dem aktiven Dienst ausscheiden (Art. 68). Eine Einschränkung beim Wahlrecht für Soldaten war 1961 eine Änderung im Wahlgesetz Nr. 298, nach der nunmehr Offiziere das aktive Wahlrecht ausüben durften, nicht jedoch die Unteroffiziere und Mannschaften:[484] *„1. Silah altında bulunan erler, onbaşılar ve kıta çavuşları 2. Askeri öğrenciler."*[485] Hierin sind also Soldaten in der Ausbildung (*Askeri öğrenciler*) eingeschlossen. Die wesentliche Ungleichbehandlung wurde später auch in der Verfassung mit Stand vom 23.07.1995 verankert. Art. 67 bestimmt, dass Mannschaften und Unteroffiziere (*Er ve Onbaşlar*) unter Waffen kein aktives oder passives Wahlrecht genießen.

Art. 138 regelt die Militärstrafverfahren, Art. 141 bestimmt den Militär-kassationshof als Berufungsinstanz, Art. 145 etabliert ein Verfassungsgericht.

Bedeutsam ist ebenso die Einrichtung des Nationalen Sicherheitsrats (MGK - *Milli Güvenlik Kurulu)*[486], der schon Vorläufer unter anderen Namen hatte. Der Vorsitz obliegt dem Staatspräsidenten. Mitglieder waren per Gesetz festgelegte Minister, der Generalstabschef und die Vertreter der Teilstreitkräfte. Der MGK hatte die Exekutive zu unterstützen hinsichtlich Entscheidungen über die nationale Sicherheit. In der Verfassung von 1961 heißt es im Art. 111 Absatz 3, 2. Halbsatz:

„...kararların alınmasında ve koordinasyonun sağlanmasında yardımcılık etmek üzere gerekli temel görüşleri Bakanlar Kuruluna bildirir." („.. für das Treffen von Entscheidungen und zur Sicherstellung der Koordination <u>das</u>

---

[482] https://tr.wikipedia.org. – Türkiye anayasa referandumu.

[483] http://www.verfassungen.eu/tr/verf61.htm.

[484] Vgl. (Wahl-) Gesetz Nr. 298 vom 26.04.1961 § 7. (*Seçimleri temel hükümleri ve seçmen küütükleri hakkında kanun*).

[485] *Seçimlerin Temel Hükümleri ve Seçmen Kütükleri Hakkında Kanun, § 7.*

[486] https://tr.wikipedia.org. – Milli Güvenlik Kurulu.

Kabinett zu unterstützen durch Information über die notwendige grundlegende Sichtweise." Übersetzung des Verfassers).

In der Verfassung von 1971 wurden dem MGK weitgehendere Kompetenzen zugebilligt. Der entsprechende Passus lautet nun:

„...kararların alınmasında ve koordinasyonun sağlanmasında gerekli temel görüşleri Bakanlar Kuruluna tavsiye eder." („...für das Treffen von Entscheidungen und zur Sicherstellung der Koordination dem Kabinett eine Empfehlung zu geben über die notwendige grundlegende Sichtweise." Übersetzung des Verfassers).

Die Auffassungen über die Macht dieser Institution gingen z. T. weit auseinander, auch weil nur wenig aus dem MGK- Sitzungen nach außen drang. Sie reichten von der wörtlichen Interpretation der späteren Formulierung „Empfehlung" bis hin zu einem de facto Schattenkabinett als Weisungsinstanz. Steinbach formulierte 2003:

„Bis in die Gegenwart hinein wurde er ein machtvoller < Wachhund >, der nicht selten das Kabinett als Zentrum der Regierungsgewalt verdrängte."[487]

Steinbach erwähnt später ein Beispiel der - eigentlich nach Statut sachfremden - Einflussnahme 1997 durch „Verordnung einer Schulreform" zum Nachteil der religiös orientierten *İmam Hatip* Schulen im Rahmen des vierten größeren Militärputsches, der unblutig verlief. Das 1997 noch von Militärs dominierte MGK sah sich offensichtlich immer noch als Sachwalter des Kemalismus und seines zentralen Anliegens, des Laizismus.

Nach der aktuellen Verfassungsänderung des Art. 118 durch Referendum in 2017 werden nunmehr nach Wegfall des Amts des Ministerpräsidenten die Empfehlungen des MGK an den Staatspräsidenten gegeben. Die personelle Umbesetzung des Gremiums sorgt nach Wegfall des Verteters der Jandarma, Einbeziehung des Justizministers und einer nicht festgelegten Zahl von Stellvertretern des Präsidenten für ein Übergewicht des zivilen Anteils von mindestens 6:4. Das Gremium wird damit bei Reduktion des militärischen Einflusses eindeutig auf die Funktion der Beratung beschränkt.

Im Rahmen des zweiten Militärputsches wurden 1971 eine Reihe von Verfassungsänderungen beschlossen, jedoch keine neue Verfassung.

---

[487] Vgl. Steinbach „Geschichte der Türkei" S. 46 und S. 61.

Diese entstand erst wieder 1982 nach einem erneuten Referendum im Rahmen des 3. größeren Militärputsches.

Dem Militärputsch von 1960 folgten weitere Putschversuche 1962 und 1963 unter dem Rädelsführer Oberst Talât Aydemir, der 1964 hingerichtet wurde. Sie spiegelten die noch andauernde Zerrissenheit im Offizierkorps wider zwischen den weiterhin unzufriedenen Radikalen und den Gemäßigten, den Jüngeren und den Älteren.[488]

Der zweite erfolgreiche Militärputsch am 12.03.1971[489] - der nunmehr geschlossen vom amtierenden Generalstab ausging - verlief im Kern unblutig, nachdem der Generalstabschef Memduh Tağmaç dem Staatspräsidenten Cevdet Sunay eine Rücktrittsforderung übergeben hatte, die das Kabinett Süleyman Demirel betraf. Im Türkischen wird daher auch der harmlosere Begriff „*Muhtıra*" (Memorandum) gebraucht anstatt des Wortes „*Darbe*" (Putsch, Staatsstreich). Das Memorandum wurde im Rundfunk verlesen und im Parlament erörtert. Die Gründe der Rücktrittsforderung waren wie o. a. wiederum die Gefahr eines Bürgerkriegs, Anarchie auf den Straßen und verschiedene soziale sowie wirtschaftliche Unruhen. Im Memorandum wurde Bezug genommen auf Atatürk. In der Folge kam es zu weiteren Unruhen, Massenverhaftungen und Toten auf den Straßen. Am 26.03.1971 bereits bildete Nihat Erim eine neue Koalitionsregierung.

Auch dieses Mal folgten dem Putsch umfangreiche Säuberungen in der Armee. Verlierer waren erneut die „radikalen" Offiziere bzw. die „revolutionär infizierten". Außerdem soll am 27.04.1972 ein Gesetz erlassen worden sein, „das für Offiziere fünf Jahre Gefängnis vorsah, wenn sie sich einer politischen Partei anschlossen, politische Versammlungen abhielten, politische Artikel oder Manifeste verfassten oder unterzeichneten."[490]

Am 12.09.1980 begann - zeitlich parallel zu einem lfd. NATO-Manöver in der Türkei mit ca. 3.000 Mann - der bisher größte und in der Folge blutigste Militärputsch - jetzt gerichtet gegen das Kabinett

---

[488] Vgl. Özbudan „The Role of the Military in recent Turkish Politics" S. 34. Vgl. Der Spiegel 29/1964. https://tr.wikipedia.org. – Talat Aydemir. Vgl. Weiher „Militär und Entwicklung in der Türkei, 1945-1973" S. 157 f.

[489] https://de.wikipedia.org. – Militärputsch in der Türkei 1971. https://tr.wikipedia.org. – 12 Mart Muhtırası.

[490] Vgl. Weiher „Militär und Entwicklung in der Türkei, 1945-1973" S. 157.

Süleyman Demirel - angestoßen durch den Generalstabschef Kenan Evren.[491] Vorausgegangen war wiederum ein Memorandum an den Staatspräsidenten Fahri Korutürk am 27.12.1979 mit Hinweis auf die Pflicht der Armee, die Republik nach § 35 des o. a. Gesetzes zu schützen. Die Gründe fallen wieder in das bekannte Raster, diesmal begleitet von mindestens 3.000 Morden, u. a. verursacht von Links- und Rechtsextremisten sowie Islamisten: 100% Inflation, 15% Arbeitslosigkeit, hohe Auslandsschulden, 115 vergebliche Wahlversuche zur Bestimmung eines neuen Staatspräsidenten, eine am Boden liegende Staatsautorität. Die Armee mit der Jandarma ist an der Wiederherstellung von Sicherheit und Ordnung beteiligt. Evren setzt mit dem ehemaligen Befehlshaber der Marine und neuen Ministerpräsidenten Bülent Ulusu ein Kabinett unter militärischer Kontrolle des Generalstabs und des MGK ein, das erst nach den Wahlen 1983 an den gewählten Premier Turgut Özal übergeht. Es erfolgen Massenverhaftungen und Massenprozesse, oft mit Todesfolge.

Evren wird 1982 für sieben Jahre zum Staatspräsidenten gewählt. Ebenso wird nach einem Referendum, bei dem keine öffentlichen Diskussionen zugelassen waren, in demselben Jahr eine neue Verfassung in Kraft gesetzt, die trotz vieler nachträglicher Änderungen noch Gültigkeit besitzt. Im Übergangsartikel 15 billigen sich die für den Putsch Verantwortlichen Straffreiheit zu. Im Wahlgesetz wird eine 10 % Hürde für die Parteien festgelegt, die noch gültig ist.[492]

Mit einer Verfassungsänderung vom 13.05. 2010 wird der o.a. Übergangsartikel und damit die Immunität der Mitglieder der Militärjunta aufgehoben, die Verfolgung von Straftaten ermöglicht. Kenan Evren (96) und der ehemalige Luftwaffenchef Tahsin Şahinkaya (89) wurden 2012 angeklagt und 2014 zu lebenslangen Freiheitsstrafen verurteilt, die jedoch wegen hohen Alters nicht mehr angetreten werden mussten. Beide Generäle sind 2015 verstorben.

Nachfolgend weitere relevante Artikel, die Armee betreffend, unter Einbeziehung der Verfassung mit Stand 2017:

Der Kemalismus und die Ziele Atatürks bleiben formal in der Verfassung verankert, so in der Präambel, den Artikeln 1, 2, 3, 42, 58, 81,

---

[491] https://de.wikipedia.org. – Militärputsch in der Türkei 1980.
https://tr.wikipedia.org. – 12 Eylül Darbesi.
[492] Gesetz Nr. 2839 vom 10.06.1983 § 33. Milletvekilli Seçimi Kanunu.

103, 134. Die offizielle derzeitige Politik weicht aber diese Ziele in der Praxis immer mehr auf, vor allem den Laizismus und das in der Präambel genannte Prinzip der Gewaltenteilung. Offensichtlich gehen die Meinungen über den Begriff „demokratisch" auseinander, der auch im Artikel 2 genannt wird. Ein Hinderungsgrund zur Elimimierung der Kemalismusbezüge ist neben taktischen Erwägungen sicherlich das mit Art. 5 festgelegte Verbot der Einbringung diesbezüglicher Änderungen in die Artikel 1 bis 3. Jedoch hat nach Auffassung vieler Beobachter wie von Croitoru *„die Islamisierung den Kemalismus überholt."*[493] Vielleicht hätte sich die Armee ggf. bei erneuter Intervention und breiter Interpretation auf den Art. 5 der Verfassung stützen können[494], wobei unklar bleibt, inwieweit mit dem Begriff „Staat" (*Devlet*) auch die Armee gemeint war und ist. In der Verfassung fehlt nämlich weiterhin ein Artikel über den Auftrag der Armee im Sinne der neuen Formulierung des o. a. Internen Dienstgesetzes für die Streitkräfte.

Verfassung Artikel V

„Devletin temel amaç ve görevleri, Türk Milletinin bağımsızlığını ve bütünlüğünü, ülkenin bölünmezliğini, Cumhuriyeti ve demokrasiyi korumak, ... "

(„Die Grundziele und -aufgaben des Staates sind es, die Unabhängigkeit und Einheit des Türkischen Volkes, die Unteilbarkeit des Landes, die Republik und die Demokratie zu schützen ..." Übersetzung des Verfassers).

Die Armee verfügt jedoch derzeit nach einem kontinuierlichen Entmachtungsprozess seit 2003 nicht mehr über die Fähigkeit, diese kemalistischen Ziele gegen islamisierende Tendenzen durchzusetzen, weil mit den Wahlerfolgen der AKP die Loyalität eines Teiles der Armee zum Generalstab nicht mehr ausreichend gegeben war und ist. Dies wurde schon vor dem Putschversuch 2016 deutlich.

Art. 38 untersagt mit der Fassung von 2004 die Todesstrafe, was somit auch für Soldaten im Krieg gilt. Die Diskussion hierüber ist allerdings wieder neu entbrannt. Angehörige der Armee dürfen nicht politischen Parteien beitreten, wohl aber nach neuester Rechtslage ihr Oberbefehlshaber, der Staatspräsident.

---

[493] Vgl. Joseph Croituru im Bonner Generalanzeiger vom 15.10.2016.
[494] Der Generalstabschef Yaşar Büyükkanıt (2006-2008) hat einmal die Verfassung herangezogen, den Artikel aber nicht benannt.

Art. 76 bestimmt, dass die Wählbarkeit zu einem Abgeordneten des Parlaments nun schon ab dem 18. Lebensjahr möglich ist anstatt dem 25. Auch der Ausschluss zur Wählbarkeit wurde verändert. In der vorherigen Fassung wurde ausgeschlossen, wer den verpflichtenden Wehrdienst *(yükümlü olduğu askerlik hizmetini yapmamış olanlar)* nicht absolviert hatte, während die aktuelle Fassung nun die ausschließt, die im Verbindung zum Wehrdienst stehen *(askerlikle ilişiği olanlar)*. Diese Änderung könnte so interpretiert werden, dass man den Wehrdienstverweigerern entgegen kommen will. Parallel dazu entflammt immer wieder die Diskussion, ob die Allgemeine Wehrpflicht überhaupt noch zeitgemäß oder erforderlich sei.

Art. 92 über die Ausrufung des Kriegsfalles und die Erlaubnis zum Einsatz bewaffneter Gewalt bleibt unverändert. Grundsätzlich liegt das Recht beim Parlament, jedoch kann der Staatspräsident, wenn das Parlament nicht verfügbar ist, das Land mit bewaffneter Gewalt angegriffen wird und eine sofortige Entscheidung getroffen werden muss, über den Einsatz der Armee entscheiden.

Mit dem Artikel 104 über die Aufgaben und Kompetenzen des Staatspräsidenten wird ein alter Passus fortgeschrieben. Er vertritt die Streitkräfte im Namen der Großen Nationalversammlung der Türkei als Oberbefehlshaber. Er entscheidet über den Einsatz der Armee. Der 2. Satz lautet im Original: *„Türk Silahlı Kuvvetlerinin kullanınmasına karar verir."* Hier scheint ein Widerspruch zu bestehen zum Artikel 92, der dem Parlament grundsätzlich das Recht zur Ausrufung des Kriegsfalles zuweist und das Recht zur Entsendung der Streitkräfte ins Ausland. Es fehlt dort jedoch eine Formulierung zum Einsatz im Innern. Dafür enthält der neue umfangreiche Art. 118 das Recht des Präsidenten zur Ausrufung des Notstandes bis zu sechs Monaten Dauer und das Recht, mit Präsidialverordnungen *(Cumhurbaşkanlığı Kararnamesi*, Dekreten) zu regieren. Die beschriebenen Szenarien umfassen eine breite Palette. Natürlich ist davon auszugehen, dass ggf. Streitkräfte zum Einsatz kommen.

Die Rolle des Parlaments wird im neu gefassten Artikel 104 betont, vor allem der Charakter einer Parlamentsarmee. Auch besagt der in diesem Punkt unveränderte Artikel 117 wiederum, dass der Oberbefehl von der „geistig/ideellen/adoptiven *(manevi)* Existenz" des Parlamentes nicht zu trennen ist. Das o. a. mehrdeutige türkische Wort *„kullanınma"* bedarf wohl genauerer Übersetzung oder Interpretation.

Der Autor versteht es so, dass - wie unter der Staatsform der Republik stets praktiziert - die Entsendung von Streitkräften grundsätzlich erst vom Parlament freigegeben werden muss, aber danach <u>der Präsident über die Details der Durchführung</u> entscheidet, in Abstimmung mit dem Generalstab und den Ministern.

Die vorhergehende Formulierung des Rechts auf Ernennung des Generalstabschefs ist explizit im Art. 104 nicht wieder aufgenommen worden, war allerdings im Art. 117 unter jetzigem Wegfall der Formulierung „auf Vorschlag des Ministerrats" bereits verankert. Unverändert bleibt dort, dass die Funktion des Oberbefehlshabers im Krieg im Namen des Staatspräsidenten vom Generalstabschef ausgeübt wird.

Umfangreiche Änderungen wurden beschlossen in der Gerichtsbarkeit mit dem Trend der Kompetenzbeschneidung des Militärs und der entsprechenden Gerichte, der Beseitigung paralleler Rechtssprechung mit nicht immer eindeutigen Zuständigkeiten und ihrer allgemeinen Zivilisierung:

- Keine Einrichtung mehr von Militärgerichten im Frieden, nur noch Disziplinargerichte (Art. 142, Art. 145). Im Krieg jedoch können Angehörige des Militärs bei Straftaten vor Militärgerichte gestellt werden.

- Art. 148 nimmt nunmehr den Befehlshaber der Jandarma von Strafverfahren vor dem Staatsgerichtshof *(Yüce Divan)* aus, während dies für die militärischen vier Spitzendienstposteninhaber weiterhin gilt. Damit wird der Demilitarisierung der Jandarma durch engere Bindung an den Innenminister Rechnung getragen.

- Der Militärkassationshof *(Askeri Yargıtay)* wird mit Artikel 156 in Folge der o. a. Art. 142, 145 ebenfalls aufgehoben. Er war die letzte Instanz oberhalb der Militärgerichte.

- Nach Artikel 157 wird der Militärverwaltungsgerichtshof *(Askeri Yüksek İdare Mahkemesi)* aufgehoben. Er war die letzte Instanz bei Verwaltungsgerichtsverfahren gegen Militärpersonen.

- Im Artikel 125 zu Entscheidungen des Hohen Militärrats *(YAŞ - Yüksek Askeri Şuranı)*, gegen die kein Einspruch erhoben konnte, heißt es nunmehr seit 2017: „*Gegen sämtliche Beschlüsse des Hohen Militärrates, welche die Beförderung von Personal und, abgesehen von der*

Suspendierung vom Dienst und die Pensionierung wegen fehlender Planstellen, die Beendigung des Dienstes betreffen, ist der Rechtsweg eröffnet."

- Bereits am 25.07.2016 waren im Gesetz 1612[495] die Mitglieder des o.a. YAŞ neu festgelegt worden, hier noch (bald veraltet) mit dem Vorsitz durch den Ministerpräsidenten, mit seinen Stellvertretern, den Ministern für Verteidigung, Justiz, Äußeres und Inneres sowie dem Generalstabschef und den Befehlshabern der Teilstreitkräfte. Im § 7 wurde das Amt des Sekretärs dem Verteidigungsministerium zugeordnet.

Somit hat auch im YAŞ wie im MGK eine „Zivilisierung" des Gremiums unter Abschwächung der Befugnisse beider Gremien stattgefunden.

Das Jahr 1982 brachte aber noch eine wichtige Änderung für die Struktur der Streitkräfte, nämlich die Gründung der Küstenwache (*Sahil Güvenlik*) mit dem Gesetz Nr. 2692.[496] Sie hatte ebenfalls schon Vorgänger im Osmanischen Reich seit Mitte des 19. Jhd. mit der Hauptaufgabe der Erhebung von Zöllen.

Die Aufgabe der Küstenwache besteht in der Gesetzesfassung von 2016 in der Aufrechterhaltung von Sicherheit und Ordnung im Küstenbereich, einschließlich der Rettung aus Seenot, der Wahrnehmung polizeilicher Maßnahmen (*Kolluk Görevleri*) u. a. m. Im Hinblick auf die verschiedenen Unterstellungen wird nunmehr, vergleichbar mit der Jandarma, über das Kommando der Küstenwache ausgesagt:

„Bu Komutanlık İçişleri Bakanlığına bağlıdır. Seferberlik ve savaş hallerinde, Sahil Güvenlik Komutanlığının Bakanlar Kurulu kararıyla belirlenecek bölümleri Deniz Kuvvetleri Kommutanlığı emrine girer, kalan bölümü normal görevlerine devam eder." („Dieses Kommando untersteht dem Innenministerium. Bei (militärischen) Einsätzen oder im Krieg unterstellt das Kommando der Küstenwache auf Weisung des Ministerrats dem Kommando der

---

[495] *Yüksek Askeri Şuranın kuruluş ve görevleri hakkında kanun.*
[496] https://tr.wikipedia.org. – Sahil Güvenlik (Türkiye). https://de.wikipedia.org. – Türkische Küstenwache.
Gesetz 2692 „Sahil Güvenlik Komutanlığı Kanunu" vom 09.07.1982.

Marinestreitkräfte Einheiten, während die verbleibenden Einheiten weiterhin ihren normalen Aufgaben nachgehen." Übersetzung des Verfassers).

Wappen der Küstenwache

(Quelle: www.sahilgüvenlik.gov.tr – organizasyon)

Es ist davon auszugehen, dass der Staatspräsident die Entscheidung des Ministerrats maßgeblich bestimmen bzw. das Gesetz diesbezüglich noch anpassen lassen wird. Zur Durchführung ihrer Aufgaben verfügte die Küstenwache im April 2016 über ca. 6.000 Mann, 106 Schiffe, Helikopter und Flächenflugzeuge.

Früher zeigte die Homepage des Generalstabes die bekannte Struktur mit den drei Teilstreitkräften bzw. fünf Organisationselementen, versehen mit einem Stern und einer Fußnote hinsichtlich der verschiedenen Unterstellungen von Jandarma und Küstenwache in Frieden und Krieg. Ein ähnliches Bild mit begleitendem Text stand noch im Juli 2017 auf der Homepage. Für den Krieg würden die Bilder zutreffen, wenn wie dargestellt die Küstenwache oder Teile davon der Marine unterstellt würden, also nicht eigenständig blieben, die Jandarma ganz oder teilweise dem Heer. Aus Sicht des Autors bleibt allerdings im Gegensatz zu den beiden Darstellungen die Frage, ob die zugehörigen Kommandos komplett unterstellt werden, wenn nur Teile ihrer Truppen in die Streitkräfte überwechseln. Eine Klärung bezüglich der Anzahl der Teilstreitkräfte im Krieg, drei oder fünf, liefert der Satz:

Die Türkische Verteidigungsorganisation

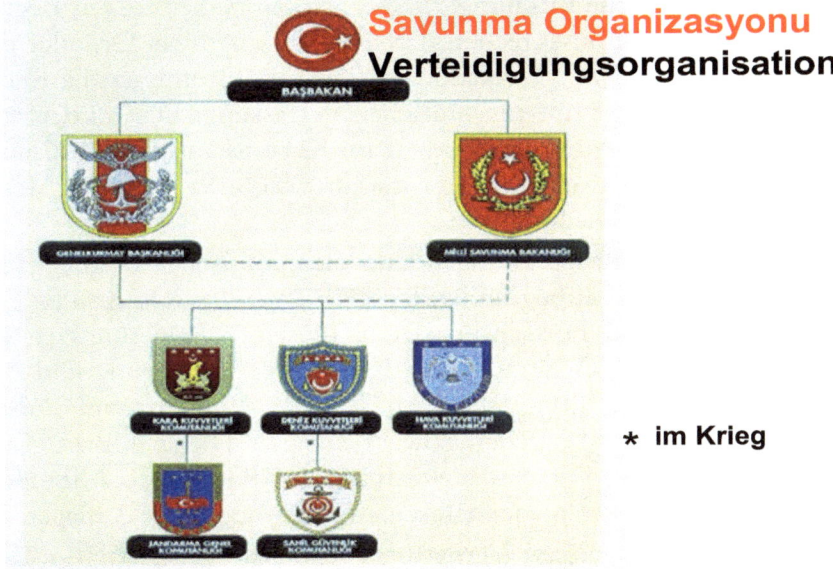

(Quelle: Homepage des Generalstabes vor der Reorganisation)

„*Türk Silahlı Kuvvetleri; Kara Kuvvetleri, Hava Kuvvetleri ve Deniz Kuvvetleri olmak üzere ana kuvvetten oluşur*".[497] („Das Heer, die Luftwaffe und die Marine bilden die drei Teilstreitkräfte der Türkischen Streitkäfte." Übersetzung des Verfassers). Hier wird nicht unterschieden nach Frieden und Krieg.

Der Verteidigungsminister hat keine operative Befugnis; er ist vor allem verantwortlich für die personelle und materielle Ressourcenbereitstellung.

Das nächste einschlägige innenpolitische Ereignis war ein 20 Punkte umfassendes Memorandum des MGK vom 28.02.1997 gegen den islamistischen Premier Necmettin Erbakan.[498] Dieser, schon nach dem Putsch 1980 verhaftet und mit einem Politikverbot belegt, war früh in das Visier der Militärs geraten. Am 06.09.1980 hatte er in einer

---

[497] https://tr.wikipedia.org. – Türk Silahlı Kuvvetleri Genelkurmay Başkanı.
[498] https://tr.wikipedia.org. – Necmettin Erbakan.

Rede in Konya eine neue „gerechte Ordnung" (*Adil Düzen*) bzw. „gerechte ökonomische Ordnung" *(Adil Ekonomik Düzen)*[499] gefordert, aber eine „İslamische Ordnung" *(İslami Nizam)* gemeint. Den Begriff durfte er nur nicht aussprechen. Erbakan verlangte als Gründer der Bewegung „*Milli Görüş"*[500] (Nationale Sicht) im Grundsatz die Rückkehr zu einem Staat mit muslimischer Verfassung. Die mittlerweile internationale Bewegung war und ist im Kern islamistisch, antisemitisch und nationalistisch. Erbakan trat am 30.06.1997 zurück, Mesut Yılmaz wurde sein Nachfolger.

Eine Zeitlang war Recep Erdoğan Erbakans politischer Wegbegleiter, wurde dann jedoch Mitbegründer der AKP *(Adalet ve Kalkınma Partisi -* Gerechtigkeits- und Fortschrittspartei). In seiner Regierungszeit erfolgte 2012, wie bei General Kenan Evren, eine Verhaftung und Anklageerhebung nach Strafgesetzbuch[501] gegen Hunderte am Putsch Beteiligte, darunter 30 Offiziere sowie General a. D. Çevik Bir.[502] Dieser war während des Putsches stellvertretender Befehlshaber des Heeres gewesen. 2013 erfolgte jedoch seine Freilassung unter Auflagen.

Zeitlich parallel zu diesen Verhaftungen lief eine noch viel größere Welle von Strafverfahren in den Jahren 2007 bis 2016, diesmal nicht wegen eines erfolgten Umsturzversuches, sondern wegen angeblich versuchter Umsturzversuche bzw. eines großen koordinierten Versuches. Die Anklageerhebungen gegen Hunderte von Personen, darunter mehr als 50 aktive und pensionierte Generäle und Admiräle, Offiziere und Zivilpersonen - darunter viele Journalisten - liefen in den Medien unter den Namen *Ergenekon*[503], *Balyoz* (Schmiedehammer), *Sarıkız* (Haschisch) u. a. m. *Ergenekon* wurde später als Oberbegriff für alle Verfahren genutzt. In 2013 wurden lebenslange und langjährige Haftstrafen ausgesprochen.

---

[499] Vgl. Bekaroğlu „Siyasetin Sonu" S. 362.

[500] https://de .wikipedia.org. – Milli Görüş. https://tr.wikipdia.org. – Milli Görüs. Erbakans gleichnamiges Buch „*Milli Görüş"* erschien bereits 1973. Heute vertritt die Saadet Partei diese Sicht.

[501] Gesetz Nr. 5237: Türk Ceza Kanunu § 312.

[502] https://en.wikipedia.org. – Çevik Bir. htttps://tr.wikipedia.org. – Çevik Bir.

[503] Eigentlich der Begriff für ein mystisches Herkunftsland bzw. -tal der Türken aus grauer Vorzeit, später die Sammelbezeichnung für verschiedene Verfahren. https://de.wikipedia.org. – Ergenekon Prozess. https://tr.wikipedia.org. – Ergenekon (örgüt). https://tr.wikipedia.org. – Ergenekon davaları. https://de.wikipedia.org. – Ergenekon (Chronologie).

Auslöser war ein Bericht der später verbotenen Zeitschrift „Nokta" in 2007 über ein Tagebuch des Admirals Özden Örnek[504], aus dem Putschpläne ersichtlich gewesen seien. Im gleichen Jahr wurden 27 Handgranaten bei einem pensionierten Unteroffizier in Istanbul gefunden, ein angeblich weiterer Beweis für eine anstehende Verschwörung. Örnek war im Zeitraum 2003-2005 Befehlshaber der Marine. Er bestritt die Vorhaltungen, während Zeugen und „Beweismittel" ihn belasteten. Angeblich will der damalige Generalstabschef Hilmi Özkök[505] (2002-2006) den auf Gerüchten basierenden Versuch noch 2003 unterbunden haben[506], jedoch seien seine Untersuchungen ergebnislos *(sonuçsuz)* geblieben. Aus Angst vor Vergiftung habe Özkök danach das normale Essen gemieden.

Ende 2009 wurden Örnek und die mit in den Strudel geratenen Generale Aytaç Yalman[507] als ehemaliger Befehlshaber des Heeres und General İbrahim Fırtına[508] als ehemaliger Befehlshaber der Luftwaffe in Untersuchungshaft genommen. Im Juli 2012 wurden Yalman und Fırtına freigesprochen: Örnek wurde wegen Verwicklung in das andere Verfahren mit Namen Balyoz noch im Juli 2012 zu reduzierten 20 Jahren Haft verurteilt, später aber auch freigesprochen.

Im Januar 2012 wurde der ehemalige Generalstabschef İlker Başbuğ[509] (2008-2010) im Rahmen der Ergenekonaffaire verhaftet, im August 2013 zu lebenslanger Haft verurteilt. Başbuğ hat stets seine Unschuld beteuert, andererseits die Existenz bestimmter kompromittierender Papiere bestätigt, die aber später als Fälschungen entlarvt wurden. Er wurde im März 2014 freigelassen. Seltsamerweise hatte er noch in seiner Amtszeit 2008 gefordert, dass die militärischen Interventionen von 1971, 1980 und 1997 aus den Schulbüchern gestrichen werden sollten. Diese drei Interventionen waren von der Spitze des Generalstabes ausgegangen, entgegen der von 1960. Nunmehr sollten als Ersatz „demokratisch-konforme" Texte eingefügt werden sollen. Die

---

504 https://de.wikipedia.org. – Özden Örnek. https:tr.wikipedia.org. – Özden Örnek.

505 https://de.wikipedia.org. – Hilmi Özkök. https://tr.wikipedia.org. – Hilmi Özkök.

506 http://www.todayszaman.com. vom 04.11.2014.

507 https://tr.wikipeda.org. – Aytaç Yalman.

508 https://tr.wikipedia.org. – İbrahim Fırtına.

509 https://tr.wikipedia.org. – İlker Başbuğ.

Maßnahme, gedacht für „Acht-Jahre Schüler", wurde am 04.10.2008 durch die Medien bekannt geworden.[510] Gleiche Beschränkungen in Schulbüchern sollten erfolgen für den Golfkrieg 1990/1991 und für Texte über Abdullah Öcalan.

Dem Befehlshaber der 1. Armee in İstanbul, General Çetin Doğan,[511] war 2010 nach einer Publikation der Tageszeitung „Taraf" vorgeworfen worden, in einer Planübung mit Namen *Balyoz* im März 2003 mit vielen Teilnehmern einen Staatsstreich geplant zu haben. Nach einem Prozess ab Dezember 2010 mit weiteren vielen Angeklagten wurde Doğan 2012 zu 20 Jahren Haft verurteilt. Nachdem auch hier Fälschungen von Papieren aufgedeckt worden waren, wurde er im Juni 2014 nach einem Urteil des Verfassungsgerichts *(AYM - Ana Yasa Mahkemesi)* freigelassen wegen erheblicher vorangegangener Verfahrensfehler. Mittlerweile wird einem einzelnen Bürger das Recht zugestanden, nach Durchlaufen aller Instanzen das Verfassungsgericht anzurufen, ggf. später noch den Europäischen Gerichtshof für Menschenrechte (EuGMR).

Ein weiteres Verfahren verlief ebenfalls im Sande. In diesem Fall sollte der Befehlshaber der 3. Armee, General Saldıray Berk, ein kompromittierendes Seminar in Erzincan durchgeführt haben.

Ein drittes größeres Verfahren beschäftigte sich mit Veröffentlichungen im Internet in 2009. Hier wurde auf 42 Seiten Propaganda gegen die AKP betrieben, wohl zum Sturz der Regierung. Gleichzeitig wurden Aktionspläne gegen die PKK und christliche Minderheiten verbreitet. Başbuğ hat die Existenz der Web-Seiten bestätigt, die Inhalte z. T. als falsch bezeichnet und die meisten Seiten schließen lassen. Im Dezember 2011 wurde Anklage gegen die Beteiligten erhoben, im April 2012 der Prozess mit dem Verfahren von Balyoz zusammengelegt.

Wegen vieler Ungereimtheiten, Fälschungen, dubioser Zeugen und Beweismittel kippte das Istanbuler Berufungsgericht am 21.04.2016 die Urteile gegen 275 Beschuldigte.[512] Die Verfahren wurden eingestellt, 73 Offiziere nach Aussagen von Verteidigungsminister İsmet

---

[510] www.turkishdailynews.com.tr .
[511] https://en.wikipedia.org. – Çetin Doğan. https://tr.wikipedia.org. - Çetin Doğan.
[512] http://www.hurryetdailynews.com. vom 21.04.2016.

Yılmaz wieder in die Armee überführt.[513] Erdoğan sagte, dass er getäuscht worden sei, rehabilitierte damit auch seinerseits die Armee.[514]

Ein Eklat war am 29.07.2011 der gemeinsame Rücktritt des Generalstabchefs Işık Koşaner und der Befehlshaber der drei Teilstreitkräfte, mit Ausnahme des Befehlshabers der Jandarma, Necdet Özel[515]. Er wurde an demselben Tag Befehlshaber des Heeres und am 04.08.2011 Generalstabchef. Dieser sollte nämlich nach alter Tradition vorher das Heer kommandiert haben. Koşaner erklärte im Zusammenhang mit den laufenden Prozessen:

„Tutuklamaların evrensel hukuk kaidelerine, hakka, adalete ve vicdani değerlere uygun olarak yapıldığını kabul etmek birçok hukukçunun da ifade ettiği gibi mümkün değildir.“ („Nach den Normen des internationalen Rechts, in Übereinstimmung mit dem Recht, der Gerechtigkeit und den Werten des Gewissens, auch nach Erklärung vieler Juristen, ist die Billigung der Festnahmen nicht möglich." Übersetzung des Verfassers).

Diese Erklärung und die Maßnahme des Rücktritts ehrt die Betroffenen.

Nach ca. zehn Jahren, fünf Anklageschriften, drei Verhaftungswellen, der Auswechslung von Richtern und Staatsanwälten, wurden mit den Freisprüchen die Prozesse 2016 beendet. Aus persönlicher und militärischer Sicht des Autors erscheint eine Kommentierung dieser Ereignisse nötig, obwohl noch Vieles im Dunkeln bleibt. Mit Sicherheit aber haben die Ereignisse die Armee tief getroffen, nicht nur die Angeklagten. Leider haben sich hohe Offiziere wechselseitig vor Gericht beschuldigt und damit einen weiteren Keil in die Solidarität der Armee getrieben.[516] Diejenigen, die Haftstrafen verbüßen mussten, haben – wenn sie unschuldig waren – seelisch gelitten, so wie ihre Familien. Kürzungen der Bezüge und unterlassene Beförderungen waren ebenso damit verbunden.

Für die Annahme von Putschplanungen der Armeespitze oder nur von Teilen der Armee sprechen aus „entfernter Sicht" des Autors -

---

513 http://www.hurriyetdailynews.com. vom 15.05.2015.
514 Vgl. Today's Zaman, Turkish Daily News vom 20.03.2015.
515 https://tr.wikipedia.org. – Işık Koşaner. https://de.wikipedia.org. – Necdet Özel. https://tr.wikipedia.org. – Türk Silahlı Kuvvetleri 29 Temmuz 2011 Krizi.
516 http://www.hurriyetdailynews.com. vom 15.12.2014 „Former comrades in Turkish army accuse each other of delivering false statements".

der über keine eigenen originären Erkenntnisse verfügt und auch nicht alle Veröffentlichungen dieser hochkomplexen umfangreichen Materie kennt - nur wenige Indizien. Aktionen im Internet aus dem Generalstab heraus bestätigen nur die allgemeine Stimmungslage, können aber nicht als echte Putschvorbereitung gewertet werden, eher als Warnung. Mit Gestellung des Ministerpräsidenten Ende 2002 durch die AKP wurde dem Militär klar, dass die Gefahr einer Re-Islamisierung bestand. Sie verstärkte sich mit der Nachwahl von Erdoğan in 2003 und seiner Übernahme in das Ministerpräsidenten-amt. Zudem hätte ein weiterer Putsch in der historischen Kontinuität der Armeespitze gelegen.

Alle anderen seit 2003 vorliegenden Indizien und Beweise sprechen jedoch dagegen; sie sprechen eher für eine schlechte Inszenierung, die aber ihre Wirkung nicht verfehlte. Der oder die Drahtzieher bleiben noch verborgen. Erdoğan, vielleicht zunächst noch in Kooperation mit Fethulla Gülen,[517] wollte die Rolle der Armee auf das Normal-maß in einer Demokratie zurückführen, wandte sich dann aber in einem Machtkampf spätestens ab 2012 nach Dissenzen in der Au-ßenpolitik (Israel, Geheimverhandlungen mit der PKK) und einem nicht weiter verfolgten Korruptionsskandal 2013 gegen Gülen.

In der Rückschau aus 2017 muss jetzt wohl davon auszugehen sein, dass auch in der Ergenekon Affaire Gülen zumindest ein Mitverursa-cher war.

Die Entmachtung der Armee vollzog sich in vielen kleineren und einigen größeren Schritten, über Änderungen der Verfassung und einfacher Gesetze oder über bloße Anordnungen, wie z. T. schon erwähnt:

- 2003 der Austausch des militärischen Sekretärs im Nationalen Sicherheitsrat, der weiteren personellen „Zivilisierung" des MGK, der Aufhebung wichtiger geheimer MGK-Befugnisse in 2010, die der Öffentlichkeit und auch dem Autor verborgen blie-ben,[518]

---

[517] https://de.wikipedia.org. – Fethulla Gülen.
[518] Das Gesetz Nr. 2945 zum MGK mit Stand von 2011 ist z.T. veraltet. So listet es z.B. im § 3 noch den Befehlshaber der Jandarma als Mitglied des MGK.

- 2003/2012/2014 die stärkere Kontrolle des Verteidigungsetats und damit der Ausgaben des Generalstabs, stärkere Einbindung des Rechnungshofes,[519] verstärkt durch Präsident Gül in einem „Bericht zur Verteidigung" 2014,[520]

- 2004 die Entfernung militärischer Vertreter aus dem Obersten Rundfunkrat *(RTÜK – Radio ve Televizyon Üst Kurulu)* und dem Hochschulrat *(YÖK – Yüksek Öğretim Kurulu)*,

- 2004 der Prozess gegen Admiral a. D. İlhami Erdil, nunmehr vor einem Zivilgericht,[521]

- 2008 die Einrichtung eines Untersekretariats für Innere Sicherheit beim Innenminister,

- 2009 Einschränkungen in der Militärgerichtsbarkeit,

- 2010 unübliche Eingriffe in Beförderungsangelegenheiten unterhalb der Ebene des Generalstabs durch Intervention des Verteidigungsministers, später auch stärkere politische Einflussnahme auf die Besetzung der militärischen Spitzenämter,

- 2010 das „Abschreiten der Front" durch die Präsidentengattinnen Frau Gül mit Kopftuch zusammen mit Frau Wulff, die beiden Präsidenten vorweg,

- 2011 eine Umschichtung von Aufgaben zur Polizei, z. B. die vorherige 91-jährige symbolhafte Bewachung des Parlamentsgebäudes in Ankara,

- 2011 die Verlagerung von Geheimdienstkompetenzen von der Armee zum Geheimdienst MIT unter Aufsicht des Premiers, ab 2017 des Staatspräsidenten,

- 2012 der Eingriff des Ministers für Kultur und Tourismus Ertuğrul Günay in das Abspielen des Begräbnismarsches durch eine Militärkapelle für den verstorbenen Unteroffizier Osman Çelik in Antalya und Aufforderung, den „*Tekbir*", die islamische Gebetsformel „*Allahu ekber*", zu sprechen,[522]

---

[519] http://www.hurriyetdailynews.com vom 20.11.2012.
[520] http://www.hurriyet daily news.com vom 23.08.2014.
[521] https://tr.wikpipedia.org. – İlhami Erdil.
[522] http://www.hurriyetdailynews.com. vom 25.08.2012.

- 2013 Ersatz des sog. Emasya-Protokolls aus 1997 (vereinbart zwischen dem Innenminister und dem Generalstab) durch ein neues Abkommen, wonach der Generalstab nunmehr vor Einsatz im Innern die Genehmigung ziviler Behörden braucht,[523]

- 2013 die Zuweisung der Federführung für militärische industrielle Beschaffungen zum Amt des Staatssekretärs beim Verteidigungsminister *(SSM – Savunma Sanayii Müsteşarlığı)*,[524]

- 2004 die Zustimmung Erdoğans zum Annanplan für Zypern,

- 2014 die Nichtbeteiligung des Militärs bei Verhandlungen mit den Kurden.

In einer intakten Demokratie sind z. B. die letzten drei Punkte normale Vorgänge im Rahmen des Primats der Politik. Im Übrigen wurde im Generalstab sogar öffentlich die Debatte geführt, wer überhaupt offizielle politische Äußerungen tätigen darf. Eine befremdliche Diskussion.

Aus Sicht des Autors waren speziell die Beschuldigungen hinsichtlich der Seminare bei der 1. und 3. Armee völlig unglaubwürdig. Putschpläne erörtert man nicht - auch nicht mit umgedrehten Vorzeichen[525] - in Planübungen großer Gruppen mit jüngeren Offizieren. Dies sollte in kleinsten Gruppen oder Vieraugengesprächen passieren ohne Zurücklassung irgendwelcher Dokumente. Ein gutes Beispiel der Entwicklung eines militärischen Operationsplanes, wenngleich nicht Putschplanes, ist eine größere Planübung zur Vorbereitung des Westfeldzuges der deutschen Wehrmacht im Mai 1940. Obwohl heimlich eine Kopie des Plans überlebt hatte, existierte der Operationsplan Tage später nur noch in den Köpfen der wichtigsten Truppenführer. Ein weiteres Beispiel ist der nahezu geglückte Putsch von Oberst Graf Stauffenberg am 20.07.1944 gegen Hitler, der in einem äußerst schwierigen Umfeld nahezu perfekt vorbereitet war.

---

[523] http://www.todayszaman.com. vom 29.06.2013.
[524] http://www.huriyetdailynews.com. vom 13.08.2013.
[525] So plant man z. B. keinen überraschenden Überfall auf eine TV Sendeanstalt im Rahmen eines Putsches sondern die (angebliche) Befreiung dieser Anstalt von Putschisten. Viele Planungselemente in den beiden Szenarien sind sehr ähnlich, bis hin zu einer vorformulierten Verlautbarung über den Sender.

Eine weitere und zunächst vorletzte Aktion war der vergebliche Versuch des Generalstabschefs Yaşar Büyükanıt (2006-2008) mit einem längeren - selbst verfassten - Statement auf seiner Homepage am 27.04.2007 die Wahl von Abdullah Gül[526] zum Staatspräsidenten zu verhindern. Gleich im ersten Satz wird die „Hauptsorge" formuliert, der Charakter eines etwa bindenden „Memorandums" später von Büyükanit abgestritten:

„Türkiye Cumhuriyeti devletinin başta laiklik olarak olmak üzere, temel değerlerini aşındırmak için bitmez tükenmez bir çaba içinde olan bir kısım çevrelerin bu gayretlerini son dönemde artıdıkları müşahede edilmektedir."

(„Es wurde beobachtet, dass einige Kreise, die nicht enden wollende Anstrengungen unternehmen, die fundamentalen Werte der Türkischen Republik zu zerstören, vor allem den Laizismus, ihre Anstrengungen in der letzten Zeit verstärkt haben." Übersetzung des Verfassers).[527]

Der Generalstabschef und die CHP erreichten nach ungültiger erster Parlamentsabstimmung im April und nach einem Urteil des Verfassungsgerichts zumindest Neuwahlen und eine erneute Präsidentenwahl, auch wenn diese dann im dritten Durchgang von Gül am 28.07.2007 gewonnen wurde. Noch vor diesem letzten Wahlgang hatte Büyükanıt erneut gewarnt, dass die Streitkräfte entschlossen seien, die Demokratie und die Trennung von Staat und Religion zu verteidigen. Schon am 04.05.2007 war es zu einem Vieraugengespräch zwischen Büyükanıt und dem Premierminister Erdoğan im Dolmabahce Palast in İstanbul gekommen,[528] über das fast nichts nach außen drang, aber das als Stillhalteabkommen gewertet wurde. Erst 2012 wurde parallel zu den o. a. Anklagen eine Anklage gegen den Pensionär Büyükanıt erhoben, die jedoch folgenlos blieb.

---

[526] https://de.wikipedia.org. – Abdullah Gül.
[527] Der vom Bildschirm aufgenommene Text ist schwer leserlich.
https://upload.wikimedia.org. –
E-Memorandum.jpg. Ein ausführlicher Text auf:
http://news.bbc.co.uk/l/world/europe/6602775.stm. Excerpts of Turkish armv statement.
[528] http://www.hurriyetdailynews.com - Turkish court summons former top commander to testify over 2007 E-Memorandum. http://www.todayszaman.com. vom 15.12.2015.

Der zeitlich weit gespannte Bogen zwischen 1950 und der nahen Vergangenheit beinhaltet eine Fülle von gravierenden militär-politischen Ereignissen mit erheblichen Auswirkungen auf die Armee. Vor Gesamtbewertung dieser Zeitspanne muss also noch ein Blick geworfen werden auf die Einsätze der Armee im Ausland, im nationalen oder internationalen Rahmen, die wieder mehr die militärischen Operationen und den jeweiligen Zustand der Armee in den Vordergrund rücken.

XI   Militärische Einsätze im Ausland und der Kampf gegen die PKK

Von den zahlreichen türkischen Einsätzen im Ausland sollen anschließend nur aus Sicht des Autors die wichtigsten beschrieben werden. Eine Gesamtübersicht über 33 Operationen unterschiedlichster Art und Größe ist z. B. enthalten in der deutschsprachigen Datei über die Türkischen Streitkräfte.[529]

Der erste große militärische Auslandseinsatz für die Türkei nach dem Zweiten Weltkrieg war der im Koreakrieg 1950-1953.[530] Nachdem 1950 Nordkorea angegriffen hatte mit Unterstützung von China und der Sowjetunion, verteidigte Südkorea unter Führung der USA und mit Unterstützung zahlreicher weiterer Nationen unter Einschluss der Türkei, sanktioniert durch die Resolution Nr. 85 des UN-Sicherheitsrates.

Koreakrieg

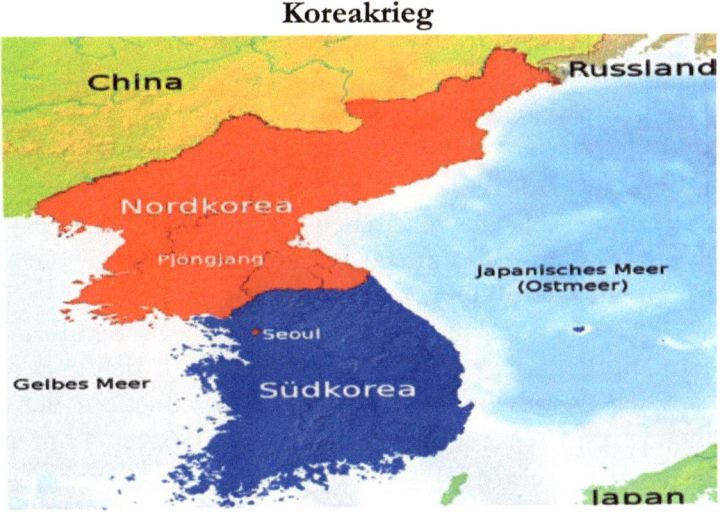

(*Quelle:* https://commons.wikimedia.org. – *Korea*)

---

[529] https://de.wikipedia.org. – Türkische Streitkräfte.
[530] https://de.wikipedia.org. – Koreakrieg. https://tr.wikipedia.org. – Kore Savaşı. https://tr.wikipedia.org. – Türk Tugayı.   http://www.korean-war.com/turkey.html. – The Turkish Brigade.

Eine türkische Brigade traf im Oktober 1950 in Stärke von 5.090 Mann unter dem Kommando von Brigadegeneral Tahsin Yazıcı in Pusan ein. Bald wurde sie in ein verlustreiches Rückzugsgefecht bei Kundri verwickelt als Reserve des IX. US Korps, welches der 8. Armee unterstand.

Nach Schwierigkeiten der Befehlsübermittlung durch das IX. US Korps war die türkische Brigade in Zeitverzug geraten und nahezu vom Gegner eingeschlossen worden. Sie erlitt in diesem Gefecht unter Einberechnung der Gefangenen über 1.000 Mann Verluste sowie über 2.000 Verwundete, ermöglichte aber mit dem Zeitgewinn durch Kampf den anderen verbündeten Truppen (2. US Div., IX. US Korps, 8. US Armee) das Entgehen einer größeren Umklammerung und deren geordnete Absetzbewegung.

General Yazcı wurde von US General Walton Walker, Befehlshaber der 8. US Armee, mit einem Orden geehrt und den Worten:

„The heroic soldiers of a heroic nation, you have saved the 8. Army and the IX Army Corps from encirclement and the 2. Division from destruction. I came here today to thank you on behalf the United Nations Army."

Der UN Oberbefehlshaber Douglas Mc Arthur sagte: *„The Turks are the hero of the Heroes. There is no impossibility for the Turkish Brigade."*

Das Personal der Brigade wurde im Verlauf des Krieges noch mehrfach ausgetauscht, bis die türkischen Truppen im Juli 1953 wieder heimkehren konnten. Bekanntlich besteht bis heute nur ein Waffenstillstand; Nord- und Südkorea sind getrennt entlang des 38. Breitengrades als Demarkationslinie. Die Spannungen zwischen beiden Staaten dauern an. Weitere große Spannungen ergaben sich in den letzten Jahren speziell zwischen den USA und Nordkorea, da dieser Staat anscheinend Langstreckenraketen mit nuklearen Sprengköpfen entwickelt.

Zypern

(Quelle: https://commons.wikimedia.org. – Cy-Map)

Der nächste große Krisenherd entwickelte sich in Zypern.[531] Diese Insel hatte einmal 1571-1878 zum Osmanischen Reich gehört, ging 1914 an Großbritannien und wurde 1960 selbständig (mit Ausnahme von zwei britischen Militärbasen), vertraglich geregelt in zwei Abkommen, die von den drei Signatarmächten Griechenland, Großbritannien und der Türkei gezeichnet wurden. Nach einem Putsch zypriotisch-griechischer Offiziere am 15.07.1974 unter Führung von General Dimitrios Joannidis - mit Unterstützung von Griechenland gegen den zypriotischen Präsidenten Makarios, der fliehen konnte - mit dem Ziel der Vereinigung mit Griechenland (Enosis) intervenierte die Türkei am 20.07.1974 militärisch zum Schutz der türkisch-stämmigen Bevölkerung, die vor allem im Norden wohnte. Am 16.08.1974 wurde unter Führung der UNO ein noch heute gültiger Waffenstillstand vereinbart und eine Pufferzone um die Waffenstillstandslinie (Grüne Linie, Attila Linie) festgelegt, die auch die Hauptstadt Nikosia/Lefkosa teilt.

Am 15.11. 1983 erklärte sich der Nordteil selbständig als Türkische Republik Nordzypern *(Kuzey Kıbrıs Türk Cumhuriyeti)[532]*, die bisher nur

---

531 https://de.wikipedia.org. – Zypernkonflikt.
 https://tr.wikipedia.org. – Kıbrıs Harekâtı. https://en.wikipedia.org. – Cyprus.
532 https://de.wikipedia.org. – Türkische Republik Nordzypern.
https://tr.wikipedia.org. – Kuzey Kıbrıs Türk Cumhuriyeti.

von der Türkei - entgegen der UN Resolution 541 - anerkannt wird. Das Wappen der Republik zeigt somit auch die Jahreszahl 1983. Nach Scheitern des Annan-Planes 2004 wegen Ablehnung durch die griechisch-stämmige Bevölkerung wurde Zypern dennoch als Ganzes am 01.05.2004 Mitglied der EU.

Als Zeichen der engen Bindung der Türkei an Nordzypern, dargestellt in der gleichen roten Farbe, zeigte der Türkische Generalstab im August 2008 das u. a. Bild auf seiner Homepage, welches allerdings mit Wechsel des Generalstabschefs am 28.08.2008 wieder verschwand. Ähnliche Bilder waren zu sehen an Berghängen in Nordzypern mit dem berühmten Schriftzug Atatürks: *„Ne mutlum Türküm diyene"* („Wie glücklich, dass ich mich Türke nennen darf." Übersetzung des Verfassers).

Der nationalistische Anspruch der Türkei wird noch verstärkt durch die Ähnlichkeit der nordzyprischen Flagge mit der der Türkei und durch die gemeinsame Nationalhymne, d. h. den Unabhängigkeitsmarsch *(İstiklâl Marşı)*. Die Türkei betont zwar die Unabhängigkeit Nordzyperns,[533] intensiviert aber die Bindungen durch Umsiedlungen von Festlandtürken, wirtschaftliche Unterstützung (Wasser- sowie Stromversorgung) und bleibende Stationierung von Truppen. Auseinandersetzungen mit Griechenland wegen der Öl- und Gasexploration nahe der Insel schaffen zusätzliche internationale Spannungen.

---

[533] Vgl. Frankfurter Allgemeine Zeitung (FAZ) vom 27.05.2017.

Die Türkei und Nordzypern

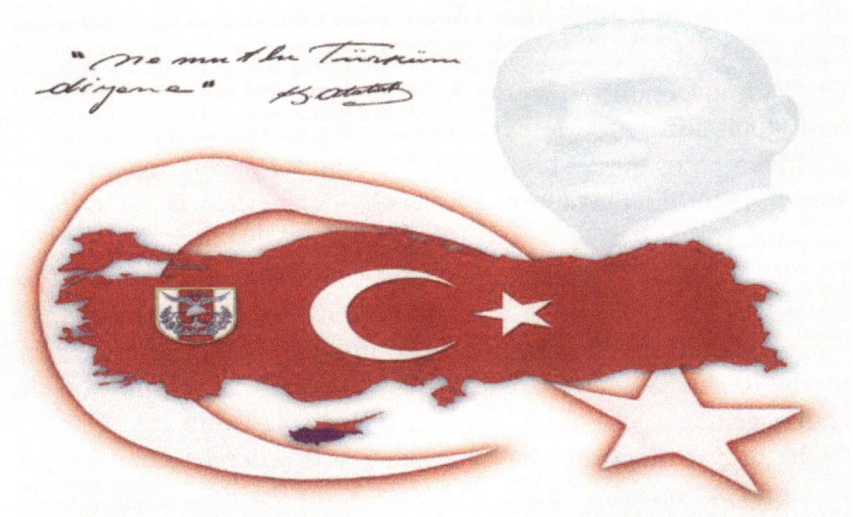

(Quelle: Homepage Türkischer Generalstab im August 2008)

Nach gründlich vorgeplantem Einmarsch türkischer Truppen am 20.07.1974 von zunächst ca. 6.000 Mann unter Beteiligung aller Teilstreitkräfte, unterstützt von türkisch-zypriotischen Kämpfern (*Serdalı*)[534] und nach Kämpfen gegen die zunächst überlegene griechisch-zyprische Nationalgarde von ca. 10.000 Mann, unterstützt von griechischen Junta Truppen,[535] kam es zu einem vorübergehenden Waffenstillstand am 22.07.1974 und Verhandlungen in Genf. Während des brüchigen Waffenstillstandes führte bei noch andauernden Kämpfen die Türkei weitere Verstärkungen zu, erreichte eine Truppenstärke von ca. 30.000 Mann, nunmehr auch eine militärische

---

[534] Nordzypern unterhielt bereits seit 1958 eigene Truppen gegen die griechische Organisation EOKA von 1955.
https://tr.wikipedia.org. – Türk Muhavemet Teşkikatı. https://tr.wikipedia.org. – EOKA.
Vgl. Birand „30 Heisse Tage".
[535] Offizielle Bezeichnung „*Kıbrıs Barış Harekâtı*" – „Friedensoperation Zypern" https://de.wikipedia.org. – Ailla. https://tr.wikipedia.org. – Kıbrıs Harekatı. https://de. wikipedia.org. – Türkische Besatzungstruppe in Zypern. https://tr.wikipedia.org. – Kıbrıs Türk Barış Kuvvetleri. https://de.wikipedia.org. – Streitkräfte der Türkischen Republik Nordzypern. https://tr.wikipedia.org. – KKTC Güvenlik Kuvvetleri Komutanlığı.

Überlegenheit. Im Laufe der weiteren Wochen bis 16.08.1974 dehnte Nordzypern mit Hilfe der Türkei sein Einflussgebiet dann bis zur o. a. Attila Linie aus.

Es kam insgesamt zu Verlusten von ca. 600 Mann auf „türkischer" und 2.000 auf „griechischer" Seite, zusätzlich auch von vielen Zivilpersonen. Für große und lange Verstimmung auf türkischer Seite sorgte später die Resolution 550 des UN Sicherheitsrats, die 1984 den Verbleib türkischer Truppen als „Besatzung" qualifizierte.

Im Rückblick auf die militärpolitische Situation ergeben sich Parallelen zum Einmarsch der Griechen 1919 in das Osmanische Reich insofern, als Griechenland, motiviert durch die Haltung der Westmächte, die Reaktion der Türkei unterschätzt, deren Intervention nicht für wahrscheinlich gehalten hatte. Hinzu kam wiederum eine innere politische und militärische Zerrissenheit in Griechenland, die noch während des Krieges am 23.07.1974 zum Sturz des Junta Regimes führte. Auch nach diesem Krieg kam es zu anschließenden Verlegungen von Bevölkerungsgruppen, wenn auch nicht in dem Umfang wie 1923.

Ein im Februar 1975 von den USA verhängtes mehrjähriges Waffenembargo führte auf türkischer Seite u. a. zur Schließung von US-Einrichtungen, Sperrung des Zugangs zu türkischer Infrastruktur und zu einer längeren Verstimmung.[536] Diese fand erst ein Ende mit einem bilateralen Vertrag im März 1980 und einer umfangreichen Rüstungshilfe der USA.

2017 verhängten offensichtlich die USA wieder ein „verdecktes Embargo" bzgl. High Tech Waffen wegen unterschiedlicher Auffassungen beim militärischen Vorgehen in Syrien. Damit scheint sich nach 22 Jahren eine ähnliche Situation zu wiederholen und es bleibt die Gefahr bestehen, dass die Türkei wie damals als NATO-Partner abdriftet und sich nicht nur wirtschaftlich, sondern auch rüstungstechnisch von Russland oder den Chinesen abhängig macht. Im Hintergrund schwelt zudem die Meinungsverschiedenheit bzgl. des Vorgehens gegen die Gülen-Bewegung nach dem Putschversuch vom 15.07.2016.[537]

---

[536] Vgl. Der Spiegel 13/1977. Vgl. Robins, „Suits and Uniforms".
[537] http://www.eurasianews.de – Verdecktes Embargo der USA gegen die Tuerkei: Wird Russland jetzt zum strategischen Militär-Partner?

Türkische Truppen bleiben nach 1974 und gescheiterten Verhandlungen in 2017 weiterhin auf der Insel stationiert mit einem Korpsstab in der Hafenstadt Girne/Kyrenia[538] und ca. 36.000 Mann neben ca. 5.000 Mann vom Heer Nordzyperns, die dem türkischen Korps unterstehen.[539] Hinzu kommt die Küstenwache Nordzyperns. Daneben sind ca. 1.000 Blauhelmsoldaten der UN stationiert zur Überwachung des Waffenstillstandsabkommens, die UNFICYP (United Nations Pecekeeping Force in Cyprus) sowie britische Truppen auf ihren Militärbasen.

Die nächsten militärischen Herausforderungen waren die sog. drei Irak- bzw. Golfkriege im Zeitraum 1980-2003 in der Krisenregion Irak, Iran, später erweitert auf Kuweit, Saudi Arabien und Israel. Während die Türkei im ersten Irakkrieg 1980-1988 neutral blieb,[540] unterstützte sie im zweiten Irakkrieg 1991 militärisch die Koalitionstruppen (über 30 Nationen, Koalition der Willigen, gestützt durch UN-Mandate) unter Führung der USA gegen den Irak bei der Operation „Desert Storm",[541] indem sie den US Streitkräften Nutzung türkischer Basen erlaubte und selbst durch Aufmarsch an der irakischen Grenze mit 180.000 Mann für die Bindung irakischer Truppen sorgte.

Zunächst kommt es zum Rücktritt des türkischen Generalstabschefs Necip Torumtay (1987-1990) am 03.12.1990,[542] weil er entgegen US Präsident George Bush (der Ältere) und Präsident Turgut Özal, aber gestützt vom Premier Yıldırım Akbulut, Außenminister Ali Bozer und Verteidigungsminister Safa Giray keine zweite Front gegen den Irak eröffnen, d. h. einmarschieren wollte. Die nachfolgende Darstellung gibt eine etwas andere Begründung, wobei dieser Krieg hier als erster Golfkrieg bezeichnet wird:

---

[538] https://de.wikipedia.org. – Kyrenia.
[539] Eine derartige Konstruktion muss nicht unbedingt als ein Teilverzicht auf Souveränität gewertet werden, sondern kann aus miltärischer Sicht zweckmäßig sein. Ähnliche Beispiele gibt es ja auch unter verschiedenen NATO Staaten, sogar mitunter verstanden als Bausteine einer zukünftigen Europäischen Armee.
[540] https://de.wikipedia.org. -. Erster Golfkrieg. https://tr.wikipedia.org. - İran Irak- Savaşı.
[541] http://www.u-s-history.com. - Desert Storm. https://de.wikipedia.org. - Zweiter Golfkrieg. https://tr.wikipedia.org. – Kuveyt'in İşgalı.
[542] https://tr.wikipedia.org. – Necip Torumtay.

„Görevden ayrılmasına sebep olarak I. Körfez Savaşı'nda hükümetin tutumuna tepki olduğu öne sürüldü. Ordunun teçhizatının yetersiz olduğu içi, zamanın cumhhurbaşkanı Turgut Özal tarafından Irak'a karşı ABD ile beraber hareket edilmesine uymak istemediği ileri sürüldü. " („Er nannte als Grund seines Ausscheidens aus dem Dienst, dass er die Haltung der Regierung zum Ersten Golfkrieg nicht billigen könne. Weiterhin sagte er, dass die Ausrüstung der Armee nicht ausreichend sei und er es nicht für angemessen halte, dass der amtierende Präsident Turgut Özal die Operation gegen den Irak zusammen mit den USA durchführe." Übersetzung des Verfassers).

Der Nachfolger im Amt des Generalstabschefs, Doğan Güreş (1990-1994), billigte zwar keinen Angriff, wohl aber die Unterstützung der USA.

Für die USA wird der Krieg der größte Einsatz nach dem Vietnamkrieg. Mit ihrer überlegenen Stärke, aufwachsend auf 340.000 Mann, und der Koalition mit insgesamt ca. 660.000 Mann wird Sadam Hussein nach seinem Angriff auf Kuwait am 02.08.1990 ab dem 16.01.1991 aus Kuwait zurückgetrieben und unter Ausnutzung der modernsten Waffen und Mittel wie GPS (Global Positioning System) vernichtend geschlagen, so dass es schon am 12.04.1991 zum Waffenstillstand kommt unter der UN-Resolution 686. Bei Verlusten auf der Koalitionsseite von unter 1.500 liegt die Zahl der Opfer auf irakischer Seite bei mindestens 25.000. Ca. 1,5 Millionen Kurden aus dem Irak suchen danach Zuflucht in der Türkei. Zum Schutz der verbleibenden Schiiten und Kurden gegenüber dem arabisch-sunnitischen Regime von Sadam Hussein werden, unter strittiger Berufung auf UN Resolution 688, Flugverbotszonen eingerichtet.

Zwölf Jahre später sollte der Konflikt 2003 wieder aufflammen als dritter Golf- bzw. Irakkrieg.[543] Dieser Krieg dauerte nur vom 20.03.2003 bis 01.05.2003, endete mit einer Niederlage des Irak und dem Sturz Husseins. Dieser wurde 2006 von einem irakischen Gericht zum Tode verurteilt. Dem Einmarsch der Koalitionstruppen vom Süden her vorangegangen war ein Streit, ob die UN Resolution 1441 einen Angriff der USA und verbündeter Staaten erlaubte, da im

---

[543] https://tr.wikipedia.org. – Irak Savaşı. https://de.wikipedia.org. – Irakkrieg. http://www.blz.bayern.de – Die Drei Golfkriege.

Irak noch Massenvernichtungswaffen vermutet wurden - was sich aber nachträglich nicht bestätigte.

Flugverbotszonen im Irak

(Quelle:https://commons.wikimedia.org. – Iraq No Fly Zones.png.)

In der Türkei war man sich erneut über das Vorgehen nicht einig. Noch vor den Parlamentswahlen vom 03.11.2002 hatte sich der Premier Bülent Ecevit zurückhaltend gezeigt, der Präsident Ahmet Necdet Sezer - Jurist und ehemaliger Präsident des Verfassungsgerichts - und der neue Premier Abdullah Gül hatten ebenso starke Bedenken, mit den USA eine „aktive" zweite Front zu eröffnen, während der Generalstabschef Hilmi Özkök einfach nur das Parlament in der Pflicht der Entscheidung sah. Dieses lehnte am 01.03.2003 ein aktives Engagement ab mit Bezug auf das in Artikel 92 angeführte Völkerrecht, ebenso eine Stationierung ausländischer Truppen auf türkischem Boden.

Mit Amtsantritt von Erdoğan als Premier ab 14.03.2003 sagte dieser den USA Entgegenkommen zu. Nach weiteren Debatten im Parlament stimmte dieses noch vor Kriegsbeginn zu, dass die USA militärische Basen in der Türkei nutzen und sie modernisieren dürften bei einer Aufenthaltsdauer von zunächst nur drei Monaten. Am 20.03.2003, also dem Angriffsbeginn, erlaubte das Parlament, wiederum unter Bezug auf den bis heute unveränderten interpretationsfähigen Artikel 92, nunmehr die Nutzung des Luftraums für sechs Monate und ermächtigte die Regierung zur Entsendung von Truppen in den Nordirak. Aber es wurden nach offizieller Darstellung stattdessen nur Truppenverstärkungen in die Provinz Hakkari im Südosten der Türkei verlegt, während die diesem Abschnitt zugrunde liegende Recherche die Entsendung in den Nordirak postuliert.[544] Die NATO hatte schon am 19.02.2003 den Entschluss gefasst, AWACS-Flugzeuge, Patriot Abwehrraketen und ABC Spürgerät in die Türkei zu verlegen.[545]

Nach dem Kriegsende am 01.05.2003 blieben US Truppen noch bis 2011 im Irak stationiert. Daher erlaubte das türkische Parlament am 23.06.2003 den USA die Nutzung der Luftwaffenbasis İncirlik und der Häfen Mersin sowie İskenderun noch für ein Jahr. Am 07.10.2003 billigte es noch einmal den Einsatz türkischer Truppen im Irak nach Maßgabe der türkischen Regierung, was jedoch wegen Widerspruchs der irakischen Regierung und des US-Leiters der Übergangsverwaltung Paul Bremer (2003-2004) nicht mehr zum Tragen kam. Dieser Plan wurde am 23.10.2003 aufgegeben.

Verlässliche Gesamtzahlen über die militärischen und zivilen Verluste in den Irakkriegen liegen nicht vor; die Schätzungen differieren stark. Wieder einmal scheint die Zivilbevölkerung besonders gelitten zu haben, auch im Rahmen vieler Unruhen im Nachgang.

Seitdem haben sowohl die weltweit operierende Terrororganisation Al Qaida[546] als auch besonders der sog. Islamische Staat (IS)[547] - der zunächst noch unter verschiedenen Bezeichnungen regional im Irak und Syrien operierte - Irak bis in die Gegenwart terrorisiert. 2014 hat der sog. IS ein Kalifat ausgerufen und damit einen überregionalen Anspruch als muslimisch-sunnitische Führungsmacht beansprucht. Mili-

---

[544] http://www.linksnet.de. – Artikel 18992 – Die Türkei und der Irakkrieg.
[545] http://www.daily mail.co.uk. – Patriot missiles deployed by NATO on Turkey's border with Syria.
[546] https://de.wikipedia.org. – Al Qaida.
[547] https://de.wikipedia.org. – Islamischer Staat (Organisation).

tärisch gesehen befindet sich jedoch der IS in der irakisch-syrischen Region mittlerweile im Rückzug, während er sich geographisch verlagert und neue Bedrohungsfronten eröffnet. Hiervon ist auch die Türkei in ihrem Lande betroffen, die im Innern und im Ausland gegen die verschiedensten Terrororganisationen kämpft.

Wegen der Operationen der Türkei im Nordirak gegen die PKK, der offengelegten Interessen der Türkei in dem beschriebenen Krieg und des nachwirkenden historischen Streits um die ölreiche ehemalige osmanische Provinz Mosul - der ja eigentlich schon 1926 beigelegt worden war - bleiben die bilateralen Beziehungen zum Irak gespannt. Weitere Spannungsfelder sind die seit 2013 betriebene Ölpipeline aus der Autonomen Region Kurdistan im Nordirak wegen Nichtbeteiligung der irakischen Regierung, Streit um das Wasser des Tigris, türkische Schutzinteressen „ihrer" Turkmenen und die schiitische Bevölkerungsmehrheit von ca. 60 % im Irak. Auch sind die Unabhängigkeitsbestrebungen der Autonomen Region Nordiraks den Türken ein Dorn im Auge, neu entfacht durch ein eindeutiges Referendum am 25.09.2017. Wechselseitige wirtschaftliche Interessen mit der Türkei und dem Iran konnten bisher den Ausbruch eines weiteren militärischen Konflikts noch verhindern und es bei wirtschaftlichen Sanktionen belassen, wie dem Verbot der Nutzung des Flughafens Erbil.

Ein weiterer großer Krisenherd war und ist der Balkan, auf dem sich die Türkei auch militärisch engagiert. Nach Zerfall des Vielvölkerstaats Jugoslawien ab 1990 begannen die Jugoslawienkriege, 1992-1996 der sog. Bosnienkrieg, verbunden mit einer hohen Zahl von Opfern und Vertreibungen. In diese Zeit fiel im Juli 1995 das Massaker von Srebenica unter serbischer Verantwortung.[548] Nahezu zeitgleich zum Bosnienkrieg wurden UN-Kräfte stationiert unter der Bezeichnung „United Nations Protection Force" (UNPROFOR) in Kroatien und Bosnien-Herzegowina zur Überwachung eines Waffenstillstandes. Es handelte sich hier um ca. 32.000 Militärbeobachter einschließlich Polizei und ziviler Beobachter. Die Türkei stellte Kräfte

---

[548] https://de.wikipedia.org. – Massaker von Srebenica.

von ca. 1.464 Mann[549] und engagierte sich durch Lieferungen von Waffen und Material:

„Hollanda raporlarına göre, Türkiye Bosna'da bulunan İslamcı Birliklere silah verilmesine yardım etti." (Nach Berichten aus den Niederlanden hat die Türkei mit Waffenlieferung unterstützt über die „Organisation for Islamic Cooperation" (OIC), (Türkisch: *İslam Konferansı Örgütü*). [550]

Diese einflussreiche Organisation mit über 55 Mitgliedstaaten wurde 1969 gegründet und z. B. im Zeitraum 2005-2013 von dem türkischen Islamwissenschaftler Ekmeleddin İhsanoğlu geführt.[551]

Noch während des Bosnienkriegs wurde eine Flugverbotszone eingerichtet und von der NATO im Rahmen der Operation „Deny Flight" vom April 1993 bis Dezember 1995 zum Schutz der Überwachungskräfte betrieben, aber auch der Bevölkerung. Hierzu wurden ab August 1993 zusätzlich Luftnahunterstützungs-und Luftangriffsoperationen durchgeführt.[552] An der Operation mit ca. 4.500 Mann beteiligte sich auch die Türkei mit Jagdflugzeugen des Typs F16 C von einer Basis in Italien aus zur Überwachung der „No Fly Zone" (NFZ).

Mit dem Dayton-Abkommen[553] vom 14.12.1995 ging der Bosnienkrieg unter Überwachung der UN über in die von der NATO geführte Operation „Implementation Force" (IFOR).[554] Die IFOR-Truppen mit ca. 57.000 Mann in Bosnien-Herzegowina/*Bosna-Hersek* umfassten unter der Bezeichnung „Joint Endeavour" alle drei Teilstreitkräfte incl. russischer Truppen, diese eingesetzt im US-Sektor. Im britischen Sektor im Südwesten (Multinational Division South West - MND SW) war eine 1.500 Mann starke türkische Brigade stationiert mit HQ

---

[549] http://www.un.org/en/peacekeeping /missions - UNPROFOR. Vgl. Zeitschrift Fahrzeugprofile Nr. 10, 1977 S. 29 „IFOR-Das Schwert der NATO in Bosnien".

[550] https://de.wikipedia.org.–Bosnienkrieg. https://tr.wikipedia.org. - Bosna Savaşı. https://de.wikipedia.org. - United Nations Protection Force. http://web.archive.org. - 148268 - Hollanda Raporu Türkiye Bosna'ya Silah sağladın.

[551] https://de.wikipedia.org. – Organisation für Islamische Zusammenarbeit.

[552] https://de.wikipedia.org. – Operation Deny Flight. https://tr.wikipedia.org.– Uçuş Yasağı Harekâtı. https://web.archive.org. – www.afsouth.natoint/archives/operations/Deny Flight.

[553] https://de.wikipedia.org. – Dayton (Ohio).

[554] https://de.wikipedia.org. – Implementation Force. https://tr.wikipedia.org. – IFOR.

in Zenica, im u. a. Bild im Zentrum.[555] Dieser bosniakisch-muslimische Ort gehörte natürlich auch ab 1463 zum Osmanischen Reich, bis Bosnien-Herzegowina 1878 von Österreich-Ungarn annektiert wurde. Mit dem Ort bestehen auch noch zwei türkische Städtepartnerschaften.

Bosnien-Herzegowina

(Quelle: https://commons.wikipedia.org. – Bosnien und Herzegowina)

Am 20.12.1996 ging IFOR über in die Stabilization Force (SFOR) *(İstikrar Gücü)*. Die NATO Truppe SFOR[556] operierte in Bosnien-Herzegowina bis Dezember 2004 mit dem Auftrag, das Dayton-Friedensabkommen durchzusetzen und den zivilen Aufbau des Landes zu unterstützen im Rahmen von „Civil Military Cooperation" (CIMIC). Das Land wurde wiederum in Sektoren unterteilt, wobei die Truppenstärke gegenüber IFOR reduziert wurde.

Die Türkei behielt ihr HQ in Zenica, diesmal im US Sektor der „Multinational Task Force-North" (MNTF-N). Während zu Beginn eine türkische Kompanie noch Bewachungsaufgaben des SFOR HQ in Sarajewo wahrnahm, blieben die Hauptkräfte in Stärke eines Bataillons in Zenica und nahmen dort die unterschiedlichsten Aufgaben

---

[555] https://tr.wikipedia.org. – Zenica. Vgl. Zeitschrift Europa Militaria No. 22, 1996 "IFOR: Allied Forces in Bosnia" S. 44.
[556] https://de.wikipedia.org. – SFOR. https://tr.wikipedia.org. – SFOR.

wahr.[557] Sie umfassten das Einsammeln und Zerstören von Waffen, Patrouillen, aber auch Unterrichtung der Bevölkerung über die Minengefahr oder den Bau einer Brücke. Das Üben der Zusammenarbeit mit den anderen Nationen zur Erlangung der Interoperabilität, d. h. der Fähigkeit zur Zusammenarbeit, ist stets ein Teil gemeinsamer militärischer Ausbildung, z. B. beim Sanitätswesen. Ende 2004 hat dann die EU die Aufgabe von der NATO übernommen unter der Bezeichnung „European Force" (EUFOR) „Althea".[558] Die Grundlage bildeten mehrere Resolutionen des UN-Sicherheitsrats im Rahmen der UN Charta Kap. VII.

(Quelle:https://commons.wikimedia.
(Quelle://https://de.wikipedia.org.- SFOR)
org.- Insignia NATO Army IFOR)

[557] http://www.nato.int/sfor/nations/turkey.htm.

[558] https://de.wikipedia.org. – Operation Althea. https://en.wikipedia.org. – EUFOR Althea. https://tr.wikipedia.org. – EUFOR Althea. http://www.euforbih.org.eufor. – European Union Force in Bosnia and Herzegovina.

(Quelle: https://commons.wikimedia.org. – EUFOR Althea logo.svg)

Die Kommandostruktur für Althea ist insofern fortschrittlich, als sie eine enge Kooperation zwischen der NATO und der EU darstellt. Militärisch wird die Operation geleitet vom EU-Military Committee (EU-MC) in Brüssel. Die nächst-niedrigere Führungsebene, die des „Operational Commander", führt der stellvertretende NATO Ober- befehlshaber (Deputy SACEUR, D-SACEUR) in Mons/Belgien, der wiederum auf die Arbeitskapazität des Stabes von SHAPE (Supreme Headquarters Allied Powers in Europe) als „Operational HQ" (OHQ) zurückgreifen kann. Die taktische Ebene des „Force Com- manders" in Sarajewo wird von einer Führungsnation gestellt, derzeit von Österreich. Mit Reduktion der Aufgaben und dem Absinken der Gefährdung ist die Truppenstärke auf gegenwärtig ca. 600 Mann re- duziert worden, jedoch bestehen planerisch Vorkehrungen für eine rasche Verstärkung im Bedarfsfall. Die Art der Aufgaben, d. h. die Durchsetzung des Dayton Abkommens, Ausbildungshilfe für die Streitkräfte von Bosnien-Herzegowina, Zusammenarbeit mit der Poli- zei u. a. m. sind im Kern unverändert.

Die Türkei stellt - obwohl kein Mitglied in der EU, wohl aber ab 1992 assoziiertes Mitglied der mittlerweile aufgelösten WEU (West Euro- päische Union)[559] - das zweitstärkste Kontingent mit ca. 230 Mann

---

[559] https://de.wikipedia.org. – Westeuropäische Union.

mit dem unveränderten HQ in Zenica. Generell kann hier bereits festgehalten werden, dass sich die Türkei an militärischen Operationen der EU fallweise beteiligt, wie z. B. an der Aufstellung schneller EU-Eingreifkräfte, den „EU Battle Groups". Unter der Führungsnation Italien und unter Beteiligung Rumäniens wurde bereits eine trinationale Battle Group mit mindestens 1.500 Mann gebildet, die schon im zweiten Halbjahr 2010 mit HQ in Rom verfügbar war.[560] 2014 hat die Türkei offiziellen Kontakt aufgenommen mit dem „EU Military Committee" (EU-MC) in Brüssel.[561]

Ein weiterer Krisenherd auf dem Balkan ist die Republik Kosovo/Kosova, die im Februar 2008 ihre Unabhängigkeit erklärt hat, von den meisten Staaten mittlerweile anerkannt wird und nun sogar vom ehemaligen Kriegsgegner Serbien als Fakt akzeptiert werden muss. Der serbische Staatspräsident Vucic äußerte sich jüngst in diesem Sinne.[562] Vorausgegangen war der Kosovokrieg[563] vom 28.02.1998 bis 10.06.1999, in den sich ab 24.03.1999 die NATO mit einem Luftkrieg unter der Bezeichnung „Allied Force" gegen Serbien beteiligte. Am 10.06.1999 endete der Krieg mit dem überwiegenden Abzug der Serben aus dem Kosovo und der Verabschiedung der UN-Resolution 1244.[564] Auf dieser rechtlichen Basis stationierte die NATO dann die „Kosovo Force" (KFOR) mit HQ in Pristina, die seitdem unter der Bezeichnung „Joint Guardian" den Schutz des Kosovo und die Herstellung stabiler politischer Verhältnisse unterstützt, einschließlich der Rückkehr von Flüchtlingen. Dies erfolgte in Kooperation mit anderen Organisationen und Kräften sowie den Kosovo Sicherheitskräften (türkisch: *Kosova Güvenlik Gücüler*). Von ursprünglich ca. 50.000 Mann aus 39 Nationen[565] hat KFOR nunmehr nach Beruhigung der Lage eine Stärke von ca. 6.000 erreicht.

---

[560] https://tr.wikipedia.org. – Avrupa Birliği Savaş Grupları.
https://en.wikipedia.org. – Military of the European Union.
https://en.wikipedia.org. – EU Battlegroup.
[561] http://www.todayszaman.com. – news detail 3367 – „Turkish Military establishes contact with EU military body" vom 15.01.2014.
[562] Vgl. FAZ vom 04.08.2017 „Kritik der Kaffeehaustischheroen".
[563] https://de.wikipedia.org. – Kosovokrieg. https://de.wikipedia.org. – Kosovo. https://de.wikipedia.org. – Geschichte des Kosovo.
[564] https://de.wikipedia.org. – Kosovokrieg. https://tr.wikipedia.org. – Kosova Savaşı.
[565] Vgl. Reinhardt „KFOR Streitkräfte für den Frieden" S. 549.

Die Republik Kosovo

(Quelle: https://de.wikipedia.org. – Kosovo)

(Quelle: https://de.wikipedia.org. – Insignia NATO Army KFOR.svg)

Der deutsche NATO Befehlshaber General Klaus Reinhardt besuchte das türkische Bataillon am 31.10.1999 im Raum Dragash, welches der von Deutschland geführten MNB(S) (Multi National Brigade South) unterstand, und urteilt:

„Die türkischen Soldaten machen einen erstklassigen Eindruck. Sie sind sehr diszipliniert und mit modernsten Einrichtungen hervorragend ausgerüstet."[566]

---

[566] Vgl. Reinhardt „KFOR Streitkräfte für den Frieden" S.163.

241

Die Türkei fühlt sich aus historischen und religiösen Gründen mit dem Kosovo/Kosova verbunden,[567] zumal die Region seit der Schlacht auf dem Amselfeld 1389 unter die Abhängigkeit vom Osmanischen Reich kam, ab 1455 zu ihm zugehörte und 1878 an die Donaumonarchie Österreich-Ungarn abgetreten werden musste.

Die Türkei beteiligt sich weiterhin an einem neu strukturierten KFOR Kontingent in Bataillonsstärke in einer „Battle Group", der „Multi National Battlegroup East" (MNBG-E). Der türkische Oberst Mustafa İhsan Tavazar führt seit 2016 aus Prizren heraus das „Joint Regional Detachment South" (JRD-S) und zgl. alle türkischen Truppen im Kosovo. Zum Detachment gehören derzeit Österreicher, Polen, Schweizer und US-Amerikaner. Hauptaufgabe ist nicht der Kampf, sondern die Überwachung der Lage durch „Liaison und Monitoring Teams" (LMT).[568]

Auf dem Balkan fanden nach dem Tod von Broz Tito und dem Zerfall Jugoslawiens noch weitere Kriege statt, überwiegend Bürgerkriege, die hier nicht weiter behandelt werden. U. a. Datei vermittelt einen Überblick.[569]

Die Aufmerksamkeit sei nunmehr gelenkt auf den andauernden internationalen Krisenherd Afghanistan, wo sich die Türkei bereits seit vielen Jahren engagiert. Hier geht es auch um die Unterstützung von muslimischen Glaubensbrüdern, da die Masse der afghanischen Bevölkerung ebenso aus hanafitischen Sunniten besteht.

Als unmittelbare Folge des Anschlags auf das World Trade Center am 11.09.2001 marschierten die US-Amerikaner in Afghanistan ein, weil dort der Drahtzieher von Al Qaida, der Saudi Osama Bin Laden, mit den radikal islamistischen Taliban kooperierte.[570] Bin Laden hatte bereits 1984 ein Büro in Peschawar (Pakistan) eröffnet. Er wurde im Mai 2011 von den Amerikanern in Pakistan gestellt und erschossen. Die Taliban hatten seit Abzug der Russen 1989 mit Besetzung der

---

[567] https://tr.wikipedia.org. – Kosova Türkleri.

[568] https://jfcnaples.nato.int/kfor/-NATO KFOR Home. https://de. Wikipedia.org.–KFOR.
https://tr.wikipedia.org. – KFOR.
https://tr.wikipedia.org. – Kosova Güvenlik Gücü.

[569] https://de.wikipedia.org. – Jugoslawienkriege.

[570] https://de.wikipedia.org. – Afghanistan. https://de.wikipedia.org. – Al-Qaida. https://de.wikipedia.org. – Taliban. https://de.wikipedia.org. – Osama bin Laden.

Stadt Kandahar 1994 zunehmend die Macht in Afghanistan übernommen, am 02.09.1996 Kabul besetzt und ein Terrorregime ausgeübt.

Afghanistan

(Quelle:https://de.wikipedia.org.

(Quelle: https://commons.wikimedia.org. (Quelle:https://commons.wikimedia.
– ISAF Logo.svg) org. – Resolute Support.svg)

Am 07.10.2001 begannen die Amerikaner die nationale „Operation Enduring Freedom" (OEF),[571] die in verschiedenen Weltregionen als Kampf gegen den Terror konzipiert war. In Afghanistan verlief diese Großoperation zeitlich und örtlich parallel zu einer ab 22.12.2001 von der NATO geführten Operation unter Stationierung der „International Security Assistance Force" (ISAF). Der NATO-Rat hatte am 12.09.2001 erstmals den Bündnisfall nach Art V ausgerufen.[572]

Beide Operationen wurden im Juni 2008 unter Führung eines US-Generals zusammengelegt. Der ISAF-Einsatz folgte der UN-Resolution 1386 und war ein friedenserzwingender Einsatz. Schon im November 2001 war Kabul wieder von den Taliban befreit, andere Landesteile folgten.

Die ersten drei ISAF Operationen wurden noch nach dem „Lead Nation Prinzip" geführt, also unter einem nationalen Befehlshaber in Kabul, der einem NATO-Befehlshaber unterstand. Ab ISAF IV vom 11.08.2003 erfolgte ein Übergang in eine reine NATO Struktur mit einem NATO-Befehlshaber vor Ort. Hierbei sollte nicht verkannt werden, dass jeder NATO-Kommandeur weiterhin an der Nabelschnur seines Heimatlandes hängt. Diese Art Doppelunterstellung ist aber seit vielen Jahren Praxis und für die Kommandeure sowie ihre Truppen mit einer klaren Terminologie geregelt.

Die stationierten ausländischen Truppen aus ca. 50 Ländern, also auch von Nicht-NATO Staaten, erreichten gegen 2010 einen maximalen Umfang von ca. 131.000, während Afghanistan eigene Landstreitkräfte von ca. 170.000 Mann stellen konnte, ergänzt um ca. 135.000 Polizisten. Sehr bald hatten sich die ausländische Truppenstärke und die Anzahl der Nationen bis zur Beendigung von ISAF Ende 2014 deutlich verringert. Zusätzlich halten sich bis heute viele zivile ausländische Kräfte und Organisationen im Lande auf, um den Wiederaufbau des Landes voran zu bringen.

Im Falle der Türkei erfolgte die erste Gestellung eines nationalen türkischen Befehlshabers mit ISAF II vom Juni 2002-Februar 2003 unter General Hilmi Akın Zorlu.[573] Ihm unterstanden außer den Truppen

---

[571] https://de.wikipedia.org. – Operation Enduring Freedom.
[572] https://de.wikipedia.org. – Bündnisfall.
[573] https://de.wikipedia.org. – International Security Assistance Force.
https://tr.wikipedia.org. – Uluslarası Güvenlik Destek Gücü.

der anderen teilnehmenden Nationen auch die ca. 1.800 türkischen Soldaten, die hauptsächlich im Raum Kabul eingesetzt waren, u. a. zum Schutz des Flughafens. Der Umfang türkischer Truppen verminderte sich dann im Gleichklang mit Reduzierungen der anderen Nationen auf ca. 360 Mann in 2014.

Der erste türkische NATO-Befehlshaber war der General Ethem Erdağı, der KG (Kommandierende General) des NATO-Korpsstabes in Istanbul (NRDC-T = NATO Rapid Deployment Corps-Turkey).[574] Er hat die Masse des NATO Personals seines Stabes aus İstanbul mitgenommen und sich in die vorgegebene Struktur des NATO-HQ in Kabul eingefügt. Zusätzlich benötigtes Material wurde aus der Türkei mitgeführt.

Die letzten ISAF Kontingente standen unter US-Führung, bis am 31.12.2014 ISAF überging in die Unterstützungs-Mission „Resolute Support" (RS).[575] Zur ursprünglichen und noch anhaltenden Bedrohung durch die Taliban kam die o. a. weltweit operierende Terrororganisation Al Qaida hinzu. Seit 2015 operiert mit dem o. a. sog. „Islamischen Staat" (IS) eine 3. terroristische länderüber-greifende Organisation mit bisherigem Schwerpunkt im Irak und in Syrien, hier nun aus dem Grenzgebiet zu Pakistan heraus.

Resolute Support unter Führung der NATO mit 40 Staaten, dabei auch Nicht-NATO Staaten, hat seit Beginn 2015 einen reinen Ausbildungs- und Unterstützungsauftrag, um die afghanischen Sicherheitskräfte in einen modernen Stand zu versetzen. Mit einer Stärke von ca. 20.000 Mann - aufgewachsen durch jüngste US-Verstärkungen in 2017 wegen zunehmender Bedrohungslage -, sind die Ausbilder in verschiedenen Regionen eingesetzt. Sie bilden Land- und Luftstreitkräfte der afghanischen Armee sowie die Polizei aus.

---

https://tr.wikipedia.org. – Afganistan Savaşı (2001-2014).

https://de.wikipedia.org. – Krieg in Afghanistan seit 2001.

[574] Der Autor hat 2002-2005 in dieser NATO Dienststelle in İstanbul gedient. Sie umfasst bereits im Frieden neben dem Stab ein türkisches Versorgungs- und ein Fernmelderegiment mit einer Gesamtstärke von ca. 2.500 Mann. Im Krieg können Divisionen verschiedener NATO Staaten unterstellt werden. Der NATO unterstehen schon im Frieden verschiedene Korpsstäbe ähnlicher Art, die zumeist überwiegend von einer „Lead Nation" alimentiert werden.

[575] https://de.wikipedia.org. – Resolute Support. http://www.rs.nato.int/Resolute Support Mission.

Die Türkei beteiligt sich nunmehr zum dritten Mal an RS durch Führung des Kommandos TAAC Capital (Train Advise Assist Command, Hauptstadt) im Raum Kabul an der Ausbildung des Heeres und der Polizei. Die Kommandeure waren bisher die Generäle Şafak Gök, Şener Topuç und Ayhan Saygın.

Gleichzeitig unterstützt die Türkei das TAAC North unter deutscher Führung im Raum Masar-e Scharif in gleicher Weise mit einer Gesamtstärke von ca. 660 Mann mit Stand Mai 2017. Ein Ende der Mission ist derzeit nicht absehbar.

Das größte sicherheitspolitische Problem für die Republik Türkei seit ihrer Gründung 1923 und damit für ihre Sicherheitsdienste sind jedoch nicht die Militärputsche und Putschversuche bis 2016, auch nicht verlustreiche Auslandseinsätze, sondern das Unterbinden der Autonomiebestrebungen von Kurdengruppierungen[576] bzw. der Kampf gegen den bewaffneten Arm der PKK im Inland sowie gegen die PKK und ihre Schwesterorganisationen im benachbarten Ausland. Der Kern der Problematik ist seit langer Zeit das Streben der Kurden nach Autonomie in der Türkei, dem Iran[577], dem Irak[578] und Syrien[579], ggf. auch länderübergreifend in einen eigenen Staat mündend. Der Anteil der Kurden in der Türkei wird auf ca. 20 % geschätzt, der kurdische Anteil in Syrien auf 10 %. Weiter kompliziert wird die Situation durch interne politische Umwälzungen in den Nachbarländern Irak und Syrien[580] sowie dem internationalen Terrorismus, vor allem des sog. IS.

Aus Sicht des Autors kann diese Gesamtproblematik jedoch nicht von den Sicherheitskräften allein gelöst werden; der Kern der Lösung kann nur ein politischer sein unter Einbeziehung der Nachbarstaaten, der Großmächte und der UN. Auch die Errichtung von Mauern an der 144 km langen Grenze zum Iran mit stationären Überwachungsballons[581] und der 828 km langen Grenze zu Syrien wird die rebelli-

---

[576] https://de.wikipedia.org. – Kurden in der Türkei.
[577] https://de.wikipedia.org. – Mahabad.
[578] https://de.wikipedia.org. – Autonome Region Kurdistan.
[579] http://www.hurriyetdailynews.com. – „Syria Kurds will declare self-rule in all Kurdish regions within a week" vom 23.01.2014.
[580] https://de.wikipedia.org. – Bürgerkrieg in Syrien.
[581] http://www.hurriyetdailynews.com. vom 24.07.2015 „Turkey to fly surveillance balloons, build new fence and moat for border security".

schen Kurden vor grenzüberschreitenden Aktionen nicht abhalten.[582] Mit Gesetz Nr. 3497 mit Stand vom 25.04.2013 § 2 wurde das Heer schon verpflichtet, die Grenzsicherungsaufgaben von der Jandarma zu übernehmen:

„Kara sınırlarını korumak ve güvenliğini sağlamak görevi Kara Kuvvetleri Komutanlığına ait olup, bü görev sınır birliklerince; …". („Im Hinblick auf den Schutz der Landesgrenzen und Gewährleistung ihrer Sicherheit umfasst diese Aufgabe an der Grenze für das Kommando der Landstreitkräfte Folgendes; …". Übersetzung des Verfassers).

Während des Wechsels verpflichtet der Übergangsparagraph 2 des Gesetzes Jandarma und Armee zur Zusammenarbeit. Damit wird der Armee bei Entlastungen an anderer Stelle eine neue Aufgabe zugewiesen. Diese wird auch aufgeführt auf der Homepage des Generalstabes mit Stand 10.06.2017 unter Aufgaben, Absatz f.[583]

Die wichtigsten Sicherheitskräfte, die der Türkei zur Verfügung stehen, sind die Armee mit den drei Teilstreitkräften, außerdem die Jandarma, die Küstenwache, die Polizei, die Geheimdienste[584] und das System der seit 1985 rekrutierten paramilitärischen Dorfschützer (*Koruculuk Sistemi*). Die ursprünglich mit dem Gesetz 442 (*Köy Kanunu - Dorfgesetz*) aus 1924 begründeten und 1985 aufgestellten bewaffneten Kräfte erreichten 2002 einen Umfang von 95.000 Mann, während bis dahin ca. 3.000 Dörfer und über 380.000 Kurden evakuiert worden waren. 2015 soll der Umfang der freiwilligen (*Gönüllü*) und überwiegend bezahlten (*Maaşlı*) temporären (*Geçici*) Dorfschützer auf 57.000 gesunken sein. Sie sind in ca. 35 von 81 Provinzen der Türkei eingesetzt und unterstehen dem Innenminister, wobei die örtlichen Behörden und die Jandarma kooperieren. Früher war auch der Gene-

---

[582] http://www.t-online.de vom 02.06.2017 Erdogan: mauern an tuerkischen grenzen bauen. http://www.hürriyetdailynews.com. vom 10.08.2017 Turkey starts building security wall on Iran border.
http://www.hurriyetdailynews.com. vom 23.09.2017 Turkey-Syria border wall to be completed by end of September.
[583] http://www.tsk.tr/TskHakkinda/TskGörevi Türk Silahlı Kuvvetleri Genelkurmay Başkanlığı.
[584] Der wichtigste Geheimdienst MIT – *Milli İstihbarat Teşkilatı* untersteht dem Staatspräsidenten. Er hat auch Zuständigkeiten für die Aufklärung im Inland. http://www.hurriyetdailynews.com. vom 26.08.2017 - New turkish state of emergency decrees ties intelligence agency to president.

ralstab eingebunden hinsichtlich Ausbildung der Dorfschützer und ihrer Unterstellung. [585]

Der Fokus der Betrachtung soll hier jedoch bei der Armee bleiben und ihrer Rolle bei der Bekämpfung der PKK (*Partiyen Karkeren Kurdistane* = *Arbeiterpartei Kurdistans*) und ihrer „Volksverteidigungskräfte", [586] im Inland und benachbarten Ausland. In Deutschland wird dabei im allgemeinen Sprachgebrauch nicht mehr unterschieden zwischen der Partei PKK und ihren

---

[585] https://de.wikipedia.org. – Dorfschützersystem. Vgl. Ünal „Counterterrorism in Turkey" S. 51 ff.

[586] https://de.wikipedia.org. – Arbeiterpartei Kurdistans. https://de.wikipedia.org. – Hezen Parastina Gel. https://de.wikipedia.org. – Geschichte der Arbeiterpartei Kurdistans.

Siedlungsgebiete der Kurden

(Quelle: https://commons.wikimedia.org.- Kurdish inhabited area by CIA (2002)

Kämpfern; man spricht nur vom Kampf gegen die PKK. Der deutsche Verfassungsschutz hat 1993 namentlich die PKK als terroristische Organisation eingestuft und verboten.[587]

Auch in der Türkei spricht man allgemein vom Kampf gegen die PKK seit 1978[588] und unterscheidet nicht mehr zwischen der Partei und ihrem militärischen Arm. In den Terrorismusvorwurf werden fallweise selbst einbezogen einzelne Mitglieder der im Parlament vertretenen kurdisch-orientierten Partei HDP (*Halkların Demokratik Partisi - Demokratische Volkspartei*).[589] Auch gibt es im aktuellen offiziellen türkischen Sprachgebrauch nicht den Begriff „Kurdistan", der nur aus Übersetzungsgründen aus dem Kurdischen genannt werden muss.

Die türkischen Darstellungen über die Thematik sind äußerst umfangreich und detailliert. Sie beschreiben die zahlreichen Namensänderungen der Organisationen, nennen die Unter- und Schwesterorganisati-

---

[587] Vgl. Bundesamt für Verfassungsschutz „Die Arbeiterpartei Kurdistans (PKK)."
[588] https://tr.wikipedia.org. – Türkiye-PKK çatışması.
[589] https://tr.wikipedia.org. – Halkların Demokratik Partisi.

onen im In- und Ausland, listen die Aktionen der PKK.[590] Zahlreiche Internet Dateien geben trotz mitunter tendenziöser und lückenhafter Darstellungen einen Überblick, ergänzend dazu auch die im Literaturverzeichnis exemplarisch genannten Veröffentlichungen. Die folgende kurze Darstellung versucht jedoch, die komplexe politisch-militärische Situation für den Leser zu vereinfachen und dabei die türkische Armee nicht aus dem Blickpunkt zu verlieren.

Die PKK wurde 1978 gegründet unter ihrem Führer Abdullah Öcalan in der Provinz Diyarbakır.[591] Nach dem Militärputsch in der Türkei von 1980 und der Verhaftung von PKK-Anhängern floh Öcalan nach Damaskus, von wo aus er die Ausbildung seiner geflohenen Kämpfer in der Bekaa-Ebene[592] im Libanon steuerte. Aus dieser Region sollte der Kampf mithilfe Guerillataktik 1984 wieder in die Türkei getragen werden. Der aus Sicht der Türkei inakzeptable Zustand und die damit verbundene bilaterale Krise mit Syrien wurde 1999 mit dem Adana-Abkommen[593] beigelegt, welches allerdings Spannungen der jüngsten Zeit nicht verhindern konnten, auch nicht mit den USA. Diese teilen z. B. die Ansicht der Türkei beim Kampf gegen die Kurden in Syrien nicht. Heute richtet sich der türkische Kampf in Nordsyrien gegen die kurdische YPG als militärischer Arm der PYD.[594]

1999 wurde Öcalan - nach einer ersten Festnahme wegen einer Flugblattverteilaktion in 1972 - erneut verhaftet und zum Tode verurteilt, 2003 jedoch mit Abschaffung der Todesstrafe nachträglich zu lebenslanger Haft. Öcalan bleibt bis heute der heimliche Führer der PKK und kommuniziert mit seinen Anhängern.

---

[590] https://tr.wikipedia.org. – PKK saldırıları ve çatışmaları kronolojisi.
[591] https://de.wikipedia.org. – Abdullah Öcalan.
[592] https://de.wikipedia.org. – Bekaa Ebene.
[593] Vgl. Brauns & Kiechle „PKK".
[594] https://de.wikipedia.org. - Volksverteidigungseinheiten.
„Yekîneyen Parastina Gel" (YPG) - Volksverteidigungseinheiten.
https://de.wikipedia.org. – Partiya Yekitiya Demokrat. „Partei der Demokratischen Union".

Die PKK kooperiert unter einem Dachverband, der zumeist in den Kandilbergen[595] im Nordosten des Iraks tagt, mit den Schwesterparteien PCDK im Irak, der PYD in Syrien und der PJAK im Iran.

Der bewaffnete Kampf der PKK wird zuweilen als der fünfte große Kurdenaufstand bezeichnet, beginnend mit dem Koçgiri Aufstand 1920/1921. Aber in Wirklichkeit übertrifft der noch andauernde Bürgerkrieg im Inland alle bisherigen Dimensionen hinsichtlich der Zeitdauer und der Opfer. Der Bürgerkrieg begann seitens der PKK schon bald nach ihrer Gründung gegen andere Gruppierungen und Obrigkeiten, 1984 jedoch auch offen gegen die Sicherheitskräfte der Türkei. Trotz wiederholter Waffenstillstände und Unterbrechungen dauert der blutige Kampf weiter an und hat bisher Tausende von Opfern auf beiden Seiten gefordert. Zahlreiche Maßnahmen wie die Verhängung von Ausnahmezuständen, die Einrichtung von Sicherheitszonen und Sperrgebieten, zahlreiche Zwangsumsiedlungen von Kurden incl. kompletter Räumungen von Dörfern mit dortiger Stationierung von Dorfschützern schufen eher weitere Spannungen, lösten aber nicht das Problem.[596]

Nach der zweiten Verhaftung Öcalans zogen sich die meisten PKK-Kämpfer in der Größenordnung von einigen Tausend nach Nordirak zurück, von wo aus sie operieren, aber wo sie auch von der türkischen Armee bekämpft werden. Diese grenzüberschreitenden Aktionen der Armee in den Nordirak mit Land- und Luftstreitkräften finden seit 1984 statt mit ca. 400 getöteten türkischen Soldaten und ca. 14.000 getöteten PKK „Militanten" (*Militanlar*).[597] Die Operationen hatten eine Dauer von einem Tag (z. B. Luftangriffe) bis zu mehreren Monaten (z. B. mit Landstreitkräften). Nach u. a. Quelle wurden bis 2008 allein 25 Angriffe durchgeführt, wobei ein großer Angriff in 2008 ca. 10.000 Soldaten umfasste.[598]

---

[595] https://de.wikipedia.org. – Kandil-Berge. Diese liegen im Nordosten des Irak parallel zur iranischen Grenze zwischen den beiden ZAB-Flüssen nordostwärts von Arbil/Erbil.

[596] https://de.wikipedia.org. – Dorfschützersystem.

[597] https://tr.wikipedia.org. – Türk Silahlı Kuvvetleri Kuzey Irak'ta yaptığı operasyonlar listesi.

[598] https://de.wikipedia.org. – Konflikt zwischen der Republik Türkei und der PKK.

Bemerkenswert ist der hohe Anteil der Frauen unter den kurdischen Kämpfern, auch Ergebnis einer geschickten PKK-Propaganda im Rahmen der angeblichen Emanzipation der Frau.

Zuweilen wurden grenzüberschreitende Aktionen der Türkei nach Syrien seit 2015[599] oder in den Nordirak[600] begründet mit der Schutzbedürftigkeit von ortsansässigen sunnitischen Turkmenen (*Öz Kardeş* - untrennbare Brüder). Sie sind zum großen Teil verbliebene Volksgruppen nach dem Zusammenbruch des Osmanischen Reiches 1923, die auch im Rahmen der Kriege im Irak und Syrien neben Millionen anderer Syrer z. T. Schutz in der Türkei gesucht hatten.[601]

Eine größere Operation der türkischen Armee mit ca. 3.000 Mann nach Nordsyrien erfolgte im Zeitraum August 2016-März 2017 unter der Bezeichnung „Operation Euphrat Schutzschild" (*Fırat Kalkanı Operasyonu*)[602] mit dem Hauptziel der Verhinderung eines durchgehend kurdischen Korridors bzw. Versorgungsgürtels entlang der Grenze. Die Operation wurde wieder mit Art. 51 der UN-Charta begründet und erfolgte in Kooperation mit anderen Truppen im Raum Manbidsch,[603] u. a. unter Einsatz vom Kampfpanzern Leopard, Artillerie und der Luftwaffe. Die Zahl türkischer Gefallener betrug 70.[604] Eine türkische Folgeoperation in den Raum um Idlib südwestlich Aleppo mit Unterstützung von Russland und dem Iran hat am 08.10.2017 begonnen. Es geht dabei auch um die Einrichtung von sog. „Deeskalationszonen" und „Beobachtungsstellen".[605]

Bei Operationen innerhalb der Türkei waren auf staatlicher Seite zahlreiche Opfer zu beklagen: In der Armee einschließlich der Jandarma,

---

[599] Bereits im Oktober 2012 hatte das Parlament grenzüberschreitende Operationen nach Syrien gebilligt, dies aber von Forderungen an die USA und die NATO abhängig gemacht. http://www.hurriyet dailynews. Vom 04.10.2012., 28.08.2013 und 10.09.2014. De facto begannen die Operationen erst 2015.

[600] Ein weiterer Grund war die Abhaltung des Referendums in der Autonomen Region Kurdistan am 25.09.2017.

[601] https://de.wikipedia.org. – Turkmenen (Irak).
https://de.wikipedia.org. – Turkmenen (Syrien). https://tr.wikipedia.org. – Irak İç Savaşı (2014 – günümüz).

[602] https://tr.wikipedia.org. – Fırat Kalkanı Operasyonu.

[603] https://de.wikipedia.org. – Manbidsch.

[604] https://de.wikipedia.org. – Türkische Militäroffensive in Nordsyrien.

[605] http://www.hurriyetdailynews.com vom 17.10.2017 – Turkey deploys troops in northern Idlib.

bei der Polizei, bei den Dorfschützern und in der Zivilbevölkerung, natürlich auch bei den „Militanten". Ünal[606] beziffert die Zahl der Toten von 1984 bis 2012 insgesamt auf ca. 35.650, davon 25.000 bei den Terroristen, 5.850 bei den türkischen Sicherheitskräften und 4.800 bei der Zivilbevölkerung. Er sieht vor allem religiöse und nationale Motive beim Kampf der PKK, auch als Gegengewicht zum Säkularismus und im korrespondierenden Gleichschritt zum türkischen Nationalismus. Erdoğan sieht in der PKK eine gleich große Bedrohung wie durch den sog. IS. Er hat deshalb in jüngster Zeit den Kampf gegen die PKK intensiviert.[607]

Die Gesamtbilanz der bisher beschriebenen langen Periode seit ca. 1950 im Sinne unserer Eingangsfragestellung zur türkischen Armee fällt sehr komplex und differenziert aus, weil die politischen Ereignisse turbulent waren. Die Armee folgte zwangsläufig den z. T. revolutionären und chaotischen Zuständen im Inland, während sie bei den Einsätzen im Ausland das gewohnt zuverlässige Bild abgab. Für den Soldaten ergab sich bei einem Putsch grundsätzlich die Frage nach dem Gehorsam und dem Inhalt seines soldatischen Eides *(Askerlik Andı)*. In ihm schwört er in der gültigen, vom Autor verkürzten Fassung:[608]

„Barışta ve savaşta, karada, denizde ve havada, her zaman ve her yerde milettime ve Cumhuriyetime doğruluk ve muhabetle hizmet ve kanunlara ve nizamlara ve amirlerime itaat edeceğime ve ...ant içerim."

(„Ich gelobe, im Frieden wie im Krieg, auf dem Lande, zu Wasser und in der Luft, jederzeit und an jedem Ort meiner Nation und meinem Staat mit Aufrichtigkeit und Zuneigung, gehorsam gegenüber den Gesetzen, Vorschriften und meinen Vorgesetzen, zu dienen ...". Übersetzung des Verfassers).

Diese Fassung des Eides lässt etwas im Unklaren, wem genau gegenüber der Soldat im Zweifelsfall gehorsam zu sein hat. Der gebildete Soldat sollte wissen, dass das Parlament für ihn die entscheidende Instanz ist und nicht übergangen werden kann, Sonderfälle ausgenommen, die in der Verfassung vorgesehen sind. Nur wie verhält er sich, wenn das Parlament noch schweigt, der Vorgesetzte ihm aber

---

[606] Vgl. Ünal „Counterterrorism in Turkey" S. 4.

[607] https://de.wikipedia.org. – Türkische Offensive gegen die PKK seit 2015.

[608] https://tr.wikipedia.org. – And. Vgl. Gesetz Nr. 211 § 37.

einen Befehl erteilt, dessen Putsch-Charakter er zunächst gar nicht erkennen kann. Handelt es sich beim Ausrücken aus der Kaserne mit Gefechtsfahrzeugen um eine Übung oder z. B. um einen echten legitimierten Einsatz zum Schutz einer wichtigen Einrichtung? Wie soll sich der Soldat gegenüber der Zivilbevölkerung verhalten, wenn diese ihn an der Durchführung des Auftrages hindert? Wie sieht es aus, wenn Befehle erkennbar gegen Gesetze verstoßen? Was hat Vorrang? Schließlich befürchtet der Soldat, bei Nichtausführung des Befehls anschließend hart bestraft zu werden. Anders verhält sich die Situation, wenn ein Pilot den Auftrag bekommt, das Parlamentsgebäude zu bombardieren. Hier gibt es keinen Zweifel.

Natürlich ist die hier beschriebene Gehorsamsproblematik kein spezifisch türkisches Problem; jedoch tauchte es in der jüngeren türkischen Geschichte eben häufig auf und war mit vielen Opfern verbunden.

Der einfache Soldat, die niedrigeren Dienstgrade werden die Gesamtlage zunächst kaum einschätzen können, werden sich also im Zweifelsfall an die Weisungen ihrer Vorgesetzten halten. Schließlich ist das Vertrauen in die Rechtmäßigkeit der Befehle der Vorgesetzten eine wichtige Grundlage der Gehorsamspflicht.

Somit könnte für den hier behandelten Zeitabschnitt vielleicht folgende Bilanz gezogen werden:

- Der Auftrag der Armee, vom Parlament und per Gesetz bestimmt, war grundsätzlich unverändert gültig, für Einsätze im Inland wie Ausland. Parlament und Regierung blieben nämlich weitgehend intakt. War aber die Armeeführung oder eine Untergruppierung der Meinung, dass ein Fall nach o. a. Gesetz § 35 eingetreten sei, wo es im kemalistischen Sinne um den „Schutz der Republik" ging - hier nicht territorial gemeint - und dass die Situation nur über eine militärische gewalttätige oder gewaltlose Intervention mit Androhung von Gewalt zu meistern sei, hat in diesem Fall die Armee im Sinne ihres verstandenen Auftrages gehandelt, gewünschte politische Verhältnisse wieder hergestellt und im Einzelfall noch nachträgliche Billigung durch ein Verfassungsreferendum erfahren.

- Das Verhältnis zwischen Armee und Politik war, was die Aktionen im Inland anbelangt, mehrfach schwer gestört; die Armee stand wiederholt in einem schweren Loyalitätskonflikt. Von gleichen Loyalitäts- oder Gewissenskonflikten bei Auslandseinsätzen wurde nichts bekannt, auch nicht von den Einsätzen gegen terroristische kurdische Landsleute in den Kandilbergen. Sie wird es in dieser Wehrpflichtarmee sicherlich gegeben haben, wenn Kurden gegen Kurden kämpfen mussten.

- Im Verhältnis der Armee zur Religion waren politische Phasen der Distanzierung von einem strengen Laizismus schon bald feststellbar, zunehmend ab 2002 mit Übernahme der Regierungsgewalt durch die AKP. Politische Mehrheiten und Gesinnungen spiegeln sich letztlich in einer Wehrpflichtarmee wider, zunehmende Islamisierung ebenso.

- Der personelle Zustand der Armee war infolge der Wehrpflicht zahlenmäßig naturgemäß gut, während die Qualität gerade der Wehrpflichtigen eine unmittelbare Folge der zuvor erlangten Bildung und Ausbildung in Elternhaus und Schule oder Universität war und ist. Hinsichtlich des materiellen Zustands kann eine große Armee bei Knappheit der Haushaltsmittel nicht breitbandig modern sein; sie muss stufenweise nachrüsten. Die Fähigkeit, komplexe Systeme modernster Technologie im eigenen Lande herstellen zu können, fällt primär nicht in die Zuständigkeit der Armee. Ein Zukauf modernster Systeme bzw. die Koproduktion von Systemen mit anderen Staaten wird für die Türkei noch für längere Zeit erforderlich bleiben. Im NATO-Bündnis verfügen eigentlich nur die USA über die wünschenswerte rüstungstechnische Autarkie.

XII   Die Armee nach dem Putschversuch 2016

Der gescheiterte Putschversuch vom 16. Juli 2016 hat eine neue Dimension insofern offenbart, als hier erstmals primär die Gülen Bewegung[609] der Verursacher sein soll, unterstützt von Teilen der Sicherheitsdienste, des Beamtenapparates und der Zivilbevölkerung. Die u. a. aufgeführten Dateien mit Stand Juli/August 2017 geben hierzu einen ausführlichen Überblick.[610] Die nachfolgende Karte zeigt die Brennpunkte mit dem wahrscheinlichen Führungszentrum auf dem Akıncı Flugplatz (*Akıncı Hava Üssü*) bei Ankara, mittlerweile wieder umgetauft in die frühere Bezeichnung „*Mürted Hava Üssü*).[611]

(Quelle: https://de.wikipedia.org. – Putschversuch in der Türkei)

Die bis dahin unbekannte und verantwortliche zivil-militärische Gruppe nannte sich „Rat des Friedens" (*Yurtta Sulh Konseyi*"), mit ca. 38 Mitgliedern,[612] was wohl an den berühmten Ausspruch Atatürks erinnern sollte, der „*Yurtta Sulh - Cihanda Sulh*", also „Frieden zuhause und in der Welt" forderte. Aber „Friedensbewegte" bombardieren doch kein Parlament.

---

[609] Der Journalist Ahmet Şık hatte bereits 2011 ein Buch über die Gülen Bewegung geschrieben mit dem Titel „*Imam Ordusu*" (Die Armee des Imam).
[610] https://de.wikipedia.org. – Putschversuch in der Türkei 2016.
https://tr.wikipedia.org. – 2016 Türkiye askeri darbe girişimi.
[611] https://de.wikipedia.org. – Militärflugplatz Akıncı.
[612] https://tr.wikipedia.org. – Yurtta Sulh Konseyi.

Die Motive der militärischen Putschisten, die offensichtlich aus allen drei Teilstreikräften kamen, außerdem der Jandarma und der Polizei, waren offensichtlich verschiedenartig: Ein erneuter Bewahrungsversuch des laizistischen Kemalismus wie in früheren Putschen, aber ggf. auch Sympathie mit der Gülen Bewegung, vielleicht auch mit Zuvorkommen einer ohenhin drohenden Verhaftung in Abarbeitung der bestehenden „Schwarzen Listen"[613] durch die Regierung. Eine kemalistische Kern-Forderung ist ja das Funktionieren der Staatsform „Republik", somit keine Entwicklung hin zu einer gleichgeschalteten degenerierten Demokratie mit einem übermächtigen Alleinherrscher an der Spitze. Also waren wohl darunter Oppositionelle zu Erdoğan's Politik der Machtkonzentration. Vielleicht waren es auch mit ihrer bisherigen Karriere unzufriedene Personen, die bei Gelingen des Putsches ihre neue Chance sahen.

Augenscheinlich waren der Armeeführung, dem Geheimdienst MIT *(Milli İstihbarat Teşkilâtı)*, dem Militärischen Nationalen Sicherheitsrat MGK und der Regierung die Umtriebe seit Wochen grundsätzlich bekannt, konkret aber erst Stunden vor dem Putsch. Diesen hatten die Putschisten noch kurzfristig auf den Abend des 15.07.2016 vorverlegt und dabei selbst den Ablauf erheblich gestört. Es muss festgestellt werden, dass der Generalstabschef Hulusi Akar[614] vom Staatspräsidenten nicht abgelöst wurde. Akar, der nach Verhaftung erst befreit werden musste, sagte am 30.05.2017, dass sie alle überrascht gewesen seien, dass „diese Organisation" das Wagnis des Putsches tatsächlich eingegangen sei, der mindestens 248 Tote auf Seite des Verteidigers und 58 auf Seite des Angreifers verursachte.[615] Vielmehr ist Akar danach in der Sitzung des Hohen Militärrats YAŞ im August 2017 noch einmal im Amt bestätigt worden.[616] Auch der Geheimdienstchef Hakan Fidan[617] blieb im Amt. Der Staatspräsident in

---

[613] Vgl. Daily Sabah vom 12.07.2017.
[614] https://tr.wikipedia.org. – Hulusi Akar.
[615] http://www.hurriyetdailynews.com. vom 30.05.2017.
[616] Der Autor hatte die Gelegenheit, General Ulusi Akar, damals noch als Generalleutnant KG des NRDC-T bzw. III. Korps in Istanbul, 2011 bei einem abendlichen Tischgespräch kennenzulernen. Er hinterliess einen sehr seriösen Eindruck. Türkische Tischnachbarn, die ihn schon kannten, hatten in seiner kurzen Abwesenheit berichtet, dass er ein „sehr unpolitischer General" sei.
[617] https://de.wikipedia.org. – Hakan Fidan.

Marmaris wurde gerade noch rechtzeitig gewarnt, der Flug nach İstanbul unversehrt überstanden. Die Medien ermöglichten ihm eine sofortige Ansprache, die bei der Bevölkerung auf fruchtbaren Boden fiel. Angeblich unterstützten ihn ca. 80 % der Imame durch Aufrufe, an der Spitze der Leiter der Religions-behörde *Diyanet İşleri Başkanlığı*, Prof. Dr. Mehmet Görmez. Der Unverwundbarkeits-Mythos von Erdoğan wurde somit gestärkt.

Am 20.07.2016 wurde der Ausnahmezustand erklärt, der mittlerweile mehrfach verlängert wurde und der Staatsführung erweiterte Befugnisse einräumt.

Die o. a. deutschsprachige Datei erwähnt als Momentaufnahme ca. 8.000 Verdächtige der Armee, darunter ca. 1/3 der Generalität/Admiralität, sowie ca. 3.185 Entlassungen. Die türkisch-sprachige Datei erwähnt 9.865 Soldaten, darunter 83 Generale/Admirale und soldatische Schüler.[618] An der Spitze der beschuldigten Soldaten stehen die Vier-Sterne Generale Akın Öztürk und Adem Huduti.[619] Auch wenn die Zahlen und Verdächtigen sich noch verändern werden, muss dies doch zumindest als ein Aderlass in der allgemeinen Armeeführung betrachtet werden. Schlimmer aber noch wiegt der Vertrauensverlust der Armee in der Bevölkerung und bei den Politikern, was zu weiteren Entmachtungsschritten geführt hat und führen wird. Hierzu zählt die beabsichtigte Reduktion der Kompetenz des Generalstabes auf eine koordinierende Rolle für die Teilstreitkräfte bei ihrer Unterstellung unter den Verteidigungsminister. Das Gesetz Nr. 1324 mit Stand 09.11.2016 über die Aufgaben und Beziehungen des Generalstabes sagt bereits in § 2:

„Genelkurmay Başkanı, Millî Savunma Bakanlığının görevleri saklı kalmak kaydıyla; Silahlı Kuvvetlerinin savaşa hazırlanmasında personel, istihbarat, harekat,, teşkilatve eğitim hizmetlerine ait ilke ve öncelikler ile ana programları tespit eder." („Vorbehaltlich der Zugehörigkeit des Generalstabes zum Nationalen Verteidigungsministerium sind deren Aufgaben: Für die Streitkräfte in Vorbereitung auf einen Krieg Dienste zu leisten in den Bereichen Personal, Nachrichten, Operationen, Organisation und

---

[618] Nach Hurriyet Daily News vom 31.03.2017 wurden angeklagt 25 Generale und 250 Offiziere, darunter 25 F-16 Piloten.

[619] Öztürk war bis 2015 Befehlshaber der Luftstreitkräfte, Huduti Befehlshaber der 2. Armee in Malatya.

Ausbildung mithilfe erster und vorbereitender Hauptprogramme."
Übersetzung des Verfassers).

§ 8 des o.a. Gesetzes präzisiert:

„Genelkurmay Başkanı, orgeneral ve oramiraller arasında, Bakanlar Kurulu teklifi üzerine Cumhurbaşkanınca atanır." („Nach einem Vorschlag des Ministerrates wird der Generalstabschef mit den höchsten (Viersterne-) Generälen und Admirälen dem Staatspräsidenten unterstellt." Übersetzung des Verfassers).

Damit deutet sich folgende Entwicklung an: Die Teilstreitkräfte werden im Frieden dem Verteidigungsminister unterstellt, wie es auch in den westlichen Armeen der NATO üblich ist. Die bisherige direkte Unterstellung der Teilstreitkräfte unter den Generalstab im Frieden wird gelockert bzw. unterbunden, die Führungsspitzen dem Staatspräsidenten direkt zugeordnet. Dies ist zwar nicht sachgerecht, verringert aber die Putschgefahr, die von einem mächtigen Generalstab ausgehen könnte. Im Krieg jedoch kann die sachgerechte Ordnung wiederhergestellt werden, d. h. eine zentrale militärische Führung.

Im Zusammenhang damit ist seit 2017 zu sehen die nunmehrige Unterstellung des Geheimdienstes MIT unter den Staatspräsidenten[620] mit Befugnissen, selbst in den Verteidigungsbereich aufzuklären. Der MIT kann somit leichter eine Putschgefahr aus der Armee aufspüren, ausgehend von der Gülenbewegung oder einer anderen Gruppierung. Natürlich kann er auch rechtzeitig warnen und damit eine Schutzfunktion ausüben für gefährdete Personen.

Weitere Schritte der vereinfachten Gesetzgebungspraxis unter einem Ausnahmezustand (*Olağanüstü hal*) sind die Auflösung der Kadettenanstalten und Militärschulen/Militärakademien sowie ihre Überführung in ein neues System unter dem Verteidigungsminister.[621] Das Gesetz 4566 mit Stand 15.08.2017 bestimmt im § 3 Absatz d):

„Harp okulu: Kara Harp Okulu, Deniz Harp Okulu ve Hava Harp Okulu olup, Milli Savunma Bakanlığı kuruluşunda, Atatürk ilkerlerine bağlı ve askeri

---

[620] Gesetz 2937 mit Stand 15.08.2007 *Devlet İstihbarat Hizmetleri ve Milli İstihbarat Teşkilatı Kanunu.*

[621] Gesetz 926 „Türk Silahlı Kuvvetleri Personel Kanunu" § 3 Fußnote (1) unter Bezug auf das Ausnahmezustandsgesetz 681 KHK (Kanun Hükmünde Kararname) § 12 vom 02.01.2017. Vgl. Gesetz 1111 Askerlik Kanunu (Soldatengesetz) §13. Gesetz 4566 (Harp okulları kanunu – Gesetz über die Militärschulen).

değerleri haiz muvazzaf subay yetiştiren…eğitim ve öğretim, bilimsel araştırma, yayın ve danışmanlık yapan, bilimsel özerkliğe sahip bir yükseköğretim kurumudur." („Kriegsschule: Die Heereskriegsschule, die Marinekriegsschule und die Luftwaffenkriegsschule werden dem Verteidigungsministerium zugeordnet, um Berufsoffiziere auszubilden nach den Maximen Atatürks und militärischer Ethik… Es wird eine Organisation geschaffen zur Ausbildung und Erziehung, zur wissenschaftlichen Forschung, zur Verbreitung ihrer Ergebnisse und zur Auskunft/Beratung, zur Erlangung einer wissenschaftlichen Autonomie in der Hochschulausbildung." Übersetzung des Verfassers).

Mit dem Trostpflaster des Hinweises auf Atatürks Grundsätze werden damit der Armee weitere Kompetenzen entzogen, um den Geist und das Denken der Berufsoffiziere politisch zu beeinflussen. Im nicht zitierten Absatz c) des § 3 wird auch ein Verbund angedeutet mit den höchsten zivilen Lehranstalten. Konsequenterweise werden im Gesetz über die Hochschulausbildung (*Yükseköğretim kanunu*) Nr. 4566 im § 2 der Verteidigungsminister und der Innenminister verpflichtet, die Gesetzesgrundlage zu schaffen.

Die zuvor geachtete Armee verlor nicht nur Vertrauen in der Politik und der Bevölkerung, sondern auch bei den Soldaten. Vertrauen aber ist eine unbedingte Voraussetzung für soldatischen Gehorsam im Sinne des o. a. Eides und der Disziplin. Somit kommt den „Säuberungen" in der Armee und der juristischen Aufarbeitung hohe Bedeutung zu, um innere Stabilität wiederzugewinnen.

Dabei lässt die innere und äußere Lage aus Sicht der Türkei im Prinzip keine Schwächephase der Armee zu. Im Inneren ist beim Kurdenproblem und dem Kampf gegen die PKK kein Ende abzusehen. Eng verbunden damit ist der Kampf gegen die PKK im Nordirak und den militärischen Arm der PYD in Nordsyrien, die YPG. Eine Artikelserie vom Oktober 2014, obwohl schon leicht veraltet, gewährt ergänzende Einblicke.[622] Demnach wurde in Nordsyrien mit einem Kurdenanteil von ca. 15 % für Gesamtsyrien eine eigene kurdische Provinzregierung gebildet ähnlich der Autonomen Region Kurdistan (KRG) im Nordirak. In Syrien sollen ca. 50.000 Kurden der YPG zuzurechnen sein, rekrutiert aus einem Wehrpflichtsystem. Im Iran

---

[622] Vgl. Deutsch Türkisches Journal (DTJ) vom Okt. 2014: http://dtj-online- Nr. 38768, 38834, 39541.

mit einem Kurdenanteil von ca. 10 % verfügt die politische Organisation PJAK in ihrem militärischen Arm über 1.000-3.000 Kämpfer. Typisch für alle diese kurdischen Kampfeinheiten sind ihr hoher Frauenanteil und eigene Jugendabteilungen. Aus türkischer Sicht mag es erleichternd sein, dass die Kurden in den betroffenen vier Ländern, wie schon früher, viele unterschiedliche Gruppierungen bilden und nicht solidarisch als geschlossene Gruppe auftreten. Natürlich wird die weitere Entwicklung entscheidend mitbestimmt durch das zukünftige Verhalten der Nachbarstaaten Irak, Syrien und Iran sowie der Großmächte und internationalen Organisationen.

Eine Rundschau entlang der türkischen Grenze zeigt auf, dass derzeit nahezu nirgendwo eine entspannte politische Atmoshäre herrscht, mit Auswirkungen auf die geforderte Einsatzbereitschaft der Armee. Das Verhältnis zum Irak bleibt gespannt, feindlich jedoch zu Syrien. Nicht vergessen seitens der Türkei bleibt dabei der Abschuss ihres Aufklärungsflugzeuges vom Typ McDonnell F-4 vom 22.06.2012 vor der syrischen Küste, vermutlich mit einer von Russland entwickelten Flugabwehrrakete S-200.[623]

Das Verhältnis zum Iran hat sich in jüngster Zeit etwas entspannt. Beide Staaten unterstützen Katar gegen Boykottmaßnahmen anderer Staaten ab Juni 2017, auch hat Iran die Türkei moralisch unterstützt beim Putschversuch 2016, und der iranische Generalstabschef hat am 15.08.2017 seinen türkischen Kollegen getroffen, um die Situation im Antiterrorkampf zu besprechen.[624] Beide Staaten wollen einen Kurdenstaat verhindern. Jedoch gibt es weiterhin gewichtige Aspekte, die beide Staaten eher entzweien. Hier sind vor allem zu nennen die unterschiedlichen Positionen zu dem Präsidenten Bashar al-Assad in Syrien bzw. im syrischen Krieg, der Unterschied in der Religion und die sunnitische Nähe der Türkei zu Saudi Arabien als Widersacher Irans.

---

[623] https://de.wikipedia.org. - Abschuss einer McDonell F-4 der türkischen Luftstreitkräfte 2012. https://wikipedia.org. - Suriye İç Savaşı sırasında Suriye Türkiye sınırındaki çatışmalar.

[624] http://www.hurriyetdailynews.com. - vom 17.08.2017 Tehran, Ankara agree on sharing intel, operational cooperation on fight against terror.

Das türkische Verhältnis zu Katar wird sogar intensiviert durch dortige Stationierung türkischer Truppen und gemeinsame Übungen.[625] Damit ergeben sich neue Spannungen mit den boykottierenden Staaten.

Die Türkei wird sich auch in Somalia engagieren mit einem Stützpunkt zur Ausbildung von Kämpfern gegen den Terrorismus. Die Verlegung von ca. 300 Soldaten ist geplant. Damit würde eine weitere Lücke geschlossen bei der Bekämpfung des Terrors in den Ursprungsländern.[626]

Das Verhältnis zu Russland, traditionell im Rahmen der Mitgliedschaft der Türkei in der NATO („Südostpfeiler") angespannt, auch durch versteckte sowie indirekte russische Waffenlieferungen an die PKK mit SA-16 Schulter-Flugabwehrwaffen,[627] erreichte nicht nur durch das Syrienengagement Russlands einen weiteren Tiefpunkt, sondern besonders nach dem Abschuss einer russischen Suchoi Su-24 am 24.11.2015 durch eine türkische F-16.[628]

Mittlerweile hat sich allerdings trotz bestehender Boykottmaßnahmen das bilaterale Verhältnis zu Russland wieder etwas entspannt, parallel zu Verstimmungen der Türkei mit Partnern im Westen. Eine bilaterale Rüstungskooperation wurde intensiviert, wie z. B. mit dem Vertrag über die Beschaffung des russischen Flugabwehrsystems S-400.[629] Erdoğan sieht sogar die Möglichkeit einer Koproduktion. Damit werden auch wirtschaftliche Interessen der USA berührt, die gerade erst die Lieferung von militärischer Hochtechnologie an die Türkei gedrosselt hat. Zwar kann nicht davon ausgegangen werden, dass die

---

[625] http://www.hurriyetdailynews.com. - vom 05.08.2017 Turkey, Qatar to hold joint naval exercise. http://www.hurriyetdailynews.com. - vom 31.03.2016 Turkey military base in Qatar completed in two years.

[626] Vgl. FAZ vom 28.08.2017 - Afrikanische Spiele.

[627] http://www.hurriyetdailynews.com. - vom 12.05.2017 Russian Air Defense Missile found during PKK Operations in Turkey's Southeast.

[628] https://de.wikipedia.org. – Abschuss einer Suchoi Su-24 der russischen Luftwaffe 2015. https://tr.wikipedia.org. – Rus Sukhoi Su-24 uçağının düşürülmesi.

[629] http://www.t-online.de. – vom 01.08.2017 „Schwaecht die Türkei das NATO Bündnis?". http://hurriyetdailynews.com. vom 28.07.2017 „Russia agreed to transfer technology along with S-400 missile systems". http://t-online.de. – vom 03.06.2017 „Erdogan kauft Luftabwehrsystem von Russland". http://hurriyetdailynews.com. vom 25.07.2017 „Purchasing S-400 from Russia not worrying says Erdoğan".

Großmächte an die Türkei Waffensysteme liefern, die Einblick in die geheimsten Komponenten erlauben, vor allem den „Source Code" von Programmen, doch ist neben der atmosphärischen Verstimmung mit den USA und der NATO zu befürchten, dass die Interoperabilität der NATO-Systeme leidet bzw. die Russen „ihr System" bei Bedarf inaktiv schalten. Schließlich hatte die NATO noch 2012 Patriot-Abwehrraketen in die Nähe der syrischen Grenze verlegt. Die Gefahr einer Inaktivierung besteht grundsätzlich bei jedem System komplexer Technik, z. B. auch für die Satellitennavigationssysteme GPS (US) bzw. GLONASS (RUS).

Das Verhältnis der Türkei zu Armenien ist traditionell provisorisch und eher feindlich gestimmt, wird aber durch die Nähe Armeniens zu Russland auch von diesem Land mitbestimmt. Die Grenze zwischen der Türkei und Armenien ist weiterhin umstritten, das Klima wird immer noch beherrscht durch die Ereignisse im Ersten Weltkrieg und den diesbezüglichen Streit der Historiker; diplomatische Beziehungen bestehen nicht.

Im Streit um die seit 1993 von Armenien besetzte Enklave Nagorny Karabach/Bergkarabach steht die Türkei aufseiten Aserbaidschans. Das Gebiet hat sich unter dem namen ARTSAKH unabhängig erklärt, ist aber bisher von keinem anderen Staat anerkannt worden. Offiziell herrscht Waffenstillstand.

Mit dem nunmehr westlich orientierten Aserbaidschan unterhält die Türkei grundsätzlich gute Beziehungen, obwohl das Land mit 85 % eine überwiegend schiitische Bevölkerung hat, die ebenso dem Prinzip des Laizismus unterliegt.[630]

Seitdem Georgien 2008 mit Russland und der GUS (Gemeinschaft Unabhängiger Staaten) gebrochen hat und Anschluss an die NATO sowie die EU sucht, könnten auch die Beziehungen zur Türkei intensiviert werden. Gute Beispiele sind die gemeinsamen wirtschaftlichen Interessen beim Bau der Ölpipeline Baku-Ceyhan und der Eisenbahnverbindung Baku-Kars über Georgien.[631]

Das Verhältnis der Türkei zu Israel hatte einen Tiefpunkt erreicht mit dem Zwischenfall am 31.05.2010, als das türkische Schiff *Mavi Marmara* von der israelischen Marine geentert worden und 10 Tote zu

---

[630] http://de.wikipedia.org. – Aserbaidschan.
[631] https://de.wikipedia.org. – Außenpolitik Georgiens.

beklagen waren.[632] Erst mit der Entschuldigung des israelischen Ministerpräsidenten vom 22.03.2013 und der Zahlung einer Entschädigung haben sich die bilateralen Beziehungen wieder einigermaßen normalisiert. Immerhin bestand auch zwischen beiden Staaten seit langer Zeit eine Rüstungskooperation im Bereich der unbemannten Kleinflugzeuge/Drohnen/RPV (Remotely Piloted Vehicles) vom Typ Heron. Mittlerweile hat die Türkei eine eigene bewaffnete Drohne (İHA = İnsansız Hava Aracı = unbemanntes Fluggerät) vom Typ *Bayraktar* (Fahnenträger) national entwickelt, 2014 beschafft und ist damit erneut in die Dimension der Hochtechnologie vorgestoßen.[633]

Bekanntlich ist auch das Verhältnis der Türkei zu Ägypten angespannt, seitdem dort der Militärputsch am 03.07.2013 erfolgreich war und die Muslimbrüder das Nachsehen hatten. Erdoğan stand und steht auf ihrer Seite. Ägypten hatte den versuchten Militärputsch 2016 in der Türkei verfrüht gefeiert.[634] Der derzeitige Präsident und ehemalige General Fatah al Sisi hat seinerseits das eher säkular orientierte Militär im Rücken und pflegt gute Beziehungen zu den USA. Die Türkei hat mit Ägypten derzeit einen Verbündeten in der Region verloren.

---

[632] https://de.wikipedia.org. – Ship to Gaza Zwischenfall. https://tr.wikipedia.org. – Gazze filosu saldırısı.
[633] http://eurasianews.de. – vom 14.08.2017   Ankara nimmt erste bewaffnete Drohne in Betrieb, tuerkische bayraktar tb2.
[634] Vgl. Zeit ONLINE vom Juli 2016   Niemand spricht mehr von Freiheit.

Bewaffnete Drohne Bayraktar

(Quelle: http://eurasianews.de. vom 14.08.2018)

In der Betrachtung der Türkei-Nachbarstaaten muss auch das Verhältnis zum NATO-Partner Griechenland noch einmal angesprochen werden. Wie bereits dargestellt besteht eine lange Gegnerschaft, streckenweise auch Feindschaft, zwischen beiden Staaten, die immer wieder aufflammt. Zu den Langzeitproblemen gehören primär Zypern und die strittigen Grenzfragen in der Ägäis zu Wasser und in der Luft, verbunden mit der Frage der Ausdehnung von Hoheitsgewässern und wirtschaftlichen Interessen. Erst 1996 waren die zwei kleinen unbewohnten Inseln *Kardak/İkizce* (türk. Bezeichnungen) bzw. Imia/Limnia (griech. Bezeichnungen) Gegenstand eines Territorialstreits.[635] In jenem Jahr wäre es beinahe zu einem bewaffneten Konflikt gekommen. Bei einem Besuch dieser Felsen durch den türkischen Generalstabchef Akar am 29.01.2017 wurde alles wieder in Erinnerung gebracht, auch die Duldung von Öcalan durch Griechenland bis zu seiner Ergreifung 1999.

Nach dem Putschversuch 2016 geht es nun obendrein um die Auslieferung geflohener türkischer Putschisten, die vom griechischen Verfassungsgericht abgelehnt wurde.[636] Diese türkische Forderung trifft allerdings auch weitere Staaten wie Deutschland, die derzeit diese Personen aufgenommen haben und zudem schon lange dem Vorwurf ausgesetzt werden, den PKK Kämpfern Unterschlupf zu gewähren bzw. nicht nachdrücklich genug gerichtlich verfolgen zu lassen. Ein

---

[635] https://de.wikipedia.org. – Imia. https://tr.wikipedia.org. – Kardak Krizi.
[636] http://www.hurriyetdailynews. vom 27.02.2017 Turkish PM says Greece should not try Turkish patience, calls counterpart "spoiled child".

aktuelles Beispiel aus dem Bereich wirtschaftlicher Interessen, bei denen die Türkei für Nordzypern spricht, sind die Explorationsbohrungen der französischen Firma TOTAL und der italienischen ENI für Südzypern zu einem Zeitpunkt, an dem UN-Verhandlungen über die Zukunft Zyperns wieder scheiterten.[637]

Als Zwischenfazit ist somit festzustellen, dass die Türkei nicht nur infolge lfd. Operationen im Inland und Ausland militärisch gefordert bleibt, sondern auch mit militärischen Risiken in der Region konfrontiert ist, die jederzeit in militärische Operationen münden können. Eine starke einsatzbereite Armee ist bei diesen polititischen Bedingungen daher unverzichtbar. Ihre Stärke resultiert zunächst aus der materiell-rüstungstechnischen Situation, die schon teilweise angesprochen wurde und sich weiter gut entwickelt.

Jedenfalls erscheinen die Staatsausgaben für den Sicherheits- und Verteidigungsbereich in Höhe von 3,1 % des Bruttoinlandprodukts für 2016 als noch ausreichend für den Rüstungsbedarf, wenngleich in diesem Betrag auch Ausgaben für das Justizministerium, das Innenministerium, die Polizei und die Geheimdienstorganisation (MIT) enthalten sind. Das Verteidigungsministerium wird hierbei mit 26.451 Mrd. Lira angegeben, was mit den Angaben des Stockholmer SIPRI Institutes von 14,9 Milliarden Dollar bei damaligem Umrechnungskurs übereinzustimmen scheint.[638]

Die Türkei versucht weiteres Know How im Westen zu erwerben, so bei der gemeinsamen Entwicklung eines nationalen Raketenabwehrsystems mit Frankreich und Italien.[639] Die Türkei geht aber auch rein nationale Wege in der Rüstungsindustrie, um technologische Unabhängigkeit zu erwerben. Ein Beispiel hierzu ist der jüngste Test einer Rakete mit 280 km Reichweite, entwickelt von der türkischen Firma

---

[637] http://hurriyetdailynews.com vom 13.07.2017 Turkish frigate watches Greek Cyprus exploration activities in eastern Mediterranean.
[638] http://www.hurriyetdailynews.com. vom 16.03.2016 „Analysis: How the new central budget is allocated".
http://www.hurriyetdailynews.com. vom 24.04.2017 „Turkey's military spending decreases by 5.7% in 2016".
[639] http://hurriyetdailynews.com vom 04.07.2017 „Turkey to work with France Italy on national missile defence system".

Rocketsan, vom Typ „*Kaan*" (*Kaan - Kağan - Han - Hakan* - Anführer) an der Küste des Schwarzen Meeres am 11.05.2017.[640]

Die Türkei hat bereits die ersten eigenen Angriffshubschrauber mit Namen Atak in ihrem Inventar, die nach einem Technologietransfer seitens der italienischen Firma Agusta Westland[641] von den türkischen Firmen TAI und ASELSAN produziert werden.

T-129 Atak

(Quelle: https://de.wikipedia.org. – TAI T- 129)

Der neue schwere Kampfpanzer *Altay*[642] stellt ebenso ein Prestigeprojekt dar. Nach einem Vertrag über Technologietransfer mit der südkoreanischen Firma „Hyundai Rotem" entwickelt die Türkei einen modernen Kampfpanzer, u.a. bestückt mit einer Kanone der Firma Rheinmetall, was die Austauschbarkeit von Munition mit einzelnen Leopard-Modellen ermöglicht.[643]

Eine weitere Form der Rüstungskooperation ist die Produktion von Systemen mit einfacherer Technik und niedrigeren Kosten, somit

---

[640] http://www.hurriyetdailynews.com. – vom 12.05.2017 „Turkey tests ist first national missile in Black Sea".

[641] http://www.hurriyetdailynews.com. – vom 09.03.2016 „Turkey approves new defense projects worth $5.9 billion".

[642] Benannt nach dem türkischen General Fahrettin Altay, der sich u.a. im Türkischen Unabhängigkeitskampf besondere Verdienste erworben hat.

[643] https://de.wikipedia.org. – Altay (Kampfpanzer).

zusätzlich geeignet für den Export. Ein Beispiel dieser Art ist die türkisch-indonesische Koproduktion eines Kampfpanzers mittleren Gewichtes, des *Kaplan* (Tiger) der türkischen Firma FNSS und der indonesischen Firma PT Pindad mit britischer Beteiligung.[644]

Weitere Rüstungsprojekte der Türkei für alle Teilstreitkräfte, im Bereich der Satellitentechnik, der Informationstechnologie (IT) und der Fähigkeit zu Operationen im Cyber Raum[645], unterfüttert mit ausreichendem und geeignetem Personal, lassen erwarten, dass die Türkische Armee zukünftig konzeptionell und materiell noch moderner wird, wobei die Grenzen vor allem von der wirtschaftlichen Entwicklung und der Verfügbarkeit von Haushaltsmitteln bestimmt werden.

Kampfpanzer Altay

(Quelle: https://tr.wikipedia.org. – Altay Tank.jpg)

Ein weiteres Beispiel dieser Entwicklung ist die u. a. erkennbar moderne Korvette F-511, die mit Tarnkappentechnik bzw. Stealth Technologie[646] gebaut wurde. Sie ist ein nationales Produkt unter der Rahmenbezeichnung *MILGEM (Milli Gemi* - Nationales Schiff) und seit 2011 in Dienst. Spezialisiert auf U-Boot-Bekämpfung zeichnet sich die Korvette aus durch modernste Bewaffnung und Elektronik. Dazu gehört die Fähigkeit zur Beherrschung des Elektro Magnetischen Spektrums im Bereich Elektronischer Kampf/EW (Electronic

---

[644] http://www.hurriyetdailynews.com. – vom12.05.2017 „Turkish indonesian battletank unveiled in İstanbul".

[645] http://www.srf.ch. – Was bedeutet „Cyber".

[646] https://de.wikipedia.org. – Stealth.

Warfare). Bei Bedarf kann sie einen Hubschrauber an Bord nehmen.[647]

Korvette F - 511

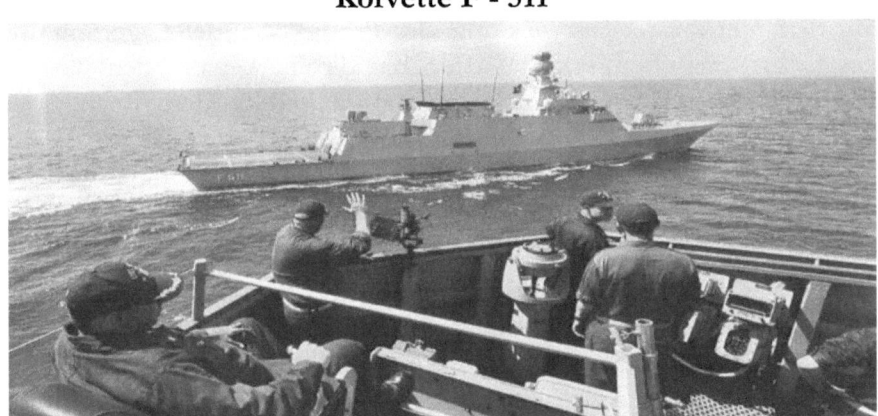

(Quelle: https://commons.wikimedia.org. – Korvette Heybeliada (F 511)

Eine besondere Frage wird von Fachleuten thematisiert, die mit dem Verbleib von verbrauchten Brennstäben der zukünftigen türkischen Atommeiler zusammen hängt. Die Türkei entwickelt bekanntlich mit der russischen Firma ROSATOM ein 4,8 GW Atomkraftwerk in Akkuyu an der Südküste in der Provinz Mersin. Es wird geargwöhnt, dass die Türkei nicht nur über die USA im Rahmen des NATO-Konzepts der Nuklearen Teilhabe im Krieg Zugang zu Nuklearwaffen bekäme - eigene Verbringungsmittel hat sie ja z. B. in Form von Flugzeugen - sondern auch selbst Atomwaffen entwickeln wolle. Eine Kooperation mit der Atommacht Pakistan sei denkbar. [648] Tatsache ist jedenfalls, dass in der Region bereits Russland und Israel über Atomwaffen verfügen, über die die Ukraine ehemals verfügte, der

---

[647] https://tr.wikipedia.org. – TCG Heybeliada (F-511).
[648] http://www.deutsch tuerkische nachrichten vom 10.04.2015 – Deutscher Militärexperte: Türkei entwickelt heimlich Atombombe.
http://www.huffingtonpost.de. vom 08.08.2017 Erdogan will eine Atombombe.
https://de.wikipedia.org. – Atommacht.
https://de.sputniknews.com. vom 14.08.2017 ukraine atommacht traum.

Iran mit einer Wiederaufnahme des Atomwaffenprogramms droht[649] und sein Widersacher Saudi Arabien ebenfalls stark interessiert erscheint. Saudi Arabien unterhält diesbezüglich ebenso Kontakte mit Pakistan.

Mit dem Verbot der Entwicklung, der Produktion, der Lagerung und des Gebrauchs chemischer Waffen hat die Türkei mit dem Gesetz 5564 für diese Massenvernichtungswaffen bereits klare Regelungen geschaffen.[650]

Die Türkei hat mit den Gesetzen 4083[651] und 5202[652] auch die Rüstungsindustrie für den Bedarfsfall (bei Einsätzen und im Krieg) verpflichtet, den Betrieb aufrecht zu erhalten.

Neben der materiellen Ausrüstung wird die Kampfkraft der Armee vor allem bestimmt durch ihre Soldaten, quantitativ und qualitativ. Die Summe der aktiven (*etkin*) türkischen Streitkräfte (incl. Zivilpersonal) wird mit Stand April 2017 noch mit 612.862 angegeben, jedoch unter Einbeziehung der Jandarma und Küstenwache. Der Wehrpflichtigenanteil liegt dabei über 50 % bei einer Wehrpflichtdauer von 6-12 Monaten.[653] Hinzu kommen noch erhebliche Personalreserven. Wehrpflicht besteht nur für Männer; Frauen können sich freiwillig verpflichten. Die Türkische Armee ist nach diesen Angaben immer noch die zweitstärkste in der NATO und die achtstärkste in der Welt. Bei einer dauernden Stationierung von ca. 60.000 Soldaten in Nordzypern, den andauernden Truppengestellungen für Afghanistan, den Kosovo, Bosnien- Herzegowina und der voraussichtlichen Stationierung in Katar von insgesamt ca. 4.000 Soldaten sowie variabler Einsätze von max. ca. 1.000 Mann im Irak und Syrien erscheint die Personaldecke bei weiter wachsender Bevölkerung ausreichend, auch bei Nichtbeteiligung der Jandarma im Ausland.[654]

Der türkische Generalstab benennt noch abweichend die Zahl von 391.695 Personen, davon 351.176 Soldaten, ohne Einbeziehung der

---

[649] http://www.t-online.de. vom 15.08.2017 Iran droht mit Wiederaufnahme von Atomprogramm.

[650] *Kimyasal silahların geliştirilmesi, üretimi, stoklanması ve kullanımının yasaklanması hakkında kanun.*

[651] *Seferberlik ve savaş haline ilişkin harp sanayii faaliyetinin hakkında kanun.*

[652] *Savunma sanayii güvenliği kanunu.*

[653] https://tr.wikipedia.org. – Askerlik hizmeti.

[654] https://tr.wikipedia.org. – Türk Silahlı Kuvvetleri.

Jandarma und der Küstenwache.[655] Eine ständige Bindung von Kräften der Armee durch die Aktionen der PKK kommt noch hinzu, ebenso die Bereithaltung von Kontingenten aufgrund eingegangener ständiger oder temporärer NATO- bzw. EU-Verpflichtungen.[656]

Die Türkei erlaubt Wehrpflichtigen unter bestimmten Bedingungen die Entbindung von der Wehrpflicht gegen Bezahlung von ca. 18.000 Lira. Im Jahre 2013 konnte der Staat bei ca. 67.700 Genehmigungen ungefähr zwei Mrd. Lira einnehmen. Der türkische Generalstab unterstützt diese lang geübte Praxis nicht, wohl aus Gründen der Wehrgerechtigkeit, anerkennt aber den Primat der Politik.[657] Andererseits erscheint der Anteil freiwilliger Soldatinnen in der Armee noch steigerungsfähig, der 2007 bei nur bei 3,1 % lag.

Die Qualität der Soldaten, einschließlich ihrer Einstellung zum Staat und ihrer Motivation im Einsatz sind eine direkte Folge ihrer Bildung und Ausbildung im Elternhaus, in den Kinderbetreuungseinrichtungen, den Schulen, Universitäten und in der Armee. Eine falsche Frühprägung kann in der Armee nur noch schwer verändert werden, allerdings bietet die Wehrpflicht die Chance, viele Jugendliche ansprechen zu können. Ein moderner Führungsstil der Vorgesetzten und eine umfassende sowie abwechslungsreiche Ausbildung tragen dazu bei, das Verständnis der Rekruten für den Wehrdienst zu stärken und auch längerdienenden Nachwuchs zu gewinnen.

Ein wichtiges Anliegen des Staates muss die soziale Absicherung des Soldaten bleiben, auch bei Verwundung und Invalidität, einschließlich einer Unterstützung der Hinterbliebenen im Todesfall. Daher kommt den entsprechenden Einrichtungen große Bedeutung zu. So besteht unter der Verantwortung des Verteidigungsministers seit 1961 die OYAK *(Ordu Yardımlaşma Kurumu* - Organisation zur Unterstützung

---

655 https://tr.wikipedia.org. – Türk Silahlı Kuvvetleri Genelkurmay Başkanlığı.

656 Diese umfassen Gestellungen von Personal für ständige NATO-Stäbe sowie von Truppen. Neben den ca. 2.000 Mann für den NATO-Korpsstab in Istanbul (NRDC- T) ist dies u.a. die Verpflichtung zur Gestellung einer „Spearhad Unit" für die „Very High Readiness Joint Task Force" für 2021.
http://hurriyetdailynews.com. vom 15.05.2015 „NATO welcomes Turkey's decision to form spearhead unit".

657 http://www.hurriyetdailynews.com. vom 17.10.2014 und 10.12.2014 „Turkish Parliament approves paid military service bill".

der Streitkräfte), verankert im Gesetz 205.[658] Mit Gesetz 5715 küm-
mert sich der Staat um die Versorgung kranker Soldaten,[659] mit Gesetz 4109 um die Unterstützung ihrer bedürftigen Familien,[660] mit
Gesetz 4341 um die gebührenfreie Behandlung bedürftiger Familien
von Mannschaften und Unteroffizieren.[661] Für die allgemeine Bevölkerung gilt das Zivile Verteidigungsgesetz Nr. 7126.[662] Eine andere
soziale Einrichtung ist die 1982 gegründete Stiftung „*Mehmetçik Va-
kfı*", also die Stiftung für den türkischen Soldaten. Der Begriff bezieht
sich wahrscheinlich auf einen Soldaten mit Namen *Mehmet*, der 1912
in Libyen gefallen sein soll und dann als *Şehit* (gefallener Glaubens-
kämpfer) geehrt, sein Name danach verallgemeinert wurde. Ihm sollen die letzten Zeilen dieses Buches gewidmet sein, speziell dem
wehrpflichtigen treuen türkischen Soldaten, der am wenigsten über
sein Schicksal mitbestimmen konnte und sich aufgeopfert hat. Ihm
gewidmet ist auch ein eigenes Gebäude im *Anıtkabir* Mausoleum in
Ankara, der Mehmetçik Turm/*Mehmetçik Kulesi*. Möge die Nachwelt
Seiner gedenken, die nötigen Lehren aus der Geschichte ziehen und
das das ihm zugedachte Sprichwort wahr bleiben:

„*At ölür meydan kalır*   „*Stirbt ein Pferd, so bleibt eine Leere*
  Yiğit ölür şan kalır".   *Stirbt ein Held, so bleibt seine Ehre*".
(Freie Übersetzung des Verfassers)

---

[658] https://tr.wikipedia.org. – Ordu Yardımlaşma Kurumu.
https://de.wikipedia.org. – OYAK.
[659] *Türk Silahlı Kuvvetleri hasta besleme kanunu.*
[660] *Asker ailerinden muhtaç olanlara yardım hakkında kanun.*
[661] *Muhtaç erbaş ve er ailelerinin ücretsiz tedavisi hakkında kanun.*
[662] *Sivil Savunma kanunu.*

XIII   Literatur

Akçam, Taner	A Shameful Act	London 1999
Alp, Tekin	Türkismus und Pantürkismus	Weimar 1915
Arfa, Hassan	The Kurds	New York 1966
Armstrong, Herold	Turkey in travail: The birth of a new Nation	London 1925
Atatürk, Mustafa Kemal Paşa	Nutuk/Rede 1927 „Der Weg zur Freiheit" und „Die Nationale Revolution 1919 – 1927"	Leipzig 2003
	Nutuk – Söylev 1920-1927 Band II	Ankara 1989
Atatürk ve Kurtuluş Savaşı Müzesi	Çanakkale Savaşı Panoraması	T.C. Genelkurmay Başkanlığı
Babinger, Franz	Mehmed der Eroberer und seine Zeit	München 1953
Baron d'Armagnac	Nezib et Beyrout (1833-1841)	Paris 1844
Bayar, Celal	Atatürk'ten Hatıralar	Istanbul 1995
Baykara, Tuncer	Milli Mücadele	Ankara 1985
Bekaroğlu, Mehmet	Siyasetin Sonu	Ankara 2007
Benedikt, Heinrich	Der Pascha-Graf Alexander von Bonneval 1675-1747	Graz 1959

Birand, Mehmet Ali	Shirts of Steel, An Anatomy of the Turkish Armed Forces	London 1991
Birand, Mehmet Ali	30 Heisse Tage	Köln 1999
Bobzin, Hartmut	Der Koran Eine Einführung	München 2004
Böhm, Walter	IFOR – Das Schwert der NATO in Bosnien, Zeitschrift Fahrzeugprofile	Illertissen 1997
Brauns & Kiechle	PKK	Stuttgart 2010
Britisches Parlament	Dardanelles Commission First Report + Final Report	London 1917/1919
Bruinessen, Martin v.	Agha, Scheich und Staat	Berlin 2003
Bundesamt für Verfassungsschutz	Die Arbeiterpartei Kurdistans (PKK)	Köln 1996
Cadalvene, Edouard de	Deux années de l'histoire d'Orient (1839-1840)	Paris 1840
Çakmak, Fevzi	Birinci Dünya Savaş'ında Doğu Cephesi	Ankara 2005
Callwell, C. E.	Die Tagebücher des Foreign Minister Sir Henry Wilson	Stuttgart 1930
Cazgır, Yavuz, Ceyhun u.a.m.	Lise Tarih 2 (Offizielles Türkisches Geschichtsbuch der Oberstufe) (Milli Eğitim Bakanlığı)	Ankara 2005
Cebesoy, Ali Fuat	Milli Mücadele Hatıraları	Istanbul 2010
Chack, Paul	On se bat sur mer	Paris 1928

Churchill, Winston	Die Weltkrise 1911-1918 Band I, II	Zürich 1947
Clausewitz, Carl v.	Vom Kriege	Bonn 1980
D'Armagnac, Baron	Nezib et Beyrout	Beirut 1985
Demirhan, Pertev	Generalfeldmarschall Colmar Freiherr von der Goltz	Göttingen 1960
Diyanet	Kur'ân-ı Kerîm Açıklamalı Meâli (Erläuternde Übersetzung des Heiligen Koran)	Ankara 2002
Dönitz, Karl	Mein wechselvolles Leben	Göttingen 1968
Dunsterville, Lionel	The Adventures of Dunsterforce	London 1920
EADS, (Firma)	Askeri Havacılıkta 100 yıllık Türk/Alman İşbirliği – 100 Jahre Deutsch/Türkische Zusammenarbeit in der Militärischen Luftfahrt	Ankara 2011
Erickson, Edward	Ottoman Army Effectiveness in World War I	London 2007
Erickson, Edward	Ordered to Die	Westport 2001
Erickson, Edward	Gallipoli	Barnsley 2010
Falls & McMunn	Military Operations	London 1928
Faroqhi, Suraiya	Geschichte des Osmanischen Reiches	München 2006

Firuz, Ahmad	The Turkish Experiment in Democracy	London 1977
Gehrke, Ulrich	Persien in der deutschen Orientpolitk während des ersten Weltkrieges	Suttgart 1960
Göyünç, Nejat	Atatürk ve Milli Mücadele	Konya 1984
Goltz, Colmar Freiherr v.	Denkwürdigkeiten	Berlin 1929
Goltz, Colmar Freiherr v.	Der Thessalische Krieg und die Türkische Armee	Berlin 1898
Griehl, Manfred	Zeppelin, the German Air-ship Story	London 1990
Gülbeyaz, Halil	Mustaf Kemal Atatürk	Berlin 2003
Guepratte, P.E.	L'Expédition des Darda-nelles 1914-1915	Paris 1935
Gust,Wolfgang	Das Imperium der Sultane	Hamburg 2007
Harington, Charles	Tim Harington looks back	London 1940
Hassenstein, Wilhelm	Das Feuerwerkbuch von 1429, Erstdruck 1529	München
Hedin, Sven	Bagdad, Babylon, Ninive	Leipzig 1918
Hostler, Charles Warren	The Turks of Central Asia	London 1993
Hummelberger, Walter	Wiens erste Belagerung durch die Türken 1529	Wien 1983
Huntington, Samuel	Kampf der Kulturen	Hamburg 2007

Imhoff, Generalleutnant	Die türkische Heeresmacht und ihre Entwicklung	Halle 1916
Inalcik, Halil	The Ottoman Empire	London 1978
İnönü, İsmet	Hatıralar	Ankara 1992
İzzet Pascha	Denkwürdigkeiten des Marschalls İzzet Pascha	Leipzig 1927
Jones & Raleigh	The War in the Air, 7 Volumes	Oxford 1922-1937
Jordan, Karl	Der ägyptisch-türkische Krieg	Freiburg (Schweiz) 1923
Jorga, Nicolae	Geschichte des Osmanischen Reiches, Band 1, 2	Frankfurt am Main 1997
Jung & Mötz	Die KuK-Streitkräfte im Ersten Weltkrieg 1914-1918	Wien 1995
Kannengiesser, Hans	Gallipoli	Wolfenbüttel 2012
Karabekir, Kâzım	Türkiye'de ve Türk Ordusunda Almanlar	Istanbul 2001
Kedourie, Sylvia	75 Years of the Turkish Republic	London 2000
Keten, İsmet	The Ottoman Monograms – Tughra/Tuğra	Ankara 2002
Kieser, Hans Lukas	Die Armenische Frage und die Schweiz 1896-1923	Zürich 1999
Kiesling, Hans v.	Mit Feldmarschall von der Goltz in Mesopotamien und Persien	Leipzig 1922

Kinnross Lord	The Ottoman Centuries	London 1977
Kinnross Lord	Atatürk	London 1964
Klever, Ulrich	Sultane, Janitscharen und Wesire	Bayreuth 1990
Korn, Wolfgang	Schienen für den Sultan	Köln 2009
Krämer, Gudrun	Geschichte des Islam	München 2005
Kreiser, Klaus	Atatürk	München 2008
Kreiser, Klaus	Der Osmanische Staat 1300-1922	München 2008
Kreiser, Klaus	Kleine Geschichte der Türkei	Stuttgart 2004
Kressenstein, Friedrich Kress v.	Mit den Türken zum Suez-kanal	Berlin 1938
Kreutel, Richard Teply, Karl	Kara Mustafa vor Wien 1683	Graz 1982
Kritobulos von Imbros	Mehmet II erobert Konstantinopel (Übersetzer D.R. Reinsch)	Graz 1986
Larcher, Maurice	La guerre turque dans la guerre mondiale	Paris 1926
Lawrence, Thomas Edward	Die sieben Säulen der Weisheit	München 2005
Lewis, Bernard	The Emergence of Modern Turkey	London 1961
Lisec, Eckhard	Der Unabhängigkeitskrieg und die Gründung der Türkei 1919 – 1923	Berlin 2016

Lisec, Eckhard	Der Völkermord an den Armeniern im 1. Weltkrieg – Deutsche Offiziere beteiligt?	Berlin 2017
Lloyd George, David	War Memoirs	London 1938
Lodemann & Pohl	Die Bagdadbahn	Mainz 1988
Lorey, Hermann	Der Krieg in den türkischen Gewässern, Band I, II	Berlin 1928, 1938
Luther, Martin	Vom Kriege widder die Türcken (elektron. Ressource)	Wittemberg 1529
Mackenzie, Compton	Gallipoli Memories	London 1929
Manstein, Erich v.	Verlorene Siege	Bonn 2011
Mantran, Robert	Osmanlı İmperatorluğu Tarihi I, II	Istanbul 1995/1999
Matschke, Klaus Peter	Das Kreuz und der Halbmond	Darmstadt 2004
Meier Welcker, Hans	Seeckt	Frankfurt am Main, 1967
Moberly, Frederick James	History of the Great War 4 Volumes	London 1918-1927
Mohr, Anton	Der Kampf um Türkisch-Asien – Die Bagdadbahn	Meißen 1919
Moltke, Helmuth v.	Briefe über Zustände und Begebenheiten in der Türkei aus den Jahren 1835 – 1839	Heidelberg 2000
Moltke, Helmuth v.	Der russisch-türkische Feldzug in der europäischen Türkei 1828 und 1829	Berlin 1877
Moukbil, Bey	La campagne de l'Irak 1914 - 1918	Paris 1933

Morgenthau, Henry	Ambassor Morgenthau's Story	New York 1918
Mühlmann, Carl	Das deutsch-türkische Waffenbündnis im Weltkriege	Leipzig 1940
Mühlmann, Carl	Deutschland und die Türkei 1913-1914	Berlin 1929
Mukhtar, Mahmud Paşa	Meine Führung im Balkankriege 1912 (Übersetzer Imhoff Paşa)	Berlin 1913
Murphey, Rhoads	Ottoman Warfare, 1500-1700	London 2005
Naso, Eckart v.	Moltke	Berlin 1937
Neulen, Hans Werner	Feldgrau in Jerusalem	München 2002
Neumann-Adrian, Michael u.a.	Die Türkei	München 1990
Nicolle, David	Die Osmanen - 600 Jahre islamisches Weltreich	Wien 2008
Norwich, John J.	Byzanz	Berlin 2006
Nowarra, Heinz	50 Jahre deutsche Luftwaffe	Berlin 1961
NRDC-T (NATO Rapid Deployable Corps – Turkey)	Official Turkish Briefing on the History of Turkish Landforces	Istanbul 2005
NRDC-T (s. o.)	Official Turkish Briefing on the Turkish Armed Forces	Istanbul 2005
Nunn, Wilfred	Tigris Gunboats	London 1932

Nutku, Emrullah	Alte Kameraden	Frankfurt am Main, 1970
Nye, Roger P.	The Military in Turkish Politics 1960 - 1973 (Microfiche)	Ann Arbor 1974
Okyar, Fethi	Üç devirde bir adam	Istanbul 1980
Orbay, Rauf	Cehennem Değirmeni	Istanbul 2004
Özakman, Turgut	Şu Çılgın Türkler	Ankara 2008
Özbudun, Ergun	The Role of the Military in recent Turkish politics	USA Harvard 1966
Palmer, J.A.B.	The Origin of the Janissaries	Manchester 1953
Papen, Franz v.	Der Wahrheit eine Gasse	München 1952
Paret, Rudi	Der Koran (11. Auflage)	Stuttgart 2010
Patton, George (Jr.)	The Defense of Gallipoli (Staff Study as LTC)	Fort Shafter 1936
Pears, Edwin	The Destruction of the Greek Empire and the Story of the Capture of Constantinople by the Turks	New York 1968
Piri Reis	Piri Re'is Bahriye bzw. "Kitab-ı Bahriye" (Das türkische Segelhandbuch für das Mittelländische Meer vom Jahre 1521) (Hrsg. Paul Kahle)	Berlin 1926/1927
Poenicke, Herbert	Die Hedschas- und Bagdadbahn	Düsseldorf 1958

Pomiankowski, Joseph	Der Zusammenbruch des Osmanischen Reiches	Graz 1969
Pope, Dudley	Feuerwaffen	Bern 1965
Poulton, Hugh	Top Hat, Grey Wulf and Crescent	London 1997
Rabenau, Friedrich	Seeckt	Leipzig 1941
Raschid, El Harun alias Hintersatz, Wilhelm	Marschall Liman von Sanders Pascha	Berlin 1932
Reinhardt, Klaus	KFOR - Streitkräfte für den Frieden	Frankfurt am Main, 2002
Robins, Philip	Suits and Uniforms	London 2003
Robinson, Richard	The First Turkish Republic	Cambridge 1963
Rohrbach, Paul	Die Bagdadbahn	Berlin 1911
Runciman, Steven	Die Eroberung von Konstantinopel 1453	München 1990
Ruşen, Eşref, Ünaydın	Anafartalar Kumandanı Mustafa Kemal ile Mülâkat	Istanbul 1930
Sabis, Ali Ihsan	Birinci Dünya Harbi	Istanbul 1991
Sanders, Liman v.	Fünf Jahre Türkei	Berlin 1920
Sauer, Wilhelm	Admiral Souchon auf großer Fahrt	Reutlingen 1940
Scharlipp, Wolfgang Ekkehard	Die frühen Türken in Zentralasien	Darmstadt 2011

Scherer, Friedrich	Adler und Halbmond	Paderborn 2001
Scherff, Mauricio	Auf Kriegspfaden im Lande des Halbmonds (in Hundertmark „Die Flieger")	1914
Schimmel, Annemarie	Die Religion des Islam	Stuttgart 1990
Schmauder, Michael	Die Hunnen	Darmstadt 2009
Schmitterlöw, Bernhard v.	Aus dem Leben des Generalfeldmarschalls Freiherr von der Goltz Pascha	Berlin 1926
Schulze, Carl	IFOR: Allied Forces in Bosnia (in Europa, Militaria No. 22)	London 1996
Serno, Erich	Ausbau, Organisation und Tätigkeit der Türkischen Luftstreitkräfte im 1. Weltkrieg	Deutsches Bundesarchiv Msg. 1/231
Shaw, Stanford, J.	The Ottoman Empire in World War 1, Vol. 2	Ankara 2008
Şık, Ahmet	OOO Kitap – Dokunan Yanar	Istanbul 2011
Sorgun, M. Taylan	Bitmeyen Savaş	Ankara 1972
Sphrantzes, Georgius	Die letzten Tage von Konstantinopel	Graz 1973
Steel, Nigel	Gallipoli	London 1999
Steinbach, Udo	Geschichte der Türkei	München 2010
Steinbach, Udo	Länderbericht Türkei	Bonn 2012

Steuber, Werner	Jildirim	Oldenburg 1926
Sultan Abdül Hamid	Siyası Hatıratım	Istanbul 1987
Supf, Peter	Das Buch der deutschen Fluggeschichte, Band II	Stuttgart 1958
Tayyareci.com	Im Jahre 2000 gegründeter türkischer Verein (Internet)	
Thomas, Lowell	Ritter der Tiefe (Übersetzer v. Spiegel)	Gütersloh 1932
Townshend, Charles	My Campaign in Mesopotamia	London 1920
Townshend, Charles	Desert Hell	Cambridge/UK 2011
Toynbee, Arnold Joseph	The Western Question in Greece and Turkey	New York 1970
Tröbst, Hans	Soldatenblut	Leipzig 1925
Tröndle, Dirk	Mustafa Kemal Atatürk	Zürich 2012
Trumpener, Ulrich	Germany and the Ottoman Empire 1914-1918	Princeton 1968
Tuncay, Deniz	Türk Uçak Üretimi	2004
Türkischer Generalstab	Çanakkale Savaşı, Anıtları ve Şehitlikleri	Ankara 2007
Ünal, Mustafa Coşar	Counterterrorism in Turkey	London 2012
Uyar & Erickson	A Military History of the Ottomans	Santa Barbara 2009
Wagner, Reinhold	Moltke und Mühlbach zusammen unter dem Halbmond 1837-1839	Berlin 1893

Wallach, Jehuda	Anatomie einer Militärhilfe (1835-1919)	Düsseldorf 1976
Wallach, Jehuda	Germany and the Middle East	Tel Aviv 1975
Weiher, Gerhard	Militär und Entwicklung in der Türkei 1945-1973	Opladen 1978
Wiegand & Wiegand	Halbmond im letzten Viertel	München 1970
Wolf, Klaus	Gallipoli 1915	Bonn 2008
Yalman, Ahmet Emin	Kurtuluş Savaşında Anadolu Ekonomisi 1919-1922	Ankara 1998
Yalman, Ahmet Emin	Turkey in the World War	New Haven 1930
Yavuz, M. Hakan	The Emergence of a New Turkey	Salt Lake City, 2010
Yılmazata, Mehmet	Die Bagdadbahn	Marburg 2013
Zimmerer, Heinrich	Die neue Türkei in ihrer Entwicklung von 1908-1915	Leipzig 1915
Zwehl, Hans v.	Falkenhayn	Berlin 1926
Zürcher, Erik	Turkey – A modern History	London 2005

Der Autor

Der Autor, Eckhard Lisec, Jahrgang 1944, schloss als Dipl.-Ing. der Nachrichtentechnik sein Studium 1971 an der TH Hannover ab und trat dann erneut in die Bundeswehr ein.

Als Berufsoffizier bekleidete er u.a. ministerielle und internationale Verwendungen in Belgien und schließlich 2002 - 2005 als Brigadegeneral bis zur Pensionierung in einem NATO Stab in Istanbul. Er war damit der erste Bundeswehrgeneral, der nach dem 2. Weltkrieg, außerhalb eines Einsatzes, in der Türkei friedensstationiert war.

Sein spezielles Interesse galt schon dort der Geschichte des Osmanischen Reiches und der Türkei einschließlich der türkischen Sprache. Er verbesserte diese Sprachkenntnisse als Gasthörer an der Universität Bonn.

Lisec ist verheiratet und hat zwei Kinder.

Carola Hartmann Miles-Verlag

Politik, Gesellschaft, Militär

Reiner Pommerin (ed.), *Clausewitz goes global. Carl von Clausewitz in the 21ˢᵗ Century*, Berlin 2011.

Eberhard Birk, Winfried Heinemann, Sven Lange (Hrsg.), *Tradition für die Bundeswehr. Neue Aspekte einer alten Debatte*, Berlin 2012.

Holger Müller, *Clausewitz' Verständnis von Strategie im Spiegel der Spieltheorie*, Berlin 2012.

Angelika Dörfler-Dierken, *Führung in der Bundeswehr*, Berlin 2013.

Torsten Konopka, *Afrikanische Wehrsysteme und ihre Entwicklung zwischen 1990/91 und 2011,* Berlin 2014.

Wolf Graf von Baudissin, *Grundwert Frieden in Politik – Strategie – Führung von Streitkräften,* hrsg. von Claus von Rosen, Berlin 2014.

Arjan Kozica, Kai Prüter, Hannes Wendroth (Hrsg.), *Unternehmen Bundeswehr? Theorie und Praxis (militärischer) Führung*, Berlin 2014.

Phil C. Langer, Gerhard Kümmel (Hrsg.), *„Wir sind Bundeswehr.“ Wie viel Vielfalt benötigen/vertragen die Streitkräfte?*, Berlin 2015.

Dirk Freudenberg, *Counterinsurgency. Aufstandsbekämpfung als Phase zur Überwindung schwacher Staatlichkeit und zur Etablierung des Aufbaus einer stabilen Nachkriegsordnung?*, Berlin 2016.

Alois Bach, Walter Sauer (Hrsg.), *Schützen.Retten.Kämpfen. Dienen für Deutschland,* Berlin 2016.

Dirk Freudenberg, Stephan Maninger, *Neue Kriege. Sicherheitspolitische Rahmenbedingungen, Mentalitäten, Strategien, Methoden und Instrumente,* Berlin 2016.

Claas Siano, *Die Luftwaffe und der Starfighter,* Berlin 2016.

Eberhard Birk, Peter Andreas Popp, *Luftwaffenoffizier 21. Das Selbstverständnis des Luftwaffenoffiziers zu Beginn des 21. Jahrhunderts,* Berlin 2016.

Eberhard Birk, Heiner Möllers (Hrsg.), *Luftwaffe und Luftverteidigung,* Berlin 2017.

Alessandro Rappazzo, *Vorsprung durch Leadership. Modernes Leadership in der Armee,* Berlin 2017.

Oliver Schmidt, *Deutsche Außenpolitik und die Zukunft der nuklearen Teilhabe in der NATO,* Berlin 2017.

Wolfgang Peischel (Hrsg.), *Wiener Strategie-Konferenz 2016. Strategie neu denken,* Berlin 2017.

Dirk Freudenberg, *Theorie des Irregulären – Erscheinungen und Abgrenzungen von Partisanen, Guerillas und Terroristen im Modernen Kleinkrieg sowie Entwicklungstendenzen der Reaktion,* Bd. 1-3, Berlin 2017.

Donald Abenheim and Carolyn Halladay, *Soldiers, War, Knowledge and Citizenship: German-American Essays on Civil-Military Relations,* Berlin 2017.

Militärgeschichte

Dieter E. Kilian, *Adenauers vergessener Retter – Major Fritz Schliebusch,* Berlin 2011.

Ingo Pfeiffer, *Gegner wider Willen. Konfrontation von Volksmarine und Bundesmarine auf See,* Berlin 2012.

Ingo Pfeiffer, *Seestreitkräfte der DDR. Abriss 1950 bis 1990,* Berlin 2014

Dieter E. Kilian, *Kai-Uwe von Hassel und seine Familie. Zwischen Ostsee und Ostafrika. Militär-biographisches Mosaik,* Berlin 2013.

Ingo Pfeiffer, *Seestreitkräfte der DDR. Abriss 1950–1990,* Berlin 2014.

Ulrich C. Kleyser, *Lazare Carnot. "Le Grand Carnot". Ein Charakterbild,* Berlin 2016.

Eberhard Kliem, Kathrin Orth, *"Wir wurden wie blödsinnig vom Feind beschossen". Menschen und Schiffe in der Skagerrakschlacht 1916,* Berlin 2016.

Eckhard Lisec, *Der Unabhängigkeitskrieg und die Gründung der Türkei 1919–1923,* Berlin 2016.

Hans Frank, Norbert Rath, *Kommodore Rudolf Petersen. Führer der Schnellboote 1942–1945. Ein Leben in Licht und Schatten unteilbarer Verantwortung,* Berlin 2016.

Ingo Pfeiffer, *Heinz Neukirchen. Marinekarriere an wechselnden Fronten,* Berlin 2017.

www.miles-verlag.jimdo.com